かがやけ！ASDキッズ

支援教室「ほっと」の実践録

山根ひろ子 著

本の種出版
bookseeds

はじめに

　本書は、教員退職後に神戸市の2か所で開いた、自閉スペクトラム症（ASD）および周辺の子どもとその家族のための、支援教室「ほっと」の実践を紹介する本です。神戸大学と神戸市が連携する子育て支援プロジェクトとして始まった支援教室は、2005年から2014年までの活動で、100名を超える子どもたちと出会い、その家族と交流をもちました。

　今日もわが子が「自閉スペクトラム症」の診断を受け、どう育てていけばいいかと、途方に暮れている多くの親御さんがいることでしょう。そんな若いパパママたちに伝えたいのです、「大丈夫、子どもは必ず成長します。まずはありのままのお子さんを受け止めて、信じてください。きっと家族みんなが、その子のおかげで笑顔に包まれる日が来るから！」と。

　本書では、ASDの特性と理解度に合わせた課題設定とサポートで、自らの能力を開花させていく子どもたちの姿とともに、家族の再生の物語を見いだしていただけることでしょう。

　さらに、保育士、教員その他の専門職をはじめ、ボランティア活動に参加する支援者の方々にも、ほっとの実践を参考にして、子どもたちに寄り添う支援をしていただければ、こんなうれしいことはありません。

　支援教室の活動に励み、ともに人生のセカンドステージを充実させてきた夫が病を得て、やがて教室を閉じることになりましたが、そののちも、「自閉症学習会」を続けるほか、卒業生の親同士のピアカウンセリングでの助言や、メールによる相談活動などで、関係が続いています。

　ユニークで抱きしめたいほど愛しい彼らとの出会いを独り占めしていいのだろうか……そんな思いが、私を執筆に駆り立てました。

　71年の生涯を閉じる日まで、私の執筆を励まし、出版を願い続けてくれたことに感謝し、この本を亡き夫山根健也に捧げます。

2018年3月

山根ひろ子

もくじ

はじめに ……………………………………………………………………… 1
序章1　私とASD、そして療育 ………………………………………… 4
序章2　支援教室「ほっと」へようこそ！ ……………………………… 17
　　　　コラム「ほっと」が参考にした理念・理論
　　　　TEACCH／9
　　　　NASなど／11

本章　かがやけ！　ASDキッズ

1. 直哉　利発な「困ったチャン」 …………………………………… 32
2. 翔真　「英語なら任せて！」 ……………………………………… 46
3. 舞　　ママはサポートの達人 ……………………………………… 58
4. 賢太郎　姿勢はなおるときがくる！ ……………………………… 70
5. 道夫　マイルールに縛られるつらさ ……………………………… 83
6. 高司　キャンプで目覚めた楽しみ ………………………………… 97
7. 英治　「一番でなきゃイヤだ！」 ………………………………… 110
8. 雄太　通り過ぎない嵐はない！ …………………………………… 124
9. 絵里　「読んでガッテン！」 ……………………………………… 136
10. 涼太　この世は不安でいっぱい！ ………………………………… 151
11. 雅彦　あまのじゃくにはわけがある！ …………………………… 165
12. 千尋　ファンタジーの世界に遊ぶ ………………………………… 179

13. 純 練習は苦手でも、本番はバッチリ！ 194

14. 吉紀 スケジュールは命綱 204

15. 大輔・伸二 おばあちゃんのグッジョブ！ 218

コラム療育の視点
「わかるストーリー」の書き方／35
気持ちの５段階表／37
ハグの効果／44
スケジュールとごほうび①／47
スケジュールとごほうび②／61
自立への準備は幼少期から／69
サポートブック／73
ルールのあるゲーム／94
ごほうび・トークン／105
「ごほうびのフェードアウト」で思い出すこと／108
カームダウンエリア／117
抽象的な言葉は理解しにくい／152
擬態語・擬音語の効果／171
ASDと時系列の混乱／174
時計と文字／198
エコラリア／211
子どもハーネス／221
視覚的コミュニケーション／226

付録 「ほっと」のオリジナル教材 236
おわりに 240
参考文献 242

序章1 私とASD、そして療育

prologue1 法学部で学び地方公務員に

　戦争末期の岡山県、私は両親の第4子としてこの世に生を受けました。母は35歳でした。母乳が出ず粉ミルクは手に入らず、極度の栄養失調でしたが、奇跡的に生き延びました。空襲で家もろとも財産をすべて失った両親は、貧乏のどん底にいました。私の子ども時代は、欲しいものも買ってもらえないひもじさをいつも感じる日々でした。この頃「戦争はもうぜったいしたらいけん。何もかもわやになってしもうた」という母の愚痴を何度聞いたことでしょう。戦時中の数々の苦労話を聞かされました。そんな経験から「平和」と「平等」が私の思想形成の底流となっていったように思います。

　両親の経営する小さな商店はやがて戦後の経済復興と高度成長の波に乗って、浮き沈みしながらも少しずつ軌道に乗り、私が大学に進む頃には学資を出せる状態にまでなっていました。両親は私を大学に行かせて将来は店を継がせようとひそかに願っていました。吹けば飛びそうな、ちっぽけな藺草(いぐさ)製品を商う店でした。

　なぜ、法学部を選んだのかと問われれば、「なんとなく……」としか答えられないのを、われながら情けなく思います。とりあえず将来どんな仕事にも就ける融通の利く学部として選んだにすぎません。まわりの学友の多くが、弁護士などの法曹をめざしたり、外交官などの国家公務員、さらには大学に残って研究者への道を志したりしていることに驚かされました。私はといえば、法律の勉強は性に合ってないと感じ、学費を払ってくれる両親に申し訳ない気持ちになりながらも、法律の条文解釈は頭が受け付けませんでした。それでも、平和や民主主義の原理、そしてこれからの社会が向かうべき社会制度や政治体制には関心を抱きました。

　そんな中で女性、障害者、在日外国人その他の社会的弱者への差別については特に問題意識をもち、学ぶべきテーマはどんどん広がっていきました。とはいえ、がむしゃらに勉強したわけではなく、ぼんやりと空想にふけった

り、友人ととりとめもない会話に時を費やすなど、無駄だらけの学生時代を過ごしていた自分を、今なら叱ってやりたい気分です。

　学生生活が終わろうとする頃、社会に出て何をすべきかを考えました。あっさり答えが出ました。何か世の中の役に立つ仕事をしたいと思うと、公務員の道だと思ったのです。というより、可能な就職先はそれしかないような気がしていました。なぜなら、これといった資格をもたないままでは、大卒の女子を受け入れる民間企業は当時ほとんどありませんでした。一応門戸は開いているものの、応募してもめったに合格することはなかったのです。また、私自身、会社の利益追求に加担することに魅力を感じませんでしたから。そして、運よく神戸市の採用試験に合格しました。

prologue1 小さい頃の夢を思い出し「教員になろう！」

　地方公務員として職を得て1年がたつ頃、教師になりたいという思いが心の隅でふくらんでいきました。その頃は、あちこちの中学校が荒れて、校内暴力や学級崩壊が社会問題になっていました。そんなニュースにふれるたびに、生徒たちの苦しみや悲しみが思われて心が痛みました。だからこそ、生徒の立場に寄り添ってともに未来をひらく教師が必要なんだと思いました。

　もとをたどれば、小学校4年生のとき、私は担任の小原和子先生が大好きで、いつか私もこんな先生になりたいとあこがれていたのです。先生は、家が貧しい子も勉強ができない子も一人残らず優しい目で見守り、どの子にも「あなたはいい子ですよ」と声をかけてくれました。その頃の私は、先生にほめてもらいたくて、友達に親切にしてあげようと一所懸命でした。授業も楽しくて先生の言葉を聞き漏らすまいと神経を集中していたものです。「雨はどうして降るのでしょう？」などと問題を出して子どもたちに考えさせて意見を発表する時間もありました。のちにトットちゃんの本を読んだとき、トモエ学園の小林校長先生は小原先生といっしょだと思いました。

　そんな子ども時代の思い出は忘れて、別の専門に進んでいましたから、大学を出たとき私は教員免許をもっていませんでした。神戸大学の2部に通って単位を取得すれば資格を得られることがわかったとき、「そうだ、私は教員になろう！」と心に決めたのです。

　しかし、教師になるのはそれほど容易ではありませんでした。夜学に通い

始めて教職に就くまでに10年近くもかかってしまいました。

prologue1 夫の理解あっての「3足のわらじ」

　この間に結婚して3人の子どもが生まれ、仕事、子育て、そして学業や受験勉強の「3足のわらじ」では、思うようにことが運ばなかったのです。それでも、夫は「あんたの人生やから、思うようにしたらええ」と言って、家事や育児を積極的に引き受けて、私が教師になるのを応援してくれました。

　サークルで知り合った夫は、当時としては進んだ考えの持ち主でした。結婚するにあたって、「対等平等な夫婦として何事も二人で話し合って決めること、民主的な家庭を築くこと」を誓い合い、私には仕事と家庭を両立してほしいと言いました。そして、「そのために二人で家事育児を分担しよう」と約束してくれました。そのうえで、私には社会で活躍する、自立した女性でいてほしいと彼は期待したのです。

　彼と交際し始めた頃、私の心を支配していたのは、女性は結婚したら家庭を第一と考えて、子どもができれば仕事を辞めて子育てに専念し、夫が社会で活躍するのを内助の功で支えるのが務めであるとする「性別役割分担論」でした。女にとって、仕事を続けるか結婚するかは二者択一の宿命だと言う私に、彼の言葉は衝撃的でした。「どうして両方追求しようと思わへんのや？」と。「えっ！　両方求めることなんて、できるの？」と思わず聞き返す私に、「できるよ」と当然のごとく断言する彼。急に未来が明るく開けるのを感じました。思えば、そのとき以来、男女の別に関係なく、障害のあるなしに関係なく、誰もが自立して主体的に生きることに価値を置く私たちの共通認識が築かれたのでした。そして、そのことが障害者の意思を尊重し、自立を支援する活動の基盤になっていったのです。

prologue1 おかげであこがれの教職に

　そういうわけで、夫は私の思いを尊重し、教職に挑戦することを承諾してくれたのです。彼は理想を語るだけでなく、ストイックなまでにそれを実践する「信念の人」でした。しかも、苦労を苦労と思わず、引き受けた役割を欣然(きんぜん)と果たす明るい性格の持ち主でした。当時三男を担任してくれた保育士さんから聞いた話です。毎日のように保育園の送り迎えをしていた夫に、

「よくがんばられますね」と声をかけると、「いや、ぼくは楽しいからやってるんです」と笑顔で答えたそうです。

しかし、だからといって、彼はマイホームに埋没する父親ではなく、人一倍仕事も大事にする公務員でした。定時に終えて子どもを迎えに行っても、必要とあれば土日に仕事をし、いったん帰宅したのちに私とバトンタッチして職場に戻ることもありました。地方公務員として市民福祉の向上と、地域の振興に腐心し、行く先々の職場で職務に精通した誠実な仕事ぶりを評価されていたと聞いています。そして彼は人一倍正義感の強い性格から、黒人奴隷を解放したリンカーンに傾注してその平等思想を学び、また、ナチスの迫害から逃れようとするユダヤ人に命のビザを発給し続けた杉原千畝に共感し、公務員のあるべき姿をそこに見いだしていました。夫がもしも同じ立場に立たされたら、きっと杉原と同じ行動をとったと私は確信しています。

そんな夫に背中を押され、苦労の末にあこがれの教職に就くことができました。そして、転職後も朝早く出かけ、帰りも家庭訪問などで遅くなる私に代わって家庭を支えてくれたおかげで、教員を続けることができたのです。

prologue1 ASD児との出会い

ところが……。

何をどう教えたらいいのだろう？　話しかけても無視する、勝手に教室を出ていく……「ちょっと待ってよ！」とあとを追いかけ、「ほら、座って勉強するよ」などと声をかけ、必死で生徒に向き合おうとするのだけど、私の声がむなしく響くだけ……手応えのない無力感に打ちのめされる日々でした。

通常の高校から知的障害の養護学校（現在の特別支援学校）に転勤し、中学部で出会ったASD（Autism Spectrum Disorder; 自閉スペクトラム症／自閉症スペクトラム障害）の生徒たちです。それまで通常の高校で有効だった指導法がまったく役に立ちません。こんなことで、給料をもらっていいのだろうか、と自問していました。

私はこのとき、教員になってはじめて自分の仕事に行き詰まりを感じていました。それまでの学校では、全力投球で努力すればどんな困難も乗り越えられる、真心は必ず伝わると信じて、仕事に打ち込んできた私でした。実際、やんちゃな高校生たちが「先生、ありがとう」と言って卒業していくのを数

多く見送ってきたものです。ところが、なんとしたことか、養護学校はまるで勝手が違っていたのです。

でも、夫の協力があってこそ、これまで15年間勤めてこられたのです。養護学校に転勤したとたん、辞めるわけにはどうしてもいかないと私は強く思っていました。

prologue1 療育の思想に出会う

一筋縄ではいかないASDの生徒たちを前にして、どう指導すればいいのか見当もつかず、足元は大きく揺らいでいました。無我夢中で研修会や講演会に足を運び、障害児教育の専門書を読みあさりながら、1年が過ぎました。

TEACCHに出会い、「これだ！」と直感したのはそんなときでした。構造化による個別学習、視覚支援によるコミュニケーション、そしてスケジュールによる時間の構造化……これらの支援がASDの生徒たちを一変させるのを知って、たちまち虜(とりこ)になりました。その後2回にわたり、ボーナスをはたいてノースカロライナへ飛びました。一度目は教師のためのサマーセミナー。英語のレクチャーには、語学力不足に加えてASD療育の基礎知識も乏しい私にはついていけませんでしたが、実習（Hands on）は子どもたちへの視覚支援に助けられ、目からうろこが落ちる思いでした。

そして、二度目は佐々木正美(さ さ き まさ み)先生に同行していただいた研修旅行でした。それは小学校の特別支援教室、障害者のグループホーム、デイケアセンター、そして、支援つき就労をするASDの人たちが働く職場や、余暇活動を楽しむキャンプ場など、さまざまなTEACCH関連施設への訪問と通訳つきの講義に心奪われる1週間でした。

prologue1 学んだことを実践してみる

私は一度目のノースカロライナでの研修のあと、さっそく絵カードやスケジュールを作り、また、ごほうびカードを使ってみました。

Aくんはぶらんこが大好きで、天気など関係なく、毎日頻繁に運動場に飛び出していました。ぶらんこの絵を描いたカードを作って、「ぶらんこに乗りたいのなら、このカードで教えて」と示しました。すると、カードをポーンとたたいて、意思を表示しました。「はい、わかった、ぶらんこに行こ

「ほっと」が参考にした理念・理論　**TEACCH**

　TEACCH は、ASD の人たちの自立と社会参加を支援します。その根底には、ASD の人たちと定型発達の人たちの徹底した対等・平等な関係を作り上げようとする思想があります。ASD の人たちの人権を尊重するということは、その意思を尊重すること……つまり、自己選択・自己決定の尊重です。ASD の人への支援は、ASD の人を助けてあげることではありません。ASD の人たちとともに生きることそのものなのです。テンプル・グランディンは、「もし世界に社交界の名士ばかりが残されていたとすれば、私たちは、今でもまだ洞窟の中でお互いにおしゃべりしていたことでしょう」と言って、ASD の人たちが文明の進化に寄与してきたことを示唆し、自分がその DNA を受け継いでいることを誇りに思っているのです。実際、発明や発見に限らず、ユニークな発想や、芸術・文化を生み出してきたあまたの ASD の人たちの存在によって、人類は豊かな文明を発展させてきたに違いありません。私たちは彼らのおかげで、現代文明を享受しているのだともいえるでしょう。

　ノースカロライナへの研修旅行で佐々木先生が言われた言葉が脳裏に焼きついています。「私たちは 1 週間の滞在で TEACCH がわかったと思ってはなりません。幸せな 1 週間を過ごさせてもらっただけです」と。そのときは、そんなものか……と今一つ実感がありませんでした。実際多くの施設を見学して、「そうか！　なるほど！」とわかったような気がしたものでした。

　あれから 10 年以上がたつ今、佐々木先生の言葉が心にしみます。ASD 支援はくめども尽きない、奥深いテーマです。恥ずかしいことに、私もはじめて TEACCH に出会った頃は、ASD の子どもたちにはパーテーションで仕切ったエリアで個別課題をさせ、絵カードで指示をすればいいのだと思っていました。しかし、それは TEACCH の精神を理解しない、似て非なることでした。TEACCH は、単なる療育の方法ではなく、ASD の人たちへの深い理解に根ざす支援のあり方を探求する「思想」ともいうべきものです。したがって、TEACCH のマニュアルは存在せず、一人ひとりに合わせて支援の方法を編み出していくことが求められるのです。もちろんそこには一定の法則や確立された多くの支援方法はあるので、臨機応変に利用することはできます。TEACCH が独自に開発した PEP [1] や CARS [2] などの検査ツールや、コミュニケーション指導法だけではなく、ASD の子どもや成人の支援に有効と思われる療育方法や支援法を数多く取り入れて発展してきました。

＊1　Psycho-Educational-Profile。TEACCH が開発した発達検査で、ASD の子どもの療育に先立ち、アセスメントに利用する。各検査項目について、「合格」「不合格」だけでなく「芽生え反応」を評価するところに特徴がある。ほっとでは PEP-R（改訂版）を使用。現在は 3 訂版が使われている。

＊2　Childhood Autism Rating Scale。小児自閉症評定尺度。

う！」私はすぐさま応じて、ぶらんこへいっしょに行きました。これを何度かすると、Aくんは私のウェストポーチから「ぶらんこ」の絵カードを出して要求するようになりました。

そのうち、「天気の日は〇」「雨の日は×」のカードを加えて、雨の日はぶらんこができないことを伝えました。さらに、今から授業が始まるというときは、「①　〇〇の授業を受ける」「②　ぶらんこにのる」の順番を示して、まずは授業に参加するというスケジュールを伝えました。すると、彼は授業に参加し、最後まで席に着くことができるようになったのです。

prologue1 効果に拍手！

また、Bくんは文字や時計を理解したので、毎日の時間割を時計の図とともに示したところ、スケジュールをとてもよく理解するようになり、彼専用のスケジュールをチェックしながら、自立して次の授業の教室に移動できるようになりました。校外学習や遠足にも携帯用のスケジュールを持ち歩き、終わるたびに自分で裏返して次の活動をチェックしていました。

遠足で万博公園へ行ったときのことです。太陽の塔の前で写真を撮り、広場でゲームやリズム遊びをしてから、お弁当を食べました。ところが、その直後、Bくんが行方不明になりました。教師は手分けして、ほかの生徒を見守りつつ、トイレや林の中を探し回って大騒ぎになりました。

実は、お弁当のあとはアスレチック広場で遊ぶことになっていたので、彼はお弁当を食べ終わるとすぐに一人でアスレチック広場に移動していたのです。「集合してみんなでアスレチック広場に移動する」というスケジュールを入れていなかった私のミスですが、スケジュールに従って行動したBくんに、心の中で拍手したものです。

prologue1 わかりやすい目標ならがんばれる

この学校では2月の中旬にマラソン大会があり、30分間トラックを走り続けて何周走ったかを競うことになっていました。そして、3学期が始まると、毎朝の生活の時間にマラソンの練習を15分間することになっていました。ASDの子どもには「15分間走り続ける」というのは見通しが立たず、走る意味がわかりません。Cくんは、マラソン練習の時間に運動場に出て走

「ほっと」が参考にした理念・理論 ― NAS など

　構造化による支援は、もとはイギリス発祥だと聞いています。また、ABC 分析による行動変容の方策や、トークンシステムによる好ましい行動の強化は応用行動分析（ABA）の手法にならっています。視覚支援を積極的に活用するコミュニケーションとして、絵カード交換システム（PECS[*3]）も奨励されています。ソーシャル・ストーリー™[*4]やコミック会話[*4]による社会スキルの指導も推奨されます。さらに英国自閉症協会（NAS）との密接な交流によって、NAS が積み上げてきた理念としての SPELL（構造化、肯定的、共感、低刺激、連携）の精神にも共鳴しています。

　私たちは 2009 年にイギリスへ行き、NAS が運営する、ASD に特化した寄宿舎つきの小学校（Radlett Lodge School）を訪問しました。教室は構造化され、個別の課題が用意されていました。スヌーズレンを備えたセンソリールーム（感覚調整室）があり、クールダウンに使われていました。ノースカロライナの学校とあまり違わないように見受けられました。イギリスも当然 TEACCH のアイディアを取り入れていると思っていた私は、応対してくれた学校心理士のジルさんにそれを聞きました。すると、「私たちは SPELL です。教員の中には TEACCH モデルを取り入れている人もいますけど」との答えでした。意外とも思えたのですが、よく考えてみれば、TEACCH が生まれる以前から、ローナ・ウィングはじめ多くの学者や実践家が協力して、ASD に関する学術的研究と支援の伝統を築いてきた国柄です。自分たちこそ「ASD 支援の本家」という自負をもっているのも当然のことと納得しました。

　もう一つ確認したいことがありました。マカトンのことです。イギリス発祥だからきっと普及しているのだろうと。しかしこれに対する答えも意外でした。マカトンサイン[*5]を使う教師も一部にはいるけれど、それほど使われていないとのことです。一方で、「マカトンシンボルはよく活用しています」とのことでした。そういえば、校内には線画で表示されるマカトンシンボルの掲示物が各所に貼り出されていました。

We　　sit　and　wait　　our　　turn

「私たちは自分の順番が来るまで待ちます」という意味のマカトンシンボル

　また、NAS が運営する。デイセンターなど成人の施設を見学させてもらいました。そのすべてで一貫した SPELL の精神による支援が提供されているのを見て、長年の間に培われた、この国の支援の底堅さを感じさせられました。

*3　Picture Exchange Communication System。アンディ・ボンディとロリ・フロストが開発した視覚的コミュニケーション法で、絵カードと交換で要求することができるように導く。
*4　どちらも、キャロル・グレイが開発した、状況や人の気持ちの理解を助ける手法。
*5　一種のサイン言語で、簡単な手話のようなもの。日本でも ASD 関係者の間で一時期ブームになったことがある。

るのをいやがりました。

　そこで、私はCくんに、「今日は3周だけ走ってみようか」と持ちかけました。何周走るかというほうがわかりやすいのです。トラックは1周が150mですから、3周だとほんの3分足らずで終わる距離です。彼は素直に運動場に出て3周走りました。私は約束だからそれでよしとしました。そしてごほうびカードに日付と周回数を書いて、シールを1枚貼ってあげました。次の日は「今日は何周走りますか」と聞いてみました。彼は「5周」と答えたので、5周走って終わりました。

　こうして、毎日自主的に周回数を申告したのですが、少しずつ目標を増やし、20周ぐらいにまでなったところで、マラソン大会の本番になりました。「じゃあ、20周がんばろうか」と目標を決めて運動場へ行きました。30分間は走りませんでしたが、目標の周回数を達成して「がんばったね」と私がほめると、Cくんはとても満足そうでした。彼はシールでいっぱいになったごほうびカードを持ち帰って、お母さんにごほうびの本をもらったはずです。

prologue1 ASDの子の魅力にとりつかれ

　試行錯誤しつつも、ASDの生徒たちと心を通わせることができるようになり、養護学校で過ごした11年間で、私はすっかりASDの生徒の魅力にとりつかれました。

　私が出会ったASDの子どもたちは、それぞれがとても個性的な魅力にあふれていました。ささやかなごほうびにも満足し、律儀に約束を守ってがんばる姿や、与えられた課題があれば、陰日向なくやり遂げようとする粘り強さ、損得に関係なく正しいと思うことを主張する正義感。ときには思い込みのために、社会常識からずれることもありますが、筋道を立てて教えるとすとんと納得する素直さにも感動させられます。不思議な行動に秘められた謎を解き明かし、彼らの真意に到達したときの喜びは、支援者に与えられるとびきりのごほうびです。

　こんなASDの子どもたちの姿を知ったとき、彼らをもっと理解したい、もっと心を通わせたいと願うのは私一人ではないはずです。

prologue1 無理解な指導を間近に見て…

　しかし一方で、ASD を理解しようとしない教師たちから生徒を守ることができなかった経験も忸怩たる思いで蘇ります。

　野菜が苦手な D くんに給食の野菜を残すことを許さず、無理やり口に押し込む教師がいました。D くんは目を白黒させながらのみ込もうとするのですが、えずいて喉を通らず、苦しそうに顔をゆがめました。どうしても喉を通らない野菜を口に押し込むのは、偏食指導に名を借りた拷問でした。私は D くんがかわいそうで、そんな無理強いはやめてほしかったのですが、まだ知識も経験も浅かった私は偏食にどう対処すればいいかの確信もなく、ただなりゆきを見守るしかありませんでした。年若い、しかしここでは数年先輩の教師に、新参者の私が異を唱えることは許されない雰囲気があったのです。

　また、学習発表会が近づいた頃のことです。主役に選ばれた E さんが舞台での練習をいやがっていました。3 人の担任のうちの一人が無理やり練習に連れ出そうとしたところ、彼女はトイレに逃げ込み、中から鍵をかけて籠城してしまいました。すると、その担任はホースでドアの下から放水し、トイレから引きずり出したのです。足を靴ごとびしょ濡れにされて泣きながら出てきたというのです。体罰以外の何ものでもありません。私はそれをあとから聞き、当該担任に抗議しましたが、「担任以外が口を出さないで！」と聞き入れませんでした。そんなひどい虐待がトラウマとなって、高等部に進んだのち、E さんはとうとう不登校になってしまいました。この責任は誰がとるのでしょうか。

prologue1 生徒のために盾になろう

　ほかにもありましたが、こうした経験をするうちに、生徒のために盾になって、強圧的な指導をする教師と対峙することも辞さない決意が、次第に私のうちに育っていきました。

　あるとき、F くんを力で押さえつける教師に「やめてください！」と抗議したことがありました。すると、「人が指導してる横から口をはさむな！机に寝そべったりしてええと思ってるんか！」と大声でどなったため、集会室にいた生徒も教師もしーんと静まり返ったのです。「それは体罰です。とにかくどけてやってください」と私も引き下がりませんでした。しばらくや

りあって、やっとその教師をFくんから離れさせることができました。

　その後、クラスの生徒に「山根先生、今日、〇〇先生とけんかしてたな」と言われてしまいました。生徒には「どっちもどっち」と映ってるんだなぁと思いました。できれば、生徒の前で対立した姿を見せたくないのですが、目の前で虐待されている生徒を救うにはその場で抗議するしかありませんでした。もともと争いごとの嫌いな性分なので、そういう場面はとても苦手でしたけど、これも私の務めと腹を決めていました。

　もちろん、養護学校の教師の大多数は心優しい人たちでした。放課後等デイサービスのなかった頃でしたから、長期休暇は子も親も煮詰まってつらい日々の連続でした。私は中学部の生徒を対象に希望者を募って、「出かけよう会」を実施しました。ハイキングやプール、人工スキー場での雪遊びなどで一日を楽しく過ごしたり、また、夏休みにはお泊り会もしました。このとき、学生ボランティアに加えて職員にも呼びかけて、マンツーマンの付き添いをお願いしたところ、毎回快く応じてくれる先生の多さはありがたく、心打たれる思いでした。でも、そんな優しい先生たちでさえ、生徒に対する理不尽な力の支配に立ち向かう人はほとんどいなかったのも事実でした。

prologue1 支援教室立ち上げ

　守ってあげられなかった生徒たちへの慚愧（ざんき）の思いを引きずりながら、私は定年を迎えました。退職後の人生を、ASDの子どもたちのために捧げたいと思ったのは、養護学校で出会った子どもたちの魅力に取りつかれたからですが、一方で、力及ばず守ってあげられなかった生徒たちへの、罪滅ぼしの気持ちもわずかながらあったのです。

　2005年、自由の身になった私は、折よく神戸大学と神戸市が連携する子育て支援プロジェクト「のびやかスペースあーち」に参加する機会を得ました。そこでASDの子どもたちを支援するプログラムを担当させてもらうことになったのです。「のびやかスペースあーち」の準備委員会で、神戸大学医学部の高田哲（たかだ さとし）教授と出会ったのは天の援けでした。「私が診断した子どもたちを支援してくれませんか」と提案していただきました。

　こうして、場所の提供を「のびやかスペースあーち」で受けられることになり、また、入級対象児は、高田教授に紹介していただくことになって、私

のボランティア活動がスタートすることになりました。

prologue1 夫が理論的支柱に

　夫は、私の支援教室を全面的に後押しするばかりでなく、障害児の療育にはまったくの素人ながらスタッフとして参加してくれることになりました。彼は初めのうち、縁の下の力持ちに徹し、裏方の雑用をこなしていました。ところがそのうち、療育に参加しつつ、専門的な知識を蓄えて、頼もしい支援者となっていきました。彼はほっとの活動に参加するようになると、私の解説だけでは納得せず、TEACCHをはじめ、さまざまな内外のASD関係の専門書から知識を吸収しました。

　一方私はといえば、教材や支援ツールの作成に励み、また、保護者やボランティアとのメールのやりとりにいとまがありませんでした。そんな私を尻目に、黙々とASDの研究に精を出す彼は、いつしかほっとの理論的支柱となっていました。

　日々ASDの子どもたちの抱える課題に直面し、保護者からの相談も持ち込まれる中で、わが家のリビングは「ほっと事務局」となり、私たちのケーススタディの場ともなって、実践的な議論を交わしながら、支援の方向を模索しました。「おはようございます。今日もよろしくお願いします」のあいさつで一日が始まり、ともにASD支援をする仲間として夫と過ごす日々は忙しくも、充実した人生のセカンドステージでした。

　2005年の秋に旧灘区役所の建物にオープンした「のびやかスペースあーち」で教室が始まって以来、学生や保育士、看護師などの社会人や主婦など、地域の人たちも次々にボランティアとして参加してくれました。おかげで、マンツーマンで支援するほっとの教室は、手厚く充実したものになりました。

prologue1 3つの活動目標を設定

　ほっとの活動目標として、次の3つの柱を設定しました。
①就学前のASDの子どもたちの療育
②親たちへの支援
③支援者の養成と地域への啓発活動
　その方法として、ASDの子どもたちに、TEACCHモデルによる療育を

実施し、ボランティアさんに子どもたちとかかわる中で、ASDへの理解を深め、支援のしかたを学んでもらいました。その一方で、ペアレント・カウンセリングを実施して、保護者の悩みに応え、子育てを支援しました。また、ほっとの保護者だけでなく、広く参加を呼びかけて、ほかの保護者や支援者、地域の人々にもASDへの理解を広めたいと願って、5回シリーズの「自閉症学習会」を毎年2巡させて開きました。

prologue1 2つ目の支援教室を開く

しばらくして、神戸の西の地域にも同じような教室を開いてほしいとの依頼が神戸市から出され、高田教授との連携で2007年7月から、廃校した須磨区の小学校の教室を使って、「すまいるほっと」を開くことになりました。

ほっとは灘・須磨とも、4人ずつの子どもを半年単位で受け入れました。この間、灘と須磨の教室で100名を超える子どもたちと出会い、支援することができたのは私たちの誇りです。ほっとでの子どもたちの成長過程は、思い浮かべるだに、心ときめく私たちの無形財産です。

prologue1 夫の病と閉室

私にとって、楽しく充実した支援教室での活動でしたが、ほっとの中心的なスタッフでもあった夫が病を得たため、責任者として教室を運営することが難しくなり、徐々に活動をフェードアウトして、2014年の春、足かけ9年間のほっとの教室をすべて閉じることになりました。

夫は免疫力が低下する病気を発病してからはほっとに参加することができなくなり、残念がっていましたが、ASDの子どもたちの成長を願う気持ちは衰えることはありませんでした。闘病しながらも、アスペルガー論文をドイツ語から翻訳したり、ほっとの活動をまとめる論文を執筆するなど、陰で支援を続けることに余念がありませんでした。

序章2　支援教室「ほっと」へようこそ！

prologue2　日々の療育の取り組み

　支援教室「ほっと」で出会ったかわいい子どもたちと、その成長を支えた家族の姿を紹介する前に、ほっとのシステムとそこでめざしたことなどを簡単に述べておきましょう。日々の療育では、主としてTEACCHの精神を生かす取り組みを行いました。

①構造化

　個別課題に取り組む課題エリア、集団活動を行うサークルエリア、おやつを食べるスナックエリア、そして、遊びのためのプレイエリアなどをパーテーションで仕切って、場所をわかりやすく示し、それぞれのエリアでの活動に集中しやすくしました。

②視覚支援によるコミュニケーション指導

　ASDの子どもたちはコミュニケーションが苦手です。特に話し言葉は聞くことも話すことも難しいことが多いのです。このため、言葉を理解するツールとして、コミュニケーションカードを使ったやりとりを練習しました。特にスナックタイムには、自分の欲しいお菓子を要求するのにカードを使うよう促したり、「いただきます」や「ごちそうさま」のあいさつをカードを見て練習しました。

⇩

　言葉はすぐには出ない子も多いのですが、初めは1枚から練習し、のちに何枚かあるカードの中から適切なものを選んで、それを渡すことによって自分の意思を伝えられるように促します。カードを見比べて違いを理解し、欲しいもののカードを探して支援者に渡すことができるように、カードを使う力を育てるのです。カードを使うことによって、口頭で欲しいおやつを要

初めは身を乗り出しておやつをとろうとしていたのが、カードで要求するようになった。

求できるようになる子もいます。カードが言葉を誘発する例です。

③スケジュールの提示

　ASDの子どもたちは予定を知って見通しをもつことで安心します。ほっとでもスケジュールをボードに貼って示し、1枚ずつはがして、その活動を行う場所へ持って行くようにしました。ただ、カードを理解する以前の段階の子どもに対

スケジュールボードは、荷物置場の3段ボックスの裏側に設けた。

しては、課題のトレイを見せて、課題をすることを伝えたり、また、お菓子と水筒の入ったかごを見せてスナックタイムを知らせるなど、具体物でスケジュールを知らせることもありました。

　スケジュールを見に行ってカードを取る行動を促すために、手を引いてスケジュールボードの場所へ連れて行くのではなく、合図としてトランジションカード[*6]を渡すようにしました。そのことによって、より自立的な行動を促進することができました。

④アセスメントに基づく個別課題

　PEP-Rの結果や保護者が記入する生活スキルチェックリスト[*7]、および保護者へのインテークなどのアセスメントを実施し、現在の発達段階と本人の特性を把握しました。それらを参考にして、ISP（個別の支援計画）を作成し、7つの領域[*8]に分けてそれぞれの半年間の目標（長期目標）を決めました。

　それに基づいて、課題学習では平均8つの課題を選び、それぞれ別のトレイに用意

集中して課題に取り組む3歳児。発達段階と興味に合わせた教材で、皆、課題学習が好きになる。

しました。注意力の持続時間や興味のあるなしによる反応を見ながら、課題

[*6] スケジュールを見るための合図として渡すもので、必ずしもカードである必要はない。活動を切り替えるためのツールであり、慣れてきたらこれがなくてもスケジュールを見るようになる。
[*7] 生活全般に及ぶさまざまな処理能力をチェックしてもらった。
[*8] 身辺自立、学習スキル、行動管理、コミュニケーション、余暇活動、対人関係（社会スキル）、地域生活の7領域とした。

の量や内容を調節し、スモールステップで難易度をステップアップしつつ、いつも子どもが興味をもって取り組めるように配慮しました。

「えっ！ うちの子がお勉強をするんですって！ とんでもない！ 無理です」と、ほっとの活動を説明すると驚く保護者はとてもたくさんいました。しかし、どの子も課題学習が大好きになるのを私たちは確信していました。それぞれの子どもの発達段階と興味にカスタマイズした、魅力的な教材を用意することにスタッフは心を砕いたからです。そして、課題学習に強くひきつけられ、熱心に取り組む子どもたちの姿に、親たちは驚嘆し感動しました。

⑤サークルタイム

ASDの子どもたちは集団活動が苦手なことが多いものです。なぜ苦手なのでしょう。理由は子どもによってさまざまです。ある子どもは集団の場で、指導者が何を言っているのかわからないし、自分が何をすればいいかがわからない……だから混乱し、見通しがもてなくて、落ち着かないのです。あるいは、言葉のやりとり自体が苦手で楽しめないこともあります。歌を皆で歌うのがうるさくていやなのかもしれません。

母親の膝に抱かれて参加する子どももいる。

とにかく、集団で何かをするという活動自体がいやで耐えられないということもしばしばあり、子どもはサークルエリアから飛び出して、部屋の隅で固まっていることがあります。そんなときは無理強いせず、居心地のいい場所でそっと見学してもらうことにしました。そうして、慣れてきたら、みんなの輪に入れることがほとんどでした。これはASDの子どもたちが社会的相互作用の難しさや感覚過敏を抱えているためです。しかし、やり方によっては少しずつ参加することができるのです。

ほっとでは「はじめの会」と「おわりの会」を行い、いずれも、5分前後で終わるよう心がけ、歌で始めました。「たのしいほっとが始まるよ～♪　名前を呼んだら　手を上げて　大きな声で　返事しよう～♪」という、ボランティアさんの娘さんが作曲してくれたオリジナルのテーマソングが始まると、それまでうろうろしていた子どもも吸い寄せられるようにサークルエリアに入って、席に着くから不思議です。

内容もわかりやすいように工夫しました。写真カード（子ども、ボランティア、保護者などの写真）や子どもたちの名前カード（文字が読めなくても子どもごとにシンボルカラーを決めていたので、自分の名前カードを識別することができました）を使ったり、スケジュールを示して何をするのかをわかりやすくしました。こうすることで、ほとんどの子も、ほっとのサークルタイムの活動に楽しく参加することができました。なかには、そこで歌われるほっとの歌や手遊び歌などを覚えて、家でも大きな声で歌う子どももいました。

集団活動はこの先、学校でも社会に出てからも、避けて通れない活動ですから、少しずつ参加できるように練習しておきたいことだと考えました。集いの場でのあいさつややりとりを通じて、人とかかわる楽しさやかかわり方を学んでいけることに意義を感じていました。

⑥ 遊び

セッションの中の「あそび」の活動では次のことをめざしました。

ⅰ) コミュニケーションの学習

おもちゃの取り合いになったとき、「返して」「貸して」「いやだ」「いいよ」「ありがとう」などの言葉で自分の気持ちを伝える練習をしました。

ⅱ) ソーシャルスキルの学習

ほかの子どもたちとおもちゃを共有して、いっしょに遊ぶ。

ⅲ) いろいろな遊びに親しみ、遊びの幅を広げること

家では決まった遊びしかしない子どもたちも、ほっとではくるくる球遊び、プラレール、粘土、ブロック、積み木、ままごと、お絵かきボード、ボール、トランポリン、シーツぶらんこなどさまざまな遊びを経験し余暇スキルを拡大することができました。

prologue2 ソーシャル・スキル・トレーニングの試み

ほっとの卒業生のなかで、社会スキルを教える必要のある子ども4名に対するソーシャル・スキル・トレーニングを「SSほっと」（ソーシャルスキルほっと）として取り組みました。発達段階がほぼ同じで、小学校低学年の文字が読める子どもたちを選びました。定型発達の子どもの言動から学ぶことがよくあるので、2名のきょうだい児に協力を求めました。

SSほっとの療育をするにあたっては、トニー・アトウッド著の『完全ガイドアスペルガー症候群』[*9]から多くのヒントを得ました。

①ねらい

ⅰ）コミュニケーション能力を向上させ、自分の気持ちや考えを表現できるようになる。また、ほかの子の話に耳を傾け、理解する努力をする

ⅱ）感情を知り、コントロールできるようになる

ⅲ）社会的なルールやマナーを知り、社会適応ができるようになる

ⅳ）集団活動に楽しく参加できるようになる

②具体的な活動

ⅰ）「自己紹介」「好きなこと」「夏休みの思い出」「将来の夢」などのテーマでスピーチ

　発表のしかたを学び、またほかの人の話を聞く態度を学びました。

ⅱ）感情の学習

　トニー・アトウッド著前掲書に示された認知行動療法（CBT）を参考にして実施しました。

　　a　それぞれの子どもについて、保護者にその子の肯定的な感情（うれしい、楽しい、安心、満足など）の事例と否定的な感情（不安、怖い、悲しい、くやしい、腹が立つ）の事例で「感情のスクラップブック」を作って提出してもらい、文カードを作ります。

　　b　学習は肯定的な感情から始めます。「『うれしい』のはどんなとき？」などと聞いて、多くの事例から選ばせます。すると、自分が感じる「うれしい」「たのしい」などが必ずしもほかの子どもと同じでないことを理解します。

　　c　最後は否定的な感情について、「『不安』に思うのはどんなとき？」などを文例から選ばせます。そして、「不安」「腹が立つ」などネガティブな感情がわいたとき、どう対処するかを皆で考えました。「不安」な事例として、「歯医者さんで治療をしてもらうとき」の対処法に「手順を見せてもらう」などの模範解答とともに、「先生に『早く終わってくだ

[*9] ロンドンのNAS本部を訪れて図書室を利用させてもらったとき、偶然夫が見つけて、帰国後さっそく購入したもの。残念ながら訳本は当時まだ出版されておらず、やむなく原書で読むことになったが、この本から多くの最新の知見を得ることができ、感情学習やソーシャル・スキル・トレーニングの認知行動療法などをほっとの実践に活用することができた。

さい』と頼む」という答えも飛び出して、笑ってしまうこともありました。このように、対処法をそれぞれ見つけることによって、安心することができるのを知らせます。

ⅲ）社会のルール

あいさつのしかた、列に並ぶ、おもちゃの貸し借りのルール、電車やバスに乗るときのマナー、エレベーターに乗るときのマナーなどを学びました。その方法としては、まず、大人がよい例、悪い例のロールプレイをして見せ、「〇×」で答えさせたあと、子ども全員がよい例だけをロールプレイし、最後に線画を見せて「〇」か「×」かを再確認します。こうして学習内容の定着を図りました。ロールプレイにはちょっとした道具立て（ドアやいすなど）を用意して臨場感を出しました。

どんなシーンを取り上げるかは、保護者に取材して日常生活の中で困っていることを出してもらい、それに合わせてテーマを決めました。抽象的・一般的にこちらが設定するのではなく、実際に直面していることを取り上げると、子どもたちの関心も高く、実践的な学習になりました。

ⅳ）クイズやゲーム

子どもたちに一番人気の活動でした。手遊び歌などの集団活動に楽しく参加し、仲間といっしょに活動する喜びを経験しました。

prologue2 保護者への支援とボランティアの活動

①保護者支援

ほっとでは、子どもたちのセッションを保護者にメモをとりながら見学してもらいました。子どもへのかかわり方や、課題はどんなものをどんなふうに提示して、取り組ませるかなどを実践的に学んでもらうのです。それによって、ほっとでの療育が終わってからも家庭で課題に取り組んだり、コミュニケーションのとり方を学んだりしてもらいました。

ほっとに来たら、45分間はセッション、残りの45分間はボランティアさんとの自由遊びと並行して、メンター（先輩ママが助言者）がペアレント・カウンセリングを行いました。そこでは、講演会や本から得た知識だけでは解決できない、さまざまな問題を話し合いました。保護者には毎週ほっとのメモに、次の２つを書いて持参してもらいます。

ⅰ) 最近できるようになったこと
ⅱ) 困っていること、わかってほしいこと

　それをもとに話し合いをしました。特にⅰ) については必ず書いてくるよう、強く求めました。

　「いやぁ～、うちの子が何かできるようになったことを毎週書くなんて無理ですよ。困ることばっかりですもん」と保護者は頭を抱えました。「どんな小さいことでもいいのですよ。一所懸命いいところを探してみて！」と頼みました。すると、「玄関で靴を脱ぐようになった」「餃子(ぎょうざ)が食べられるようになった」「じゃんけんぽんで手が出せるようになった」など、ささやかな一歩が記入されるようになり、子どもを肯定的に見る視点が育ちました。「必死で何かいいことないかと思って観察してます。これや！　と思ったらすぐ書き留めておくんですよ」などと、日々の涙ぐましい努力を語ってくれる人もいました。

　この宿題を半年間続けると、子どものいいところに気づき、それを評価する習慣がつくのです。そして親子関係が劇的に好転するケースが次々に生まれました。

　また、困りごとをどうすれば改善できるかを、メンターとともに考えるうちに、子どもの立場で支援する姿勢が培われていきました。こうして、保護者にとって貴重な学びの場となり、また、心安らぐ時間となりました。専門家による理論的な話も大事ですが、実際にASDの子どもを育ててきたメンターの話は、打ち解けた温かい雰囲気の中で、大きな説得力をもって心に響くようでした。ペアレント・カウンセリングの部屋から赤い目をして出てくるお母さんの姿をたびたび見ることがあり、今日もいい時間を過ごせたなと想像しました。

　何人ものメンターが途切れることなくほっとに参加して、サポートしてくれたことは、ほんとうに心強いことでした。

②ボランティア活動の場

　ほっとはボランティアさんなくしては成り立ちませんでした。子どもたちにとって居心地のいい場所というのは、ボランティア活動の場としても魅力的な場所でした。

　善意で集まってくれるボランティアさんたちですが、多くの人が長く活動

を続けてくれたのも、理由がありました。ほっとは、TEACCHなどの療育理念にふれて、そのヒューマニズムに共感しつつ、支援のしかたを学ぶ場でした。実際の経験を積んで支援者としての力量をスキルアップしていくことができるのも魅力でした。さらに子どもたちにかかわる中で、その成長を目の当たりにするのは、大きな喜びでした。

　毎回セッション終了後のミーティングで、担当した子どもたちの様子を報告し合って情報を共有し、支援のあり方を皆で議論しました。そのあと次回に向けて課題を準備してもらいました。課題の最終チェックは私の仕事でした。ボランティアさんにはこの作業を通して課題のあり方を学んでもらいました。ストックされた教材だけでなく自ら工夫し、担当の子どもにフィットしたものを家で作ってきてくれるボランティアさんもいて、ほっとの課題はいつも子どもにぴったり合わせられていました。こうして私たちは、ほっとの療育をたえず検証し、向上させる努力を続けました。

prologue2 課題学習での子どもへの接し方

①目的の明確化

　課題にはそれぞれねらいとする目的があります。たとえば、プットインの課題は目と手の協応や、手先の巧緻性の向上、パズルは認知力を高めることと、手先の巧緻性の向上などが目的になります。

　課題に取り組む際、トレイから課題を取り出し、机の上に作業しやすく並べたり、タッパーに入ったアイテムを出すのに蓋を開けたりするのは、本来の目的ではないので、一人ですることが難しいときは、指導者が手伝って、準備を整えます。一方、目的からはずれる声かけ……たとえば、パズルの絵が動物だったとき、「これは何？　ライオン？　ぞう？」「動物園に行ったことある？」など目的と関係のない質問はしないことです。そして、できるだけ指導者は声をかけずに見守るのが基本です。

　また、パーツなどを落としたときはさっと拾って、机に戻します。そこで、子どもの集中が途切れないようにするためです。しかし、教材を投げて遊ぶときは、「拾います」と言って拾わせることで、投げるのを防止できます。課題が難しすぎる、パーツが足りないなど準備に不備があって完成できないようなときに投げる場合は、指導者が拾って課題をおしまいにします。

②プロンプトのタイミングと方法

　はじめての教材のときは、子どもの課題の理解や取り組み方、どこでどうつまずくかなどをよく観察します。迷って子どもの動きが止まることがありますが、早々と手や口を出さず、考える時間を与えます。しかし、あまり長く待つと、子どもは「できない」と感じて放棄することもあるので、その直前に指さしや、モデリングでやり方を示唆（プロンプト[10]）します。このとき、手を持ったり、口で多くの指示を出したりしないことがポイントです。

　仕分けの課題があります。初めは２種類に分別するところからです。ふわふわポンポンとクリスタルキューブをたとえば５つずつ用意します。これを２つの容器に入れ分けるのですが、初めにサンプルとして１つずつを入れておき、残りのアイテムを分け入れるように課題を提示します。これらは色・形・手触りがはっきりと違うので迷うことなくそれぞれの容器に分けて入れることができると思うのですが、子どもによっては全部のアイテムをつかんで１か所に入れてしまったり、アイテムで感触遊びをしたりすることがあります。課題の趣旨を理解していないのです。そういうときは１つずつ渡して、識別させます。こうすることで、アイテムとサンプルを見比べるようになって、課題の趣旨を理解することができます。

　ゴルフティーのペグをカラーシールのついた穴に差す課題があります。

　課題の理解が弱く、ペグをまとめてつかんで遊ぶ子には、指導者が１つ差して見せたり、ペグを１本ずつ手渡したりするようにします。

　ASDの子どもは、２つ以上のことを同時にするのが苦手なことがあります。だから色が違っていても、ペグを全部はめれば、「できたね」とほめて終わらせます。次回は、同じ教材に再挑戦するか、単色や数を減らした簡単なものから再出発するなど、調整します。できるようになれば、色配列をランダムにしたり、数を増やしたりしてステップアップします。

　課題は常に「できたね」とほめて終わり、成功体験を増やし、自信をつけることをめざします。

③さりげないサポート

　ASDの子どもは視野が狭くて、課題の全体を見渡すことができないことがあります。12ピースの型はめをするとき、ある子どもは視線の正面しか

[10]　きっかけやヒントを示して、動作を促すこと。

目に入らず、端のほうにあるくぼみに気づかないため、課題を完成させることができませんでした。そこで、指導者は、さりげなく型はめの台をずらして、隅にあるくぼみを彼の視野に入れます。すると、すぐに気がついてはめることができました。「ここだよ」と声をかけて場所を教えるのではなく、台を少しずらすことで自分で見つけてはめることができるのです。

④できるだけ静かに

英国自閉症協会（NAS）のSPELLのLow Arousal（低い刺激）をヒントに、言葉かけは最小限にします。できるだけ本人の自発的な取り組みを尊重し、見守ります。また、プロンプトを出すときも、声かけをする代わりに指さしなど、見てわかる援助をします。

ASDの子どもは、心配性で失敗を恐れることが多いので、課題の小過程ごとに「そうそう」とか「違うでしょ」などと声をかけたり、うなずいたり、首をかしげたりしていると、指導者の目をのぞき込み、反応をうかがってから次に進むようになります。依存性を強めないように、「自分でいいと思うようにやってごらん」と励ましながらポーカーフェイスに徹し、1つの課題が終わったときに「できたね」と静かにほめるといいのです。頭をなでたりしておおげさにほめるとかえっていやがる子もいます。もちろん、なかには「できた」とまわりに拍手を求める子もいますが、そういう場合もあえて低いトーンで。回数も課題が1つ終わるまでは黙っています。そうすることで、自立心も育っていくでしょう。

⑤はじめての課題は不安

はじめての課題は見ただけで拒否することがあります。これは、課題が難しいからできないということではなく、はじめての課題はできるかどうか自信がなくて、もしもできなかったらどうしよう、失敗するかもしれない、などと思うと怖くてできないというASDの特性からくることがほとんどです。そんな場合は指導者が一度やって見せて、それでもやろうとしないときは無理強いせずさっと片づけます。その課題を宿題にして家に持ち帰ると、誰も見ていないところで練習して、できるようになると、次回のセッションで自信をもって課題に取り組むという姿が見られました。

prologue2 ほっと自慢の手作り教材

「適切に場面を構成するには、科学的思考だけでなく技・アートが必要であり、その技によって構成場面が望ましい対人的・伝達的行動をもたらすだけでなく、子どもにとって楽しいものとなり報酬とならねばならない」（Pハウリン、Mラター『ASDの治療』）。

ほっとの手作り教材はこのような「芸術作品」であったと自負しています。教材は子どもたちをひきつける、カラフルな色、感触のいい素材、アニメキャラクターなどの魅力的なモチーフ、また、簡単なものから難しいものまで多くの段階に対応する教材がそろえられました。

それは、ボランティアさんたちの創意工夫が施された力作ばかりでした。2、3例を挙げておきます。

ⅰ）スナップとだんごスナップ

大きい布片をスナップで台布に留めるのはスナップの凹凸が見えにくいので、花に小さな芯をつけるのを作りました。こうすると芯の凸がのぞけるので扱いやすくなりました。しかし、それでもわかりにくい子どものために、だんごスナップを作りました。これは、綿を詰めたお手玉にスナップをつけたものです。これだと凹凸が確認しやすくて、はまるとパチッと小気味のいい音がするので、喜んで取り組みます。子どもの能力に気づいてこの順に作成しましたが、使うときは逆にレベルアップしていきます。

スナップ

だんごスナップ

ⅱ）ひもボタン

太いひも（カラーコード）の片側に大きめのボタンをつけ、もう一方を台に固定しました。ボタンホールをかがった布片を多数作り（きつめとゆるめ）ボタンを通していきます。

ひもボタン

ⅲ）ボタン・スナップ

ボタン、スナップの応用編として作られたウサギやパンダの耳や目をボタンやスナップで留める

ボタン・スナップ

教材は、かわいいデザインが子どもの心をつかみます。

iv）輪ゴムかけ

輪ゴムをひっかける課題も、左右のくぎに直線的にひっかけるものから、多角形の形になるように複数のくぎにひっかけるもの、さらに、筒にかけるものへとステップアップしながら、ゴムの性質と取り扱い方を身につけられるように用意しました。

輪ゴムかけ（直線）

輪ゴムかけ（多角形）

輪ゴムかけ（筒）

v）ファスナーの留金課題

手順書を見ながら学べるようにし、ある程度やり方を習得したら、実際にベストを着るのを課題としました。

ファスナーの留金課題

このように、ほっとでは、子どもの能力に合わせてスモールステップでレベルアップできるように同種の教材も難易度の異なるものを多種類準備しました。巻末には、付録としてほかのものも掲載しています。

prologue2 ほっとがめざした支援者像

ハンス・アスペルガーは、ASDのような困難な子どもを教育するには、彼らに本物の好意を寄せ、ASDの特質を理解していることが必要だといっています。

養護学校に勤めていたころ、子どもたちが、いろいろな教師がいる中で理解してくれる教師とそうでない教師を鋭く見分ける力をもっていることに驚かされました。苦手なことを押しつけたり、がみがみと口うるさく説教をする教師を見ると、避けるように遠ざかるのです。そんな子どもたちを見て、私自身、彼らに「合格点」をもらえるだろうかとわが身を振り返ったものです。

ほっとでは、すべての支援者が子どもたちの味方だとわかっているので、どの「先生」も子どもたちに慕われたのはいうまでもありません。初めのう

ちはお母さんから離れられない子どもたちも、やがて担当のボランティアさんに親しみ、打ち解けました。

　私たちは、いつも冷静に子どもと向き合おうと努力しました。子どもが感情的になって、悪態をついたり、教室から逃げ出したりしても、決して腹を立てたり、怒ったりすることはありません。しかし、だからと言って、はれ物に触るように子どもに迎合し、不適切な行動や不当な要求に屈して、何も教えないのではありません。子どもの機嫌とりをすれば、不適応行動をますます助長させることになるでしょう。何が正しいか、何が許されないかをきちんと示すことは必要なことです。ただ、その示し方には工夫と配慮が求められます。

　子どもによっては知恵を巡らせて大人を困らせる方法を巧みに編み出して楽しむことがあります。そんな手に負えないときも、子どもの挑発に乗らず、静かな声の調子で、しかし、毅然とした態度で臨もうと心に決めていました。彼ら自身がそこから抜け出したいと苦しんでいることが、しばしばあるのを、私は知っているからです。どうすれば脱出できるかを彼らの立場で真剣に追い求めることこそ、支援者の務めではないかと思います。

　そして同時に、一風変わった癖もASDの文化として受け入れる度量をもちたいと願っています。障害ゆえに抱えている困難に対しても共感する寛容さが求めらると思います。本物の教育を行うためには、指導者の資質と情熱が問われます。障害を理解し、彼等に心から親愛の情を寄せることはその第一歩ではないでしょうか。

　ASDへの支援は定型発達の子どもを育てた経験や知識をそのまま適用してもうまくいきません。優れた支援者になるには、たえず専門知識を身につけ、さまざまな支援方法のポケットをもつことだと思います。我流やマンネリに陥らず、書物や講演などで進んだ知見やアイディアを取り入れつつ、一所懸命よりよい対応を追求することで、的確な判断と支援の工夫も生まれると信じます。

　支援者としての資質やスキルを向上させるために、ほっとでは教室のあとのミーティングで、書物の抜粋や講演会のレジュメをコピーして学び合うなど、学習の機会をもちました。

本章

かがやけ！
ASDキッズ

1. 直哉　利発な「困ったチャン」

入級時年齢：4歳9月
知的障害[*]：療育手帳なし
家族：両親

　直哉(なおや)は4歳でした。診断はまだついていませんでしたが、高田先生がほっとの療育を勧めたのは、アスペルガータイプ ASD の疑いがあったからでしょう。私たちは、いわゆるアスペルガータイプの子どもを支援する経験をもたなかったので、豊富な語彙を駆使してしゃべり、年齢相応レベルをはるかに超えるアカデミックスキルを身につけている直哉に、何を教えたらいいのか、とまどいました。

認知課題はすぐに卒業、手指の巧緻性は未熟

　パズルや色・形のマッチングなどの認知課題はどれもあっという間に卒業したので、ほっとにある教材はすぐに底をつきました。しかし、手先の巧緻性は未熟だったので、身辺自立につながるボタン・スナップのかけはずし、ファスナーの留金、ひも結びなどは時間をかけて取り組みました。初めは不器用で、四苦八苦していましたが、どの課題も途中で投げ出すことはなく、粘り強くやり遂げようとしました。こうして、かなり手指の操作性も高めることができました。

　それから1年以上もたって、家で七夕の笹飾りを作ったときのことでした。「ほっとで習ったからできるよ」と言いながら、願い事を書いた短冊をこよりで笹にくくりつけることができたのです。かなり前に卒業したほっとを覚えてくれていた彼の言葉が心にしみました。

感情のコントロールと社会スキル習得が最大の課題

　直哉はほっとに来たときはとても礼儀正しく、模範生でした。しかし自分を抑えて優等生を演じているところがあり、そのためどこかで気持ちを爆発

---

[*] 知的障害の程度はすべて入級時の状態で表示している。幼少時の療育手帳の判定は言語発達の程度に大きく左右され、必ずしも知的能力を正しく反映しないことに注意が必要。

させることにつながっていました。感情のコントロールと社会スキルの習得が彼の最大の課題だと感じました。

　このため、私たちは彼に合わせた教材を作成して課題として取り組むことにしました。彼の問題をお母さんに取材して、その事例の多さに驚かされました。電車に乗っていて、反対側のホームにいた電車をお母さんが見ていなかったのを知って激怒したり、シールを貼るのをお母さんが彼に黙ってやったと言っては泣き崩れ、上靴のまま園庭に走り出したのをお母さんに呼び止められて怒りを爆発させるなど、激情を抑えられない例とともに、怖い夢や避難訓練などへの恐怖感、さらにゲームなどの集団活動への拒絶反応など、枚挙にいとまがありませんでした。

間違いを指摘されることに抵抗が強い

　彼はまた、ドリルなどをして、お母さんに間違いを指摘されると激怒し、「まちごうてる言われて、うれしいか、かなしいか、どっちや！　お母さん、あやまりなさい！」と激昂し泣き崩れました。彼のやり方を否定するわけではなく、「こうしたほうがいいね」と助言される場合も同じでした。ストレートに「違うよ」と言われなくても、否定されたと受け取り、大泣きするのです。

　このように間違いを指摘されたり、正しい答えを教えられたりすることに、強く抵抗する子どもはとても多く、ASD の特性の一つと考えられます。「間違っているよ」と言われると、全人格を否定されたような気がするのかもしれません。否定されると、もう身も世もないような気分になるのでしょうか。彼らの混乱ぶりをみると、そんな気さえしてきます。間違っているのは答えであって、彼らの存在そのものでも、人格でもないのに、そこがわからないのです。逆鱗に触れるのを恐れてそのままにしておけば、間違ったことをそのまま覚えて、正しいことを学ぶことができません。

「わかるストーリー」を教材化

　そこで、まずはこの問題に対処するところから着手しました。キャロル・グレイの考案したソーシャル・ストーリー™にヒントを得て、絵と文章を使って、課題に仕上げてみました（→役立ちアイテム「**わかるストーリー1**」）。

つまり、ところどころ四角で囲った空欄を設け、単語カードを別に用意してそこにあてはめる形式です。まったくの空欄にすると、けっこう難しいので、枠の中に薄墨色の文字を印刷しておき、マッチングの方法で簡単に完成できるようにしました。文章構成力が育っていない段階の幼児には、「わかるストーリー」に興味をもたせるきっかけとして取り組める活動でした。穴埋めが完成したら、「上手にできたね」とほめたあと、いっしょに読みました。

このような文章を書くのは、単に口で言うよりも、文字にして視覚的に示したほうが伝わりやすいという、ASDの「視覚優位」と関係しています。まったく同じ内容を口頭で伝えても理解できないことが、視覚的に示すだけですとんと胸に落ちるのを私は数多く見てきました。

> **役立ちアイテム　わかるストーリー１**
>
> ●間違えても、大丈夫！
>
> だれでも　もんだいに　こたえるとき　まちがえることが　あるものです。でも　だいじょうぶ 。まちがいに　きがついたら、 ただしい 　こたえに　なおせばいいのです。
> ひとは　まちがえることで　 かしこく 　なるのです。せんせいや　おかあさんは　まちがいに　きづかせてくれます。そして　ただしい　こたえを　かんがえるのを　 てつだって 　くれるでしょう。
> まちがいに　きづいて　ただしい　こたえを　みつけるのは　すごく　 かっこいい 　ことなのです。
> （イラスト省略）

「間違えても大丈夫！」の課題に直哉は積極的に取り組み、何度か繰り返すうちに、暗記するまでになりました。そして、自分が失敗したとき、「人は間違えることでかしこくなるんや。ほっとで習ったやろ」とパニックにならずに、失敗を認めるようになっていきました。

ただ、だからといってすんなりと大人の助言を受け入れるということにはならず、「自分でよーく考え直すのが偉いんや」と譲りませんでした。それでも、間違いを指摘されただけで怒りを爆発させていたことを思うと大きな進歩でした。

じゃんけんは避けて通れないこともある

直哉は勝負事で負けるのをいやがりました。幼稚園でかるたをするときは読み手に立候補し、ドッジボールをするときは球拾いや得点係を申し出て、決してゲームに参加しようとしませんでした。

「わかるストーリー」の書き方

「わかるストーリー」を書くときには、いくつかのポイントがあります。

①理路整然としてわかりやすいこと。 ASDの子どもたちには理論的に筋の通った説明に納得しやすい性質があります。「なぜそうなのか」を示すと理解できるのです。

②肯定的な言葉で書くこと。 肯定的な表現にすることで印象が大きく変わります。その例として、「大丈夫」と安心させたり、「〜するといいのです」と、してはいけないことを禁止する代わりに、していいことを示すと、すんなりと受け入れやすくなります。ほかにも、「すてき」「かっこいい」「かしこい」「きれい」「きもちいい」などの語を文中にちりばめることで、文全体に魅力的な雰囲気を与えるものです。

③命令口調にならず、禁止や否定形を使わないこと。 そうすることで、ソフトタッチの心地いい文章に仕上がるのです。仮に次の文章だったら、どうでしょうか。

「あなたは『違うよ』と言われると、かっとなって怒り出します。でも、それはいけないことです。大人はあなたのために教えてくれるのです。素直に言うことを聞かなくてはなりません。そうしないと、いつまでたってもあなたは賢くなれません」。

親や教師の気持ちとしてはこのとおりかもしれませんが、子どもの受け止め方は、「ペケと言われた。ぼくはだめなんだ！ もう聞きたくない！」となってしまうでしょう。侮辱であり、許せないと感じるかもしれません。「正しい答えに到達したい」などと思うどころではなくなります。そして暴力や反抗で仕返しをしようとさえ思うかもしれません。「間違えても大丈夫、かしこくなるのだから」「間違いに気づいて、正しい答えを見つけるのはすごくかっこいい」と伝えることで、安心し、「正しい答えを考えてみよう、ヒントを教えてほしい」と思うようになるでしょう。

④「あなたは」という2人称を使わないこと。 「ぼくは〜しようと思います」など、1人称で書くことで、決意表明をしているような気持ちになります。好ましい行動を1人称で書くのは効果的だと感じています。

あるいは、3人称で書くことで、冷静に読む雰囲気に誘います。「人は〜するものです」「誰でも〜することがあるものです」と書きます。「あなたは」で始まる文は自分に直接的に向いていて、何を言われるのか心配で心がざわつきます。そしてたいていは否定や命令口調で完結します。このため子どもは反発してしまうのです。

ハンス・アスペルガーは述べています。「ASDのより重い子どもにも効果的と思える、ある方法を見いだしました。彼が指示に応じ易かったのは、それが特に自分に向けられたのではないと思えるとき、つまり、それが、その子どもと教師を超えた客観的法則であるかのように、非常に一般的、非個人的な言い方でなされたときでした」（1944年）。70年以上前に、支援の真髄に到達していた先達の炯眼です。

私たちは、勝負事をしないで生きていくことはできるから、負けるのが怖いとか、負けると悔しくてしょうがないとか、負けるかもしれないと思うとどきどきして気持ちが波立つのなら、無理に参加しなくてもいいのではないかと思っています。

　ただ、じゃんけんで当番や順番を決めることは、避けて通れないことも多いので、課題として取り組むことにしました。

　手作りのじゃんけんさいころを振って、担当者と3回勝負をし、星取表をつけました（→役立ちアイテム「**じゃんけんさいころと星取表**」）。

　直哉は勝つと喜び、負けると一瞬表情が曇りましたが崩れることはなく、それも次第に平気になっていきました。「気持ちの5段階表」を見せて「今の気持ちはどれ？」と聞くと、負けたときも「たのしい」を指さすほどにもなって驚かされました。顔の表情も穏やかなので、課題が好きな彼は本当にそう感じているのだと思いました（→役立ちア

 **じゃんけんさいころと星取表**

「じゃんけんホイ」で同時に振って、出た目で勝ち負けを決める。

	ぼく	先生
1	○	●
2		
3		

感情の段階表1

●気持ちの5段階表

5	ばくはつする	せなかを　なでてもらう ひとりに　なる
4	はらが　たって たまらない	めを　つぶって しんこきゅうする
3	ちょっと いらいらする	「いらいらする」と いって　たすけてもらう
2	ふつう	おちついている
1	たのしい	にこにこする

※カーリ・ダン・ブロンらの「5段階表」をもとに作成。数字欄は色を変えて（1緑、2黄緑、3黄、4オレンジ、5赤）わかりやすくしている。

イテム「**感情の段階表1**」)。

自分を客観視することもできるようになって

　小学校に入ってからは、友達づきあいのうえで、ゲームへの参加をかたくなに拒否するのはよくないと思うようになったようで、少しずつ参加するようになりました。そして、負けても笑って受け流せるようになりました。そのことで、家に帰ってから荒れることもときにはありましたが、「いちいち怒ることない、遊びなんだから」と自分に言い聞かせて、乗り越えようと努力しました。

　その様子を見ると、みんなと同じように行動することで安心感を得ようとしているようでした。彼自身が楽な生き方として学び取った身の処し方なのかもしれません。

　両親は、はっきりと ASD の診断が下されたわけではないので、告知すべきかどうか、迷っていました。一方、直哉は自分だけがほっとに通ったことがあったり、算数が人よりよくできるのも、ASD のゆえかもしれないとうすうす感づいているようでした。また、彼がある程度自分を客観視することができるようになっていて、ASD を肯定的に受け止めている様子も見られるので、今では告知はしないままでいいのかもしれないと思うようになりました。

気持ちの5段階表

　「腹が立つ」ときに対処できるよう作成したものですが、感情のコントロールが難しい ASD の子どもたちが、自分の今の気持ちを客観的に認識し、どう対処すべきかを考えるきっかけになるのを期待するものです。平時にこれを見て、怒りの感情にも段階があることを知り、それぞれの段階ごとの対処法を学ぶことができます。もちろん、対処法はほかにもいろいろあり得るでしょう。それは一人ひとりの子どもに応じて編み出されるべきものです。たとえば、いらいらするとき、気分を切り替えるために好きな活動をするというのも有効な対処法です。音楽を聞く、絵を描く、ゲームをするなど、子どもごとに違う内容になるでしょう。

一人で楽しみたい思いを大事に

　私は「自閉症学習会」で、「ASDの文化として受容すべきこともいろいろある」という話をしながら、直哉のことを思い出していました。

　直哉は園で習った歌を歌っているときに、おばあさんがいっしょに声を合わせて歌うのをいやがりました。そのことをお母さんは強情だと感じていましたが、あれは、「一人で歌って楽しみたい」という彼の楽しみ方ではなかったでしょうか。「みんなで歌います」と音楽の先生が指導するときは納得していっしょに歌うことができますが、ソロで歌って楽しみたいと思っているときに、ほかの人が声を合わせてきたら、それは違う！　という気持ちになるのではないでしょうか。「わがままじゃないの？」というのはこちらの文化の押しつけかもしれません。歌が終わったとき、「上手に歌えるね」とほめて、「お母さんも歌いたいな、いっしょに歌ってくれる？」と頼んだり、退屈そうに見えるときなど、「この歌いっしょに歌おうか」と誘ってみたりするのはいいかもしれませんが、一人で楽しんでいるときに割り込んではいけないのです。

相手を自分より低く扱う態度を改めさせたい

　お母さんからのメールでは、困り事の相談がひっきりなしでした。

　おばあさんが付き添って水族園に遠足に行ったときのこと。まだみんなが魚を見て回っているとき、直哉が言いました。「おなかがすいたから、お弁当食べたい」。おばあさんは「まだ早いからもうちょっとお魚を見てからよ」と伝えました。すると直哉は、何やら長口上を述べたあと、「おばあちゃん、ぼくが言うたこと、そのとおりに言うてみ」と要求しました。「えっ！ぼんやりしてたからわからないわ」と答えたとたん、激怒しておばあさんの腕をかんでしまいました。

　自分に対して優しく接してくれる身内の人への甘えが怒りのエネルギーを供給するかのように思えます。ASDの子どもにしばしば見られる、「人を差配する」という特性の一側面なのかもしれません。これ以外にもおばあさんに対する態度は、ときに支配的なものの言い方や態度となり、また、ときに攻撃的、暴力的な行動となることがありました。対人関係の第一歩として、

相手を自分より一段低いものとして扱うのは間違っていることを早い時期から教える必要があると思いました。そこで、この問題についても「わかるストーリー」を課題として作って、伝えることにしました（→役立ちアイテム「**わかるストーリー2**」）。

この課題に取り組むとき、直哉は「かんがえごと」と「ききそこなう」の意味を知らなかったので、どういう意味か担当のボランティアさんに質問しました。説明を聞くと納得した様子で課題を完成させ、そのあとで「わかるストーリー」をすらすらと読んで理解したようでした。

さまざまな場面で、配慮しつつ「わかるストーリー」を活用

サッカーの練習に参加するとき、チームメートを差配することがあるのも心配でした。

練習や試合を見学するとき、しばしば、「それは逆や、そっちや、そっちー！」などと指示を飛ばすのです。そのことで、直哉はチームメートから嫌われたり、いじめられたりする恐れがありましたが、本人はそのことに気づいていませんでした。そこで、「わかるストーリー」を作りました（→役立ちアイテム「**わかる**

役立ちアイテム　わかるストーリー2

●聞いてなかったときは、どうするの？

おばあちゃんは　ぼくを　ようちえんに　おくりむかえを　してくれます。おいしい　ごはんを　つくったり、いっしょに　あそんでくれることも　あります。おばあちゃんは　とても　やさしい　ひとです。だから　ぼくも　おばあちゃんに　やさしく　してあげようと　おもいます。やさしい　ひとは　かっこいいのです。

ときどき　おばあちゃんは　だれかが　はなしかけても　きいていないことが　あります。おしごとや　かんがえごとを　していると、だれでも　ききそこなう　ことは　あるものです。

そんなとき、おばあちゃんに　はらを　たてたり、たたいてしまう　ひとも　いるかもしれません。でも　それは　まちがいです。ぼくは　おばあちゃんが　きいていなかったときは　もういちど　いってあげようと　おもいます。そうすれば　こんどは　ちゃんと　きいてくれるでしょう。

1．直哉　利発な「困ったチャン」

ストーリー3」)。

　直哉はこの「わかるストーリー」を何度か読んで理解すると、サッカーをするときも見るときも、自分は指示をしなくなりました。

　社会的なマナーやルールを教えるため、また、直哉の不適応行動に対処するため、ほっとではさまざまの「わかるストーリー」教材を用意しました。しかし、できるだけ読んで心地いい文体で書くことを心がけたとはいえ、毎回このような教材に取り組むのは、直哉にとっては気乗りのしないことではないかと心配しました。

　そこで、一度にあれもこれもと欲張らず、1つか2つに絞って、順次新しい「わかるストーリー」を示すよう配慮しました。その甲斐あってか、直哉は課題に集中して取り組み、着実に学びました。また、ほっとでの活動はおやつやボランティアとの遊びが楽しかったこともあって、いつも機嫌よく過ごすことができました。

　ほっとでは、月に1回、保護者のための学習会を同じ曜日に組み込んでおり、その日は教室は休みにしていました。「来週はほっとはお休みです」と告げると、「え、なんで？」と聞くので、そのことを説明しまし

役立ちアイテム　わかるストーリー3

●コーチが指示をします

サッカーは　とても　たのしいスポーツです。コーチのせんせいは　ぼくたちにサッカーの　しかたをおしえてくれます。
しあいを　する　ときは、コーチが　せんしゅに　しじを　します。せんしゅは　コーチの　いうとおりにうごきます。
こうして　サッカーが　うまくなります。せんしゅに　しじを　だすのはコーチだけです。こどもは　しじをしてはいけない　きまりになっています。

コーチ

ぼくは　けんがくするとき　コーチがしじするのを　まねしないようにしようと　おもいます。
しあいを　みるとき　おうえんするのは　いいことです。おうえんというのは「がんばれー！」とか「やったね！」などと　いって　せんしゅを　はげますことです。ぼくは　だまって　みたり、おうえんだけを　しようと　おもいます。

こども

た。すると、「ぼく勉強会、嫌いや」と言って、休みになるのを悔しがったほどでした。

まわりのことを理解しやすくなり表情も穏やかに

　ほっとに通うようになって、直哉の日常生活に変化が見られるようになりました。以前ほどひどい癇癪(かんしゃく)を起こさなくなり、崩れるときも、それが長時間続くことがなくなって、表情も穏やかになってきたのです。幼稚園でも緊張場面が減ったことに先生も気づいていました。ほっとで「わかるストーリー」に取り組むうちに、まわりのことがよりよく理解できるようになって、気持ちが安定してきたことや、ボランティアさんと過ごす心地いい時間が彼の気持ちを、解きほぐしてくれたのではないかと思います。

　私たちは、ただ甘えさせるのではなく、自立心を養い、自分でできることへの自信と誇りを育てたいと願っていました。

自分の意思で行動したい思いがある

　お母さんは、直哉が朝なかなか起きられないので困っていました。起こしに行くと、「まだ眠いから起きたくない」とぐずり、幼稚園に遅刻しそうになることが毎朝のように続いていたのです。起きられずにいると、お母さんはしかたなく布団から引きずり出していました。しかし、それが直哉の癇にさわり、その結果、朝の仕度によけい時間がかかるのでした。

　お母さんが作成した朝の仕度のスケジュールと違う順番になるとさらに大騒ぎでした。スケジュールでは起床する→トイレに行く→顔を洗う→服を着替えるとなっているのに、お母さんが起きてすぐ洋服に着替えさせてトイレに連れて行こうとすると、「もぉ～！　洋服着たらトイレに行かれへんねん！」と決められた順序と違うことを理由に拒否しました。お母さんに起こされ、着替えを「させられた」ということが気に入らなかったので、順番が違っていたのは抗議することへの格好の口実でした。気持ちの切り替えができず、次の行動に移れないというのは、ASDの子どもによく見られることですが、寝覚めの悪さが、不機嫌に拍車をかけていました。

　「直哉くんは、自分で起きたいと思っているのですよ。少し早目に、そろそろ起きる時間であることを伝えて、あと何分で起きるのかを本人に決めさ

せてあげたらどうでしょう。そしてその時間が来たら、改めて起こしてあげるといいと思います」とアドバイスしました。すると、直哉は1回目に起こされたあと、しばらくたって自分から起き出すようになりました。さらに、泣かずに起きることができたら、ごほうびシールを与えることにしたところ、大いに効果がありました。

ASDの子どもは急に切り替えを求められてもすぐにはできないのですが、「あと〇分で起きよう」とか、「〇時になったら次の活動に移るよ」と予告されると、気持ちの切り替えがスムーズになることがよくあるものです。また、他律的に促されて行動するのではなく、自分の意思で行動することに価値を感じるという特性にも気づかされることがよくあります。

避難訓練が怖い…

直哉は園で一度経験したことのある避難訓練をとても怖がっていました。突然大きなサイレンの音がして、スライドシュートを使って逃げる練習をするのが怖いのです。予定が知らされたときからずっと気にしていました。これも、「わかるストーリー」を作って事前に何度も読みました。

また、園の先生も避難訓練の手順を7番までの項目にして示してくれました。開始直前に全身をこわばらせながら、「もし、逃げるとき、滑り台に火がきてたらどうするの?」と先生に聞きました。先生が答えると「でも、もし……」と次々、質問を繰り返し、最後は納得できたようでしたが、いざ訓練が始まると、ますます固まってしまいました。そこへ元担任の山田先生が現れて「大丈夫やで。7番までしかないやん。100番までないで!」と声をかけてくれ、なんとか乗り切ることができました。こうして視覚支援とスケジュールによって不安な気持ちを最小限に抑えて無事に訓練ができたのです。

直哉は予想もしないことで次々に恐怖感がわいてきて、本人はもちろんまわりも振り回されることがありました。

自動改札の扉が、オバケが、怖い

あるとき、地下鉄の自動改札を通り抜ける際に、扉が勢いよく開閉するのをじっと見ていた直哉は「もう、ぼく電車には乗らない、改札のドアが怖いから」と言い始め、外出先で「歩いて帰る!」と言い張って、お母さんを困

らせました。「あんなに好きな電車でも、自動改札の扉への恐怖心のほうが強い様子に驚かされました」と。結局、自動改札を通るときはお母さんが抱っこしてしのぐ約束をして駅へ向かいました。幸いそのときは自動改札の扉が開きっぱなしの状態だったので、お母さんが乗車券を入れている間にこわごわ一人で走り抜けました。「あの駅はドアが開いていたからいいけど、ほかのときは抱っこしてね」とあとで念を押すのを忘れませんでした。タイミングが合わず、渡りきらないうちに扉が閉まったらどうしよう、という不安があるのでしょう。直哉の背丈だと、扉が目のあたりで開閉するので、恐怖感もひとしおなのでしょう。とりあえず、「扉は閉まらないけど、怖いのなら、お母さんが抱っこしてあげるね」と言って、安心させました。

　また、夜オバケが出ると言って怖がることもありました。夜中に目をあけると英語で書かれた大きな看板を抱えたオバケが、こっちに向かって走ってくると言うのです。「そのオバケは顔がなくて手や足だけやねん。こわいでぇー」と思い出しながら話すことがあり、何度も同じ様相をリアルに再現するので、本当にそういうものを見たと信じているのでしょう。その後、新しい家に引っ越したので、そのオバケは出なくなったようですが、夜中、暗闇の中で目覚めて怖い思いをしないようにと、お母さんは部屋に豆球をつけておき、また壁紙なども模様のないシンプルなものにしました。

悔しい気持ち、葛藤を理解したお母さんに導かれて

　「わかるストーリー」や、スケジュールなどの視覚支援があると、よく理解し気持ちが穏やかになるので、おばあさんやお母さんをたたいたりけったりすることが少なくなりました。それでも、何か気に入らないことがあると、それまでにしみ込んだ行動パターンが反射的に現れることもありました。

　あるとき、おばあさんといっしょに帰宅する途中で暴力をふるったのを知って、その晩お母さんが諭したところ、直哉は目にいっぱい涙をためてお母さんに体当たりをしました。お母さんがとっさに直哉を抱きしめたところ、胸に顔を埋めておとなしくなりました。以前の直哉ならそこから大暴れして１時間ぐらい手がつけられなくなるところでしたが、抱きしめられて気持ちが安定し、自分を見つめるゆとりができたのでしょう。「『お母さんはそんなふうに言うし、ぼく自身も悪いことだとわかってはいるけど、でも、ぼくの

この悔しい気持ちをどうやって晴らせばいいの？』という訴えが聞こえてきそうな泣き方と態度を見て、いじらしく思えました」とお母さんは話してくれました。自分の気持ちと闘っているときに優しく受け止めてくれる人の存在は、大きな安心と反省をもたらすのを改めて感じさせられました。

　こうして、お母さんは本人の気持ちに寄り添いながら、行動の修正を一つずつ教えていきました。しかし、なおも課題が次々に出てきて、ほっとに通う半年間では多くを積み残したと、心残りに思ったのは杞憂でした。そのあとは彼に対する社会スキルの学習をお母さんが地道にかつ、適切に続けたおかげで、心の理論（「こういうとき、相手はこう思うはずだ」と他者の心を推測する心のはたらき。定型発達の子どもでは自然に備わっていくとされるが、ASDの子どもは形成されにくいとされる）や社会常識を一つひとつ身につけていったのです。

ASDならではの強みを生かし、地域で生きていく

　やがて直哉は小学校に入学しました。幼少期にはマイルールを次々に作っては、まわりを巻き込んで事態をややこしくする直哉でしたが、特別支援学

療育の視点

ハグの効果

　ASDの子どもは身体接触をいやがることがあります。皮膚感覚が過敏で人に触れると痛いと感じる、また強い不安感から、身体接触を極端に怖がることがあります。もちろん定型発達の子どもでも、抱擁されるのを必ずしも喜ぶとは限らず、拒否することもあります。それは相手が誰か、またどんな状況かにもよります。

　ふさわしい場面で親しい人に、愛情を込めて抱擁やボディータッチをされると、心地よく感じて安心感や幸福感に満たされます。これは脳内で「愛情ホルモン」ともよばれるオキシトシンが分泌されるためとか。出産後の母親で特に分泌が盛んで、子どもへの愛着心を高める効果もあるそうです。

　ASDの子どもたちも親しい人にハグされると、優しい気持ちになって、怒りが収まるという効果がしばしば見られます。日本人は親子でもハグする習慣が少ないように思いますが、折に触れて、ぎゅっとお子さんを抱きしめてあげると、ふっと心の緊張が緩んで、親子関係が驚くほど好転することがあります。

級(以下「支援学級」)の先生の理解と配慮を受けながら、小学校生活ものびのびと過ごすことができました。友達関係では一時的なトラブルもありましたが、先生が調整してくれたおかげでクラスメートと円滑な人間関係を築くことができました。相手の反応におかまいなく冗舌にしゃべっていた幼児期とは対照的に、話題を選び、発言に慎重になって、口数が少なくなっていきました。「口は災いの元」との教訓を彼なりに習得したのかもしれません。しかし、家ではリラックスして家族に学校であったことなどを詳細に報告し、明るく過ごしています。

　学力面では得意な算数をはじめ、どの教科も優れた成績で、自信を深めました。また、生活スキルも身につけていき、3年生になってからは、かなり距離のある学校へも一人で登下校できるようになり、自立心が育ちました。

　ほっとに来ていた頃は、不安感やこだわりが強く、困りごとのオンパレードだった直哉を思うと、まるで別人の感があります。幼少期からの家族の理解と愛情いっぱいの支援を受けて成長し、家族とともに穏やかな生活を送る少年になりました。あの頃の小さな暴君の姿はどこに消えたのでしょう。今はその影もありません。ASDならではの強みを生かしつつ、また、風変わりな特徴も、彼の愛すべき個性として受け入れられながら、地域に溶け込んで、幸せに生きていくのでしょう。

2. 翔真「英語なら任せて！」

入級時年齢：3歳7月
知的障害：療育手帳A
家族：両親、兄2人

　翔真は、体の大きさに不つりあいなバギーに乗って、ほっとにやってきました。すぐ上の兄とは1歳違いでした。兄は定型発達ですが、二人の子どもを連れて外出するときは、それぞれ違う方向へ走って行くのをとらえることができないため、多動な翔真はバギーに乗せて移動するのが習慣となっていたのです。実際、彼はどんな呼びかけにも応えず、興味のあるほうへ突進していくのでした。

  目立ったアンバランスさ

　入級時のPEP-Rの検査は、私たちが子どもに出会う最初の機会です。彼は検査室のロッカーのガラス窓に自分の顔を写してじっとのぞきこみ、なかなか検査の席に着きませんでした。興味のあることに没頭し、周囲の声に反応しないASDの特性でした。言葉かけを無視して自分勝手な行動をとるように見える翔真でしたが、お母さんが記入した生活スキルチェックリストには、「ひらがなとカタカナが読める」のみならず、「アルファベットや数字が読める」となっていました。意外とも感じられることですが、ASDの子どもが見かけによらないアンバランスな能力の発達を示す実例でした。

　ほっとに来たときは、手指の操作性が未発達で、ボタン・スナップのかけはずしはもちろん、洗濯ばさみで紙をはさむこと、ペットボトルの蓋をねじることも知りませんでした。それまでの生活の中で、経験の乏しいことがうかがえました。言葉かけを理解せず、強いこだわりがあったりパニックをたびたび起こしたりする子どもの場合、「何もできない子、指導不能の子」と思われ、衣服の着脱などの自立スキルを教えられないままで大きくなることが多いものです。一方で彼は形状認知に優れ、パズルなどは簡単に仕上げました。指先に力が入らないため苦手意識があったからか作業課題をあとまわしにして、したいものからしようとしました。それでも回を重ねるうち、は

さみなどもうまく使えるようになり、手先を使う課題も徐々にクリアできるようになると、決められた順番で取り組むようになりました。

彼は視覚優位のASDの特性を強くもっていて、言葉で言ってもわからないのに、目で見ればさっと理解する子どもでした。

切り替えの難しさに対して

お母さんは、兄と比べて、翔真のこだわりの強さや聞き分けのなさに閉口して、いろんな困りごとを相談してきました。

彼は切り替えがなかなかできず、公園で遊んでいても終わることができませんでした。このため、泣き叫ぶ翔真を抱えるようにして連れ帰るのが常でした。車で帰宅するときもガレージに座り込んで、玄関から入ろうとせず大泣きするのです。そこで、家に帰ってからのスケジュールとして、「手を洗っておやつを食べます」など、楽しみな予定を示すとともに、「遊びは終わりです」と伝えるための「終わりカード」を使うようにアドバイスしました。

「公園で遊んで帰る時間になったので、『家に帰ります』と『おわり』のカードを見せましたが、帰るモードになってくれません。『家に帰って、アイス食べよう』と、誘うとやっと帰る気になってくれました。おかげでとても平和に家に帰り、手を洗って、アイスを食べました」とのことでした。

お母さんは好きな食べ物で「釣る」ことに抵抗があるようでしたが、この場合、アイスは遊んだことのごほうびではありません。遊びは楽しいことで

スケジュールとごほうび①

お手伝いをしたり、がんばって課題をしたりしたときは、ごほうびを与えます。

ほっとのセッションでは、スナックタイムのおやつは、スケジュールです。ごほうびはおわりの会で、セッション全体をがんばったことをほめて、シールを貼ることです。

同じように「好きなアイスを食べる」ということであっても、スケジュールだったり、ごほうびだったりするのです。結果としては同じことかもしれませんが、支援者としてアイスをどのように位置づけるかは大切なことだと思います。

2. 翔真 「英語なら任せて！」

すから、ごほうびは必要ないのです。また、遊びをやめることへのごほうびでもありません。アイスはこの場合は、3時のおやつとして栄養補給のための食べ物であり、始めから予定されたスケジュールなのです。遊びをやめたからアイスをあげるのではなく、アイスを食べることになっているから遊びをやめるのです。

　これに対して、何か努力を必要とすることを成し遂げたときのごほうびとして、または、モチベーションを高めるために好ましい行動のあとのアイスの約束は、その行動を強化する効果があります。この場合はごほうびです。

服へのこだわり

　翔真は服へのこだわりも強く、なかなかお母さんが着てほしい服を着ませんでした。そこで、「わかるストーリー」を書いてみました。すると彼は食い入るように説明を見ました（→役立ちアイテム**「わかるストーリー4」**）。

　翌朝、お母さんの心配をよそに、何事もなかったかのように出された服を着る翔真にお母さんは驚きを隠せません。「今日は暖かかったので、薄手の服を用意しました。だめもとで、ふだんと全然違う色のTシャツを着させようとすると　すんなりと着てくれました！ズボンは、ちょっと慎重にグレーの薄手のニットで、こちらもOKでした」と。「わかるストーリー」を使うとこんなにも効果があるのを実感したのでした。

　それから半年ほど先の七五三には晴着を着せて記念写真を撮りたい、さらに1年先の入学式のときには、ましになってくれていたらいいのですが……と服へのこだわりが解決すると、次の目標が見えてきました。写真屋さんの広告を見せて七五三のイメージトレーニングなどもして、無事に晴れ着姿で七五三の儀式をすませることができました。そして入学式にも、同じ晴れ着を問題なく着用して臨むことができたのです。

理由がわかればOK

　次の相談は、「手を洗うとき袖をまくってやると、即座におろしてしまうのをどうすればいいですか」というものでした。これにも、イラストを添えた説明で対応することにしました（→役立ちアイテム**「わかるストーリー5」**）。

　「文章を何回かいっしょに読んでみました。その後、手を洗うときがくる

役立ちアイテム　わかるストーリー4

●どんな服を着ればいいの？

ぼくは　まいにち　ふくを　きます。
ふくには　いろんな　かたちが
あります。

さむいときは　ながそでと
ながズボン、あついときは　はんそでと
はんズボンです。

でも、ぼくは　どのふくを　きればいい
か　わかりません。
おかあさんが　どれを　きればいいか
おしえてくれます。
ぼくは　おかあさんが　きめてくれた
ふくを　きてみようと　おもいます。

役立ちアイテム　わかるストーリー5

●袖をぬらさずに手を洗うには、
　どうすればいいの？

ながそでの　ふくを
きているときは、
てを　あらうまえに
そでを　うえに
あげます。
おかあさんが　そでを
あげるのを　てつだって
くれます。

そでを　あげない
ままで　てを
あらうと、そでが
ぬれてしまいます。

そでを　あげて
いると、そでは
ぬれません。

てを　あらった
あと、タオルで
てを　ふきます。
ては　きれいに
なりました。

てを　ふいたあとで　そでを
おろします。
てを　あらったあとは　きもちが
いいです。

2．翔真　「英語なら任せて！」

と、両手を私のほうへ突き出して『お母さんが袖を上げるのを手伝ってくれます』って言うんです。はじめて袖を上げて手を洗うことができました！」とまたもや視覚支援が功を奏したことへの驚きが伝えられました。何のために袖を上げるのかが彼には理解できなかったし、袖は下げておくものだと思うのに、いきなり上げられることを納得できなかったのです。袖を上げる理由がわかり、そして、手を洗ったあとは下げればいいことを知って安心したのです。理屈がわかるとスムーズに受け入れることができるのを教えられました。この1年あとに小学校で授業を参観したことがありますが、その際、手を洗うところを目撃しました。自分でこともなげに袖を上げて洗っている様子を見て、私は感動しました。こんな何気ないしぐさの背景にもドラマがあったのです。

 雨の日の困りごと

　同じ頃いちばん困ったのは靴へのこだわりでした。新しい靴への切り替えは「わかるストーリー」を見せてもどうしても乗り越えることができず、お母さんは苦労して同じデザインの靴を探し回り、やっと見つけることができたときはサイズ違いを何足も買ってストックしておきました。その後、養護学校（現在の特別支援学校）時代の同僚の先生からカレンダーに新しい靴に履き替える日を示し、「あと〇日」とカウントダウンすることで、うまく新しい靴に切り替えられたと教えてもらいました。

　年長のときのことです。「もうすぐ小学生だというのに、雨の日はどうしても歩くことができず、だっこを要求します。歩かせることはできないものでしょうか」。その理由を聞くと、どうも、靴が濡れるのがいやなようでした。靴にこだわりのある翔真はお気に入りのスニーカー以外の靴は履こうとしないので、長靴を履くことも拒否します。これは手ごわいなと思いながらも、「じゃあ、だめもとで、絵カードを見せてみまし

役立ちアイテム　絵カード1

●雨の日ファッション

あめの ひは かさ、ながぐつ、レインコート。

ょうか」と言って、雨の日ファッションの絵カードを作ってみました（→役立ちアイテム「**絵カード1**」）。

そして、お母さんから届いたメールです。

「今朝出かけるときは 大雨だったのですが、レインコートを着て長靴を履いて、傘までちゃんとさしてくれました。本当に楽になりました」

今までのこだわりは何だったのでしょう。雨の日に一人でさっそうと歩く自分を誇らしく思ったに違いありません。絵カードを見るとそのとおりにしようとする気持ちがはたらくのは、不思議な ASD の特性です。

爪をかむ癖への対応

また、爪かみをして、爪が短くなりすぎることがありました。眠くなって布団に入ってからかむことが多く、ストレスなどが原因ではなさそうでした。

そこで、「わかるストーリー」と絵カードを作ってみました。カードは爪をかんでいる絵に「×」、ハンカチをかんでいる絵に「○」をつけたものを使いました。（→役立ちアイテム「**わかるストーリー6**」）

「わかるストーリー」を読み、カードを見せて小さいタオルを渡すと、彼はカードを見ながら、「爪をかむと痛いです。ハンカチをかむと痛くないです」と繰り返し言って、タオルをかんで確かめていました。夜、寝るとき、カードとタオルを布団のところに持っていき、お母さんが「わかるストーリ

役立ちアイテム **わかるストーリー6**

●爪をかむとどうなるの？

ぼくたちの　ゆびには
つめが　はえています。
つめは　ゆびが
なにかに　ぶつかっても、
けがを　しないように　ゆびを
まもってくれる　やくめを　します。
ぼくの　つめは　きれいな
ピンクいろを
しています。
ぼくの　ては　まだ
ちいさくて　かわいい
てです。
ひとは　ときどき　つめを　かみたく
なることが　あるものです。
でも、つめを　かんでいると、だんだん
つめが　みじかくなって、ゆびの　さき
から　なくなってしまいます。すると、
ちが　でたり、
はれたりするので、
きずテープを
はらなくてはなりません。
だから、つめを
かむのは　もう
やめようと　おもいます。
どうしても　かみたく
なったら　かわりに
ハンカチを　かむことに
しようと　思います。

ー」を読んで聞かせました。夕方と同じように独り言を唱えてタオルをかんでいました。それでも、爪をかんでしまうこともありましたが、ハンカチを渡すと爪かみをやめました。

子どもが変われば親も…

　子どもがどんな支援で変わるのか、成長するのかを目の当たりにすれば親は変わります。視覚支援の効果を知ったお母さんは、パソコン教室に通って、絵カードを作成しようと決意しました。そして実際にいろんなカードやスケジュールなどの支援ツールを作るようになりました。

　翔真はおばあちゃんの家で電気のスイッチをパチパチつけたり消したりすることがありました。お母さんがスイッチのそばに、「さわりません　×」の貼り紙をすると、魔法のようにぴたっとやめたので、祖父母が驚いたことがありました。その後の保育参観のときです。クラスの子どもが電気のスイッチで遊んでいるのを、先生が「〇〇ちゃん、スイッチはだめ！」と叫んでいるのを見て、「さわりません　×」の紙を貼るか、スイッチを紙で隠したらいいのになぁ。ネガティブな言葉かけをするより、紙で書いて伝えるほうが効果があるのに……と、お母さんは歯がゆい思いで見ていました。

　翔真のほっとが終わってからも、療育の考え方とASDへの支援のしかたについてさらに学びたいと、お母さんはほっとのボランティアをしてくれました。ほっとが行う子どもへの支援が親御さんのエンパワメントにもつながるのはうれしいことでした。私たちが支援できる時間は限られています。生涯を通じて切れ目のない支援を続けてもらうためには、その要（かなめ）として保護者の果たす役割は大きいと思います。だからこそ、わが子を理解し、特性に合う支援を保護者が見つけるよう応援するのもほっとのミッションと考えてきました。

カードでのやりとりから会話へ

　5歳の誕生日を迎えてまもない頃でした。それまで受容言語が限られ、また、自発的な表出言語がほとんど見られなかった翔真に、変化が現れていました。

　「昨日から　すこ〜し会話ができ始めているんです！　今まで、せいぜい『お

うむ返し』でしたが、『お散歩行った？　行ってない？　どっち？』と聞くと『行ってない』。『バスに乗った？　乗ってない？』『乗った』。『給食何食べたの？』『うどん、きつねうどん。』……全部、合っているので本当にびっくりしました。なかなかふだんは成長がわからないのですが、昨日は本当にうれしかったです」。

「去年の今頃、ごほうびのおやつを選ぶこともできなかったのに、今は『○○ちょうだい』と言えるようにもなりました。ほっとで 教えていただいた視覚支援のおかげだと思います。まだ、いやなときうまく表現できず、パニックになるのですが、いつか落ち着いてくれるような気持ちになりました」。

お母さんの喜びが伝わってきました。絵カードでコミュニケーションを図ってきた彼が、話し言葉を理解し、自らも言葉を使ってやりとりができ始めたのです。カードが言葉を誘発することを確信し、私はますますカードでのコミュニケーションの必要性を痛感させられました。

自宅の構造化に取り組む

ほっとに来て以来、めきめき成長する翔真を見て、私は「お家でも構造化して、翔ちゃんの居場所をつくってあげたらどうでしょう。つまり、マイデスクを用意してあげるのですよ」と提案したことがありました。「とんでもないです！　翔真に机やいすを与えたらそれをいい踏み台にして、さらに高い窓台や棚によじ登るに決まっています！」と、お母さんは即座に否定していました。しかし、いろんな「困りごと」が視覚支援で次々に解決するのを見て、お母さんもやっとその気になりました。折よく生徒用机を提供してくれるボランティアさんから、兄弟の分をもらうことにしました。

「リビングのソファを手前に動かして、その後ろの壁際に机を２つ並べました。翔真には机の上に乗らないという約束で机をあげました。彼が『うれしいです』って言いました。ソファの背もたれを乗り越えて机に行こうとしたので、これも乗り越えない約束をしました。今日のところは机の上にも乗らず、約束守れています。本当に約束がよく守れるようになりました」

と、お母さんからの報告でした。自分専用のスペースができたことがどんなにうれしかったことでしょう。以後は、家にいる時間は机で本を見たり、

お絵かきボードで絵を描いたりして落ち着いて過ごすことが増えました。

小学校入学後、視覚支援の必要性をわかってもらえない

　小学校に入学すると支援学級に在籍しました。入学してしばらくは、人の言葉がなかなか耳に入らず、視覚的な情報が頼りでした。にもかかわらず、支援学級の年配の先生は視覚支援の意味を理解せず、「そんなことをしなくてもわかるようになります。世の中に出たら視覚支援など誰もしてくれませんよ。私はカードなしでずっと指導してきましたからこれからもそうします」と自信たっぷりに言い放ちました。お母さんは何度もスケジュールを視覚的にわかりやすく示してほしいと頼んだのですが、「私はパソコンもラミネーターも使いません」と開き直るだけでなく、「それならこれを使ってください」と持参したカード類も無視して使ってもらえませんでした。

　ほかにも、保護者の不信感を招くような対応が重なったため、お母さんは管理職に直訴して改善を求めました。そして、2年生になって交代した若い担任の先生は、ASD支援について、ほとんど予備知識をもっていませんでしたが、「お母さんは翔真くんのエキスパートですから、教えてもらいながら指導したいです」と言ってくれました。お母さんの話に耳を傾けて、彼を理解しようと努力し、誠実に対応してくれました。おかげで、翔真は落ち着いて学校生活を送ることができるようになりました。

やがて落ち着いた学校生活の日々へ

　お母さんは彼が学校で少しでも楽に過ごせるように、いろいろなアイディアを思いついて支援ツールを作りました。その一つが、リコーダーの穴をわかりやすくする工夫です。リコーダーの穴に百円ショップで売っている「うおの目パッド」というスポンジの輪っかを貼るというものです（→役立ちアイテム「**支援ツール1**」）。こうすると、指でしっかり押さえて正確な音を出すことが楽にできるのです。

　生活全体が落ち着いて見通しがつ

役立ちアイテム　支援ツール1

●リコーダーの穴にパッド

くようになると、耳からの情報を処理する受容言語が発達することがよくあるものです。翔真も学校生活に慣れるとともに音声言語がかなり伝わるようになり、また、交流学級の担任の配慮もあって、2年生ぐらいからほとんどの時間を交流学級で過ごすことができるようになりました。私は何度か彼の様子を学校で見る機会がありましたが、学年が進むにつれて、教室の中で彼がどこにいるかわからないほどクラスに溶け込んで、みんなと同じように授業を受けている姿を確認することができました。

隣の子の顔がわからない

　SSほっと（ソーシャル・スキルほっと）を開設して、ソーシャル・スキル・トレーニングを始めたとき、彼も入級しました。兄もお手本を示す定型児として参加してくれました。何度かセッションをして慣れた頃に、6人のメンバーの写真にそれぞれの名札をマッチングさせる活動をしたことがありました。そのとき、隣に座っている子どもの顔写真を認識するのが彼には難しいことがわかりました。ホワイトボードに貼られた写真と、席に座っている子の顔を何度も見比べて、迷いました。

　相貌認知に弱さがあるといわれるASDの特性を示していたのでしょうか。または隣に座る子どもへの関心が薄いためかもしれません。さらに、みんなが同じ方向（前）を向いているので、隣の子の顔が視野に入っていないということもあったかもしれません。翔真に限らずほかの子どもたちも同じようにとまどいを見せました。メンバーの写真と名前を持ち帰って、家で学習してもらうことにしたら、そのあとはクリアできるようになりました。

正確さへのこだわり、理由へのこだわりには…

　また、コミュニケーションの練習のとき、余暇活動について話し合ったことがありました。彼が「アイクリップ（洗濯ばさみのような形の小型のカラークリップ）でいろんなものを作るのが好きです。たとえば消防車など」と言ったので、「どれくらいの時間をかけて作るの？」と聞きました。すると考え込んだので、「1時間、2時間、30分？」と選択肢を出してみたところ、さらに考え込むのです。「ああ、やっぱり、口頭でのやりとりは理解できないんだ」と質問を紙に書いて見せようかと思っていたとき、「それは、家に

来て調べたらわかります」と言ったのでびっくりしました。定型の子どもなら適当に「1時間ぐらいかな」などと言うかもしれません。しかし、彼は時間を測ったことがないから、答えられなかったのです。とても正確に返事をしようとする誠実さに、私は感銘を受けました。

　定型発達の子どもでも4、5歳頃に「どうして？　どうして？」としつこく質問する時期があるものです。翔真のお母さんも一時期「どうして攻撃」に閉口していました。疑問が次から次へわいてきて、知りたい気持ちがふくらむようでした。それ自体は成長のきっかけにもなるので、可能な範囲でつきあってあげたいと思います。学校でもクラスメートが欠席するとその理由を担任の先生に「どうして欠席しているのですか」と聞き、教師が簡単に説明してもさらに「どうして？」と突っ込むのです。「クラスメートが欠席している＝いつもと違う」という状態が気になるのでしょう。そこで、主治医に相談すると、「翔真くんはどう思うか、逆に質問したらどうですか」と助言されたとのこと。自分で考えて、自分の言葉で表現する練習にもなると、私も同感でした。

　また、どこかで「それ以上はわからないから、終わりにしよう」と告げて、終わりのカードを示したり、「その話はあとでしよう」といったん切り上げることができたらいいかもしれません。大切なことは、その場でこちらが感情的にならず、淡々と中断や終わりを告げることでしょう。どなって終わりにすると、お互いにあと味が悪くなってしまいます。できるだけ、抑制したトーンで、しかも断固とした口調で「お母さんにもそれ以上わかりません。これで終わりにします」と伝えるのがよいと思います。

ていねいに書きたい vs. 時間が足りない…

　彼は文字を上手に書くことがなかなかできませんでしたが、努力して次第に整った、読みやすい文字が書けるようになりました。しかし、6年生の頃は、ていねいに文字を書くことに固執するあまり、板書が時間内に写しきれず、パニックになったり、漢字テストなどでも時間が足りなくなり、悔しい思いをするのです。これも彼の特性で、きっちり書かないと気がすまないのでしょう。きれいな文字が努力して書けるようになったからこそ出てきた悩みでした。

お母さんは板書が写しきれないときのために、リマインダー（どうすればいいかを思い出すためのメモカード）を作って持たせています。「まだ写せていません。どうしたらいいですか」などのカードを見て、担任に伝えられるようにとの思いです。テストで時間が足りなくなる問題については今後どんな配慮をしてもらうか、時間延長も含めて検討すべき課題です。

「英語が好き」から「翻訳家になりたい」へ

　翔真はほっとに来ていた3歳の頃から英語が好きで、英語の堪能な学生ボランティアさんに話しかけられるのを喜んでいました。その後も英語好きは変わらず、親にねだって英語教室に通いながら、実力を伸ばしていきました。「好きこそものの上手なれ」です。英語の勉強を自発的に自宅でも取り組み、買ってもらった英語の辞書が彼の愛読書になりました。そして小学3年生の秋、英検3級に挑戦してみごと合格。さらに5年生では準2級に挑戦しました。「ペーパーテストは合格しました」と聞きましたが、2次の面接試験はさすがに彼には厳しいのではないかと心配しました。ところが、廊下で待っていたお母さんは、はきはきとした声で質問に答えているのを耳にしました。「海外旅行に行きたいですか」と聞かれ「いえ、行きたくありません」、その理由を聞かれると「エコノミー症候群になるのが心配だから」と言ったそうです。そして準2級も合格。「将来は翻訳家になりたいです」と、さらに自信を深め、意欲を見せる翔真です。ニキ・リンコさんの例もあり、翻訳家は彼の特性に合う職業となるかもしれないと、ひそかに期待しています。

　英語で自信をつけた彼は、ほかの教科もクラスメートに後れじと積極的に学んでいます。また、コミュニケーションの力も向上し、口頭でのやりとりもかなりスムーズになってきました。

　「ピュアな翔真に癒されています。まさかこんな日が来ると思いませんでした」。彼の確かな成長を励みとしながら、お母さんは資格を生かした仕事に就き、自らの人生を豊かに生きようとしています。

　彼は地域の中学校に進学し、通常学級に在籍して、夢に向かって進んでいます。

3. 舞　ママはサポートの達人

入級時年齢：4歳1月
知的障害：療育手帳A
家族：両親

　舞(まい)は元気いっぱいで好奇心にあふれていました。自由遊びのとき、「ふらっとあーち」（乳幼児と親が自由に遊べる広場としての部屋）で走り回り、小さい赤ちゃんがいても、まるでそこに石でもあるかのごとくまたいでいきます。担当のボランティアさんも一瞬ひやっとしますが、本人は何事もなかったかのようにけろっとしています。

赤ちゃんだろうが、またいで通る！

　「ふ～！」とため息をつきながら、追いついて「赤ちゃんをまたぎません」と言うと、「赤ちゃんをまたぎません」、「走りません」と言えば「走りません」とエコラリア（反響言語、相手の言葉をそのまま繰り返すこと。おうむ返し。p.211参照）を返しますが、次の瞬間また同じことを繰り返すのでした。こんな傍若無人な行動の一方で、気に入ったおもちゃをほかの子が取り上げると「かえして」も「やめて」も言えず、すっとその場を離れる平和主義者でした。

カードでルールを学ぶ

　そんな舞でしたが、根気よくカードを見せて「走りません」「歩きます」を伝えたり、「かして」「ありがとう」のカードを使ってやりとりすればいいことなど教えると、少しずつルールを学び、あいさつや要求の意味を理解するようになっていきました。以前はまるで物でもまたぐように通っていたのに、小さい子が近づいてくると「こわい！」と立ちすくみました。過度に赤ちゃんを意識するようになった舞の変化に思わず笑ったこともあります。また、自分から小さい子どもにかかわっていき、くすぐりあそびをしてあげるなど、幼い子どもへの関心が芽生えました。

課題はあの手この手でやり遂げる

　課題は自分で考えて工夫しながらやり遂げる姿が印象的でした。ポリプロピレンの蓋に×の切り込みをつけたお茶の缶にビー玉を入れるプットインの課題に取り組んだときのこと。弾力性のある蓋の切り込みに、ビー玉を押し込むようにしなくては入りません。ところが、指に力を入れすぎると切れ目に指をはさんでしまいます。もちろん切り込みの角は落としてあるのですが、ブスッと指がはまると少し痛いので、力を加減しながら、玉が半分ぐらい沈んだところで指を放さなくてはなりません。指をかまれる経験をしたあと、舞は指をやめて、手のひらで押し込もうとしました。しかし、これでは力が広い範囲に分散するため、ビー玉を押し込むところまでいきません。すると今度は、ひじを使って押し込みました。みごと成功です‼　痛い思いをしても、なんとかして課題を完成させなくてはという意気込みと、知恵を巡らせる努力が伝わって、思わず拍手したくなる光景でした。

無理解な対応に登園をしぶる

　新学期になってしばらくした頃、お母さんからのメールで、舞が登園をいやがるようになったのを知りました。

　「舞は新しい先生が嫌いで、家に帰るなり錯乱しています。新しい先生は、ベテランだけど、ASDのことをわかってなくて、抱きかかえて、目を見て『おはよう〜』って言うまで、放してくれないんです。『それは無理や』と言っても、理解してくれません。どうしたら、聞く耳をもってくれるのでしょうか。舞は毎日『ほっと！　ほっと！』です。今日も、その先生に話しかけられて錯乱しました。私も悲しくなりました。何か方法はないでしょうか。来週ほっとはないって、舞に伝えたら、泣きました。かわいそうでした」。

　火曜日が唯一あーちを利用できる日だったので、月に1回を保護者のための学習会にあて、教室は休みにしました。しかし、舞があまりにもほっとを楽しみにしていたので、ボランティアさんに頼んで、学習会の日もあーちで自由遊びをしてもらうことにしました。おかげで舞は大喜びで半日を過ごしました。

　それにしても、障害児の通園施設でありながら、ASDへの理解に乏しい

「ベテラン」保育士には、困ったものでした。

あいさつより「放して」「いやだ」が言えることが先決

　ASDの子どもたちは、むやみに抱っこされたり身体接触をされるのをいやがることがよくあります。ましてや、いやな抱っこで自由を奪っておいて「おはよう」とあいさつするよう攻め立てるなど、もってのほかです。子どもの気持ちをないがしろにする乱暴な「指導」です。ほっとに来るときは担当の寺本先生に自分から駆け寄って「おはよう！」が言えるというのに！「おはよう」のあいさつは、特に初めの段階では、関心のある相手にかかわってほしいという気持ちがはたらいてこそ出る言葉です。強制的に言わせるのではなく、心地よい環境で絵カードなどの視覚支援をしながら練習してはじめて自発的に言えるようになるものです。

　舞にとってはコミュニケーションの目標として、あいさつは、優先順位がかなり下のほうでした。自分の要求や拒否がまだ十分できない段階の子どもには、まずはサバイバルスキルとして要求・拒否ができるところから教えたいと思っています。担任の先生にいやなことをされたら、「おはよう」ではなく、「放して」とか、「いやだ」が言えることのほうが先に必要なことではないでしょうか。ここは、お母さんにがんばってもらい、園の担任にASDの障害特性への理解を促してもらわなくてはならないと思いました。お母さんは口頭でそのことを先生に伝えるとともに、後日サポートブック（p.73参照）を書いて学園へ提出し、粘り強く理解を求め続けました。

ルーティンとして必要なスケジュールをどう教える？

　舞は、ほっとに通った半年間で、スケジュールを視覚的に示してもらうととても安心し、落ち着くことができるのを、自分でも自覚するようになりました。

　「最近は自分でスケジュールを決めています。空白のボードにカードを順番に貼っていくのです。『いっちばん〜お風呂ぉ〜』と、まるで寺本先生の口調そのものです。スケジュールがあるだけで、こんなに自主性が芽生えるなんて！」というお母さんからのメールでしたが、「ちょっと待って。スケジュールが舞ちゃんの心の支えになっているのは確かだけど、帰宅して『一

番　お風呂』はないでしょう？」と私は言いました。
　スケジュールは自分で決めていい部分と、すでに決まっているものがあるのを教えなくてはなりません。たとえば、月曜から、金曜は学園に行くことや、ルーティンとして毎日しなくてはならないこと、つまり、ごはんを食べたり、身支度を整えたり、そして、毎日ではないかもしれませんが入浴したり、ほかにもいくつかすることがあるでしょう。その中で自由に決めていいものもあるということを知らせなくてはなりません。自由時間に何をするかのチョイスや、夕食から就寝までの間にすること、たとえば、「遊び」、「お風呂」、「歯みがき」などをどの順番でするかは、お母さんと舞が相談して決めることができます。しかし、しなくてはならないことで、妥協できないものがあります。たとえば、今日は夕食をパスするとか、歯みがきをしないとか、そういうことは自由にさせられないことです。そのうえで、遊びの時間は本を読んでもいいし、おもちゃで遊んでもいいというチョイスを認めます。決まったスケジュールと、自分で選択できるスケジュールを理解することが重要です。
　舞は入浴が好きですが、帰宅していちばんが「おふろ」ではありません。しかも、「お風呂、まだです」は我慢できないとのこと。それならなおさら、夕食、入浴、就寝の順序を伝えるか、「お風呂は8時に入ります」などと、時刻で知らせることもできます。時計がまだわからないのなら、「お人形遊

スケジュールとごほうび②

　スケジュールを大人が作ってみせても、勝手に自分のしたいことだけしようとする子どもがいますが、その活動の意義やスケジュールの順番を説明して納得させる必要があります。どうしてもいやがる活動については、保護者の思いだけで判断せず、子どもの気持ちに寄り添って、妥協できるものは妥協する姿勢も必要だと思います。また、病気や、虫歯になって、病院や歯医者に行かなくてはならないようなときは、がんばって診察を受けたらあとでおもちゃを買ってもらうなど、ごほうびの約束もあっていいと思います。一連のスケジュールの中に何か楽しみな活動を入れることが、行動の切り替えを促進する動機づけとなります。

びをしてからお風呂」などとすると、入浴までの時間を待つことができるでしょう。

　お風呂は用意するのに30分ぐらいかかることを「わかるストーリー」で伝え、タイマーを使うと落ち着いてお風呂までの時間を過ごすことができるのではないかと提案しました（→役立ちアイテム「**わかるストーリー7**」）。

> **役立ちアイテム　わかるストーリー7**
>
> ●お風呂はいつ入れるの？
>
> おふろは　ひるまは　からっぽに
> なっています。
> おふろに　はいるまえに　おゆを
> ためなくてはなりません。
> おゆを　ためるのに　30ぷんくらい
> かかります。おかあさんが　おゆを
> いれてくれます。
> わたしは　おゆが　はいってから、
> おふろに　はいります。
> わたしは　それまで　あそんで
> まっていようと　おもいます。
> （イラスト省略）

ママのサポートで薬が飲めた

　お母さんは舞が病気になって、薬を飲ませなくてはならないときに、水に溶いたりゼリーに混ぜたりして、いろいろ苦労していました。「最初のものは、見せるとすぐにクチャクチャにしてしまいしわだらけです。3パターン作りました。今は自分から薬を飲みます」と言いながら、お母さんは自作の「わかるストーリー」を見せてくれました。そのうちの一つがこれです（→役立ちアイテム「**わかるストーリー8**」）。

　絵の上手なお母さんは視覚支援の達人でした。カードや「わかるストーリー」はいつも舞の理解力や興味に合わせて、的を射た支援を続けました。このほかにも、横断歩道を渡ること、バスや電車に乗るときや、病院の待合室で待つときのマナーなどを絵入りのカードや「わかるストーリー」で教えましたから、舞は着実に社会スキルを身につけていきました（→役立ちアイテム「**絵カード2**」）。

引っ越し後に嵐のような大荒れ！

　子どもの成長は一本調子ではないことは、舞も例外ではありません。年長になったある日、お母さんからのメールに驚きました。
「舞の問題行動、キビシイ状態が続いてます。奇声を張り上げて、服を脱ぎ出します。公衆の面前です！　私のほうが動揺してしまいます。毎日、周

囲の視線を感じて、『なんやねん！』と気持ちを奮い立たせて舞と通園してます。舞は楽しい子です。でもエチケットがわかっていません。今反抗期です。『わかるストーリー』も拒否します。私は今闘いの時期です」と。

　少し前に舞の一家は引っ越しをしたところでした。引っ越しはASDの子どもにとっての一大事だから、事前に「わかるストーリー」でよく説明して、できれば、引っ越し先の住宅を見せてあげるなどして、心の準備をしておくようにアドバイスしたら、お母さんはしっかり視覚支援をしました。おかげで、引っ越しは混乱なくスムーズにできて、私も胸をなでおろしたところでした。引っ越しと彼女の不適応行動がどう関係があったのか、なかったのかはわかりませんが、そのあとで彼女の嵐のような大荒れが発生したのです。

　とりあえず、新しい住居を居心地よく構造化してみませんか、と提案し、折よく学習机を提供すると申し出てくれていたボランティアさんから机といすを1組もらうことになりました。そこへ、私がほっとの教材を少し持って行くと、舞は自分の居場所ができたのをとても喜んで、さっそく課題に取り組みました。する

3．舞　ママはサポートの達人

と、霧が晴れるように彼女の不適応行動が影をひそめ、落ち着いた生活を取り戻すことができたのです。引っ越しそのものは納得したものの、新しい住居に落ち着く居場所を見つけられなかったために混乱していたのではないかと、あとで推測しました。

パパも子育てに積極参加

　あるとき、舞の様子を見に行くと、彼女はうれしそうな顔をして玄関に出迎えてくれました。そして、自分で作ったアイロンビーズのコースターを「先生にあげる」と言って渡してくれました。見ると、中心部から同心円状にグラデーションの配色を施した、美しい作品です。お母さんは「舞がいちばん気に入っている宝物なんですよ」と教えてくれました。「えーっ！これ、もらっていいの？」と私が驚くと、彼女はつぶらな瞳をきらきら輝かせて「うん！」と答えてくれました。「ありがとう！　大事にするね」と言いながら思わず涙が出そうでした。

　舞のお父さんは、初対面から気さくで温厚な人柄を感じさせる人でした。彼女の成長を楽しみにして、お母さんにいろいろな提案をしたり、精神的なサポートをするなど、両親が仲よく協力しながら子育てをしていることを、家庭訪問で知りました。就学を前にトイレトレーニングで定時排尿を行っていたときでした。お父さんの提案で、トイレに行くスケジュールを、朝、昼、夜の一日を通して作ってみようということになり、さっそくそれを実行に移したところ、おねしょまでぴたっと止まって、みごとにおむつを卒業することができたのです。

突然「がっこう、やめます！」

　舞は地域の小学校の支援学級に就学しました。送り迎えもずいぶん楽になりました。お母さんはほっとに通って舞が成長したのを喜び、「恩返し」のつもりで、ボランティアとしてほっとに参加してくれることになりました。後輩のお母さんたちに舞への視覚支援がすばらしい力を発揮してきた経験を伝授してもらえたのはありがたかったですし、セッションでの子どもたちへの接し方も温かく、しかもツボを心得ていました。

　ところが、入学から1か月がたった、ゴールデンウィーク明けの朝でした。

舞は突然「わたし、がっこうやめます！」と言い放って、両親を狼狽（ろうばい）させたのです。理由は支援学級の環境にありました。10名の在籍児童は肢体不自由、知的障害、ASDの3クラス編成とされていました。教室は3つが支援学級にあてられていましたが、一つはプレイルームとしてトランポリンや遊具が置かれ、一つは物置になっていました。残りの一つの教室に学習机が10脚、ロの字型に並べられて、全員がここに集められて過ごしていました。舞の隣には体の大きい4年生がいました。突然ジャンプしたり、激しい動きをしたりするので、彼女はその音と勢いにおびえてしまうのでした。

　それにしても、「がっこうやめます」と、自分の気持ちをはっきり伝えることができたのは「あっぱれ！」とほめてあげたい気持ちでした。しかし、両親にしてみれば、冗談じゃない！　1年生から不登校になるなんて！　と、とても受け入れられないことでした。

学校側と話し合って…

　お母さんから相談の電話を受けた日、私は学校を見に行きました。10人分の机を並べたその教室は、舞には身の置き場もない息苦しい空間であることが容易に見てとれました。どうして、一つの教室を物置にしておくのか。理由がわかりません。この教室を有効活用して、構造化し、彼女が学ぶ場所を作ってもらったらいいのでは？　と両親と話しました。私も同席して管理職にそのことを要望しました。すると、10人を一まとめにしているのは、教師が指導しやすいからだというのです。驚きました！　1人が出張や休みをとると、残りの2人の担任で10人を見ることになり、別棟にある教室と離れ離れでは、管理しにくいのだといいます。

　しかし、このままでは舞は不登校になってしまいます。なんとかしてほしいと食い下がりました。すると、校長先生は、「とりあえず物置になっている教室の片隅を整理してそこに舞さんの机を置くことにしましょう。でも教員の手が足りないから、お母さんが彼女の学習を見てください」とのことでした。初めから、担任が2人で指導することを前提としているのはおかしいと思いましたが、まずは舞の居場所を作ることが先決です。週末をはさんで、さっそく物置部屋の一部が片づけられ、机といすが置かれました。そしてお母さんが舞に付き添って学校へ行き、用意した課題で彼女の学習を支援する

ことになりました。おかげで舞は学校へ行けるようになりました。

しかし、お母さんにとって、毎日学校へ行くのは大きな負担でした。学校側にお母さんの窮状を訴え、毎日の学習支援をなんとかしてほしいと頼み込んだ直後、インフルエンザで1週間の休校になりました。

構造化された教室へと

両親による教室の構造化への具体的な提案と熱意が功を奏したのでしょう、学校は休校の間に、物置部屋の大改造をしてくれました。パーテーションで個別学習エリア、集団活動エリア、プレイエリア、給食エリアなどに仕切って構造化し、立派な学習室ができたのです。また、一人ひとりのスケジュールを黒板に貼って、一日の見通しがもてるようにしてありました。

新しく改造された教室には舞以外の児童も引っ越してきました。こうして、4人がいっしょに勉強することになり、ほかの子どもたちも構造化の恩恵を受けることができましたし、舞にとっては支援学級のクラスメートとの交流も始まったのです。お母さんは付添指導を免除され、舞は喜んで学校へ通うようになりました。自分の学習スペースで落ち着いて学習に取り組んだのはいうまでもありません。その様子を私は見に行きました。その日は子どもたちが下校したあとでした。教室をのぞいてみると、黒板に4人分のスケジュールがありました。一日を終えて、舞のスケジュールはすべてのカードがはずされ、フィニッシュボックスに入っていました。一方、ほかの3人のスケジュールはカードが貼られたままになっていました。舞だけがスケジュールを自分で管理して使ったことを示していたのです。スケジュールは同じように用意しても、使い方を習得していなければ使うことができないのです。小さいときからスケジュールを心の支えとして使いこなしている舞と、それ以前の子どもたちの違いです。

舞のお母さんは支援学級のほかの保護者たちからも信頼され、特にASDの子どもをもつお母さんたちから、支援のしかたについて相談されるまでになりました。構造化やスケジュールが効果的であることを目の当たりにして、まわりの親たちも子どもへの理解を深め、支援のしかたを知ったことでしょう。

水泳の上達とともに心も成長

　こうして、舞は着実に学力をつけるとともに、交流学級での友達づきあいも楽しむようになりました。小学校生活を通じて、大きな成長を遂げることができたのも、入学直後の支援学級の物理的な構造化というハード面だけでなく、本人に合わせた課題学習など、ソフト面でも両親からの提案を受け入れた支援・指導体制のたまものだと信じています。

　舞は、5年生になったとき、水泳を習い始めました。6月のオープンスクールでお父さんに会ったとき、「もうすぐクロールができるようになりそうです」と聞きましたが、1年ほど過ぎると、「夏休みには50mをターンつきでクロールで泳げるようになりました！　舞の水泳、見よう見まねで、いつのまにかすごいです！」との報告で、さらにその進歩を知りました。「見よう見まね」とは、いかにもASDらしい学び方だと思いました。そうです。手取り足取りではなく、また、言葉での説明でもなく、彼らは見て学ぶのです。

　そしてさらに2か月たつと、「主人とプールに行って、クロールで1100m泳ぎました！　ビックリです。福祉センターのプールでは、55分になると鐘がなってプールから上がらなくてはならないこともわかっていて、ぎりぎりまで50分近く泳いだそうです。もう自信満々の顔で私に教えてくれました」と。

　お母さんのメッセージには娘の成長がうれしくてしかたない気持ちがにじみます。

友達にも自分にも視覚支援する

　学校での生活が安定し、軌道に乗ってきたのをみて、お母さんは働きに出るようになりました。土日も勤務する美容師さんです。

　5年生のある日、「私は仕事で毎日わずかな間しか舞と接する時間がないものですから、ときどき、大丈夫かなぁって気になっています。胸もホイップクリームみたいに出てきてるし、身体に変化が見られます」とお母さんからのメールでした。ほっとに来ていた頃は、妖精のようにきゃしゃな体をくねらせて、よちよち歩きの幼児の間を縫うように走っていた舞を思い出しま

す。そんな彼女が、いつのまにか少女から女性の体へと成長していくのを、お母さんはまぶしい思いで見ているのでしょう。

体の変化とともに、彼女の心の成長を思わせるできごとがありました。ほかの子の本を破る子が支援学級にいて、舞が机にメモを貼り付けたのです。

> 役立ちアイテム **約束カード**
>
> ●お留守番のお約束
>
> ①泣きません。
> ②宿題します。
> ③ピンポンが鳴っても出ません。
> ④静かにしています。

「お約束。お友達の本をビリビリしません。本が泣きます。舞より」。

自分がそうしてもらうとわかりやすいと感じている、視覚支援をクラスメートにしているのです。教師のまねをしたがり、ほかの子を差配するASDの子どもも多く、それがもとで、生意気だといじめられることもよくあるのですが、このようなさりげない支援はほほえましく、許容されるものだと思います。ただ、「本が泣きます」のような比喩表現がASDと思われる相手の子どもに伝わるのかどうかは疑問ですが……。

また、この頃、留守番もできるようになりました。「自分自身を励ますかのように『お留守番のお約束』を書いて壁に貼り付けてがんばってくれるので、主人も私も安心して留守番させることができます」と、お母さんは喜びました（→役立ちアイテム「**約束カード**」）。

地域の中学校へ進学

舞の両親は幼少時から彼女にいろんな場面で選択をし、自分で決める力をつけてきました。そのことが、彼女の自立心を育ててきたのです。そんな彼女を両親は誇りに感じています。「舞はとても優しい子です。私が仕事から帰ってくると頭をなでてねぎらってくれるんですよ。主人も心の支えにしています。本当にいい子に育ってくれてます」と手放しで喜んでいます。

小学校の6年間、支援学級に在籍していましたが、国語と算数以外の時間はほとんどすべての授業を交流学級で過ごし、友達もたくさんできました。両親は卒業後の進路を特別支援学校（以下「支援学校」）にするか、地域の中学校にするかに迷いました。彼女に希望を聞いてみたのですが、「わかん

ない……」と答えたそうです。そりゃあそうです。彼女はどちらも経験していないので、わからなくて当然です。そこで、両親は、交流学級で多くの友達を得て、楽しんでいる様子を見て、友達といっしょに地域の中学校へ進学することを舞に提案し、本人も承知したのです。

　卒業を祝ってメールのメッセージを舞に送ったところ、便箋に漢字交じりの小さい文字できちょうめんに書きつづったお礼の手紙が届きました。そこには、今水泳でどんなことができるようになっているかや、運動会や音楽会でがんばったことなどが報告されていました。律儀な彼女の性格がにじむような手紙でした。中学校でどんな生活が待っているのでしょうか。これから始まる舞の青春篇(へん)を楽しみにしています。

自立への準備は幼少期から

　ASDの子どもたちの自立への道にはさまざまな課題がありますが、留守番ができるようになるのも、そのうちの一つです。そしてそれはかなりハイレベルの課題です。しばらくの時間を一人で過ごすことができるのは、親離れの一歩です。親にとっても、今までずっと付き添ってきた子どもを一人にしておくのはどれほど不安なことでしょう。しかし、子どもの自立心が育ってくるにつれて、「ひとりでできる」という自信が、「ひとりでやってみよう」という意欲につながり、やがて、誰かがそばにいなくても大丈夫と思えるようになっていくものです。さまざまな身辺処理（トイレの自立、衣服の着脱、食事、入浴、歯みがきなど）から出発して、一人でできることの積み重ねが自立の基礎になります。やがて、一人での留守番や外出が可能になり、ついには、誰かの支援を受けるにしても、親元を離れて生活できるようにもなるのです。必要な支援があれば、地域で普通の生活ができるようになると信じています。そのためにも、自立心を小さいときから養っておきたいものです。

4. 賢太郎　姿勢はなおるときがくる！

入級時年齢：4歳1月
知的障害：療育手帳なし
家族：両親、姉1人

　新聞社から電話があり、「読者からの問い合わせがあります。よかったら連絡をしてあげてください」と連絡先を知らせてきました。さっそく教えられた番号に電話すると、「3歳の息子がASDかもしれないのです。教室に入れたいのですがどうすればいいでしょう？」とのことでした。投書を読んだだけで私の教室に入れたいだなんて、よほど困っているのだろうと思いました。

新聞の投書欄がきっかけでほっとに

　ある年の暮れのこと、私の投書が新聞の読者欄に掲載されました。「カレンダー」というテーマが与えられたときでした。養護学校時代の教え子に、暦が大好きで、何年分ものカレンダーを暗記する特技をもつ生徒がいたのを思い出して書いたものです。投書の最後に添えた「定年後、ボランティアとして、就学前のASDの子どもたちを支援する教室を開いた。一人ひとりの障害特性に合わせた活動環境を整えることで、私自身、子どもたちから元気をもらっている」という一節が賢太郎のお母さんの目に止まったのです。

　それなら……と、「高田先生の診察を受けて、希望を伝えてください」と話しました。こうして、半年後に賢太郎はほっとにやってきたのです。通園施設の年少組でした。はじめての場所がとても苦手でパニックになるかもしれないと、お母さんは心配でしたが、そんなそぶりもなく、初めからほっとの場所と私たち支援者に抵抗はないようでした。お母さんの並々ならぬほっとへの期待が賢太郎にも伝わっていたのでしょうか。

　ほっとに来ると、賢太郎は、初めから自分の名札をとり、自分の名前のついたいすに座りました。しかし文字の課題として、名前を教えると、渡した文字カードを右から左に「う」「ろ」「た」「ん」「け」と並べました。普通、横書きの文字は左から右へ書くのを知らなかったからです。

本章　かがやけ！ASDキッズ

電気じかけより手動が好き！

　彼もまた、みるみるうちに課題の虜になりました。マッチングや仲間集めなど、次々に卒業していきました。名前以外のひらがなも1文字ずつ読めるようになり、また、数や量の比較もすぐに理解するようになりました。一方、はさみやのりを使う課題や、線なぞりなどに取り組む手先の操作性は未発達でした。それでも、用意された課題に律儀に取り組み、アカデミックスキル、微細運動スキルともにめざましい成長を見せました。その頃家庭でも、迷路やクレヨン、はさみなどを使う活動が大好きになり、生き生きと遊ぶ姿が見られるようになりました。「ママできたよ、ほら見て～」と見せに来たり、それまで電車ばかり描いていたのに、自分や姉など人の姿を描くようになり、興味が広がっていきました。

　ほっとではスケジュールを理解するようになり、トランジションカード（p.18 参照）を渡されるとスケジュールを確認して、自分で次の活動場所へ移動するなど、自立心が育ちました。

　彼はプラレールの新幹線で遊ぶのが好きでした。「こうやったら一人で走るよ」とスイッチを入れてあげると、慌ててオフにして、手で動かすことにこだわりました。物事が自分の意思と関係なく勝手に動くのがいやなようでした。電池で走らせたら、かっこいいし楽しいのに……と思うのですが、手動で楽しむのが彼特有の楽しみ方でした。

眠たいときの癇癪をなんとかしたい

　「眠たいとき激しい癇癪を起こして泣くのをどうにかできないでしょうか」とお母さんに相談されたことがあります。眠いと人間誰しも不機嫌になるものですし、まだ文字を読んで理解するところには到達していなかったので、難しいとは思いましたが、だめもとで「わかるストーリー」を試すことにしました（→役立ちアイテム**「わかるストーリー9」**）。

　お母さんがこれを見せながら読んで聞かせると、次に眠たくなったときは泣かずに「おふとんしいて」と言えました。すごい効果でした。言葉で「泣かなくていいのよ」と何度言ってもわからないのに、文字とイラストを見せるだけでわかってくれるなんて、本当に不思議な現象でした。

幼稚園に入ってから

　ほっとを卒業した翌春、幼稚園に入園しました。幼稚園では、入園式からすでに賢太郎のために絵カードを活用してもらい、荷物置き場の表示もわかりやすいマークをつけるなど、さっそくの視覚支援で迎えてくれました。フリーの先生が1人から3人に増員され、特別な配慮をしてもらえることを知って、両親は感激しました。入園式の流れを絵や写真で予告しておいたおかげで、式の当日は最後まで席にいることができました。

　こうして、園側の配慮をもらいながら、2年間を定型発達の子どもたちとともに過ごしました。そんな中で友達と遊びたい気持ちも出てきたので、お母さんは積極的にクラスの子と休日いっしょに出かけたり、家に誘ったりして遊ぶ機会をつくりました。

わかるストーリー9

●眠くなったら、どうすればいいの？

だれでも　ねむくなったら、あくびが でたり、いらいらして なきたく なることが あるものです。そんなときは おかあさんに 「ねむいよ」 と いいます。
おかあさんは　おふとんを　しいて、ぼくが　ねるのを　てつだってくれます。ぼくは　おふとんに　はいって めを　とじます。
めを　とじて　じっと していると、いつの まにか　ねむることが できます。
めが　さめると　ぼくは　げんきに なっています。ねむったあとは きもちが　いいです。

集団のルールやコミュニケーションも徐々に…

　賢太郎はかくれんぼのときに鬼になりたがって、隠れても自分から出ていってしまうので、ほかの子どもたちは興ざめしてしまいます。こんな具合にルールのある遊びに自分で決めたルールを持ち込むので、遊びが続かなくなったりしました。また、悪気なくふざけて遊びのつもりが、相手の気を悪くする行動になってしまうこともよくありました。

　あるとき、「お手紙をあげる」と持ってきてくれた女の子の前で、それをにやにやしながらビリビリ破ってしまいました。理由を尋ねると「けん坊は

男の子だからいらないもん」と言います。お母さんは、「手紙をもらったら、まず、『ありがとう』と言いましょう。どうしても気持ちがのらずすぐに見られないときは、『あとで、見るね。ありがとう』と言い、ポケットにしまおう」と諭しました。すると翌日、「けん坊、今日は破かなかったよ」ともらった手紙を見せにきました。こりずにまたくれた女の子に感謝しつつ、問題が生じるつど、具体的にどうすればいいかを伝える必要性をお母さんは痛感しました。

　こうして、定型の子どもたちのまねをすることや、子ども同士の遊びを通じて、集団生活のルールや身辺自立を少しずつ学んだ幼稚園時代でした。

お母さん作のサポートブック

　お母さんは、物静かで控えめな性格でしたが、勉強熱心な人でした。ほっとに在籍している間に賢太郎の障害を深く理解し、どんな支援をすればいいかを一所懸命考えながら療育の理念を学んでいました。そして、ほっとを卒業するときにはすっかり賢太郎のよき理解者でした。

　幼稚園への就園に備えて、すばらしいサポートブックを完成させたのを私は思い出します。サポートブックを書くには、まずは子どもを注意深く観察し、特性をよく理解するところから始めなくてはなりません。そして、どんな支援が効果的であるかを知ったうえで、さまざまなアイデアのポケットか

サポートブック

　子どもを預ける相手（幼稚園、学校、児童デイ、放課後デイ、その他支援機関やボランティアなど）に渡すノートです。それによって本人をよりよく理解し、適切に対応してもらうのに役立ちます。

　内容は、プロフィールとしての基本情報（生年月日、所属校・園、住所、連絡先、かかりつけ医など）とともに、診断された障害名、障害特性、および、支援の方法などを書いておきます。好きな遊びやこだわり、トイレなどの身辺自立の状況、またパニックのきっかけとなることなどを書いておくと、支援の参考になります。

　インターネットで好きな書式をダウンロードして使うことができます。

4．賢太郎　姿勢はなおるときがくる！

ら本人にいちばん適したものを取り出すことが必要です。書式はネットからダウンロードしましたが、そこに書き込まれた賢太郎に関する情報は具体的でわかりやすく、それを読んだ支援者が彼への接し方を知って、自信をもってサポートできるように工夫されていました。

当然のことですが、成長とともに内容は年々更新されました。さらに「こんないいところがあります」や「最後に〜親の思い」のページが付け加えられていて、読んでいて支援者がわくわくするようなサポートブックでした。

就学後も特性に応じた支援に期待する

お母さんは、入学前にこれをもって学校へお願いに行き、説明をしました。

入学式は、事前のリハーサルに参加し、式次第ももらって準備万端で臨みました。見通しが立っていたので、いすに座って笑顔で参加することができました。途中、伸びをしたり、大きなあくびをしたりはありましたが、本人が笑顔でいられたので上出来でした。予告などの事前準備が大事だと改めて思い知らされる経験でした。

スケジュールがわかると安心して活動に参加できるという特性を、お母さんは承知していました。前年の幼稚園の運動会でそうしたらとても落ち着いて参加できたので、1年の運動会でも支援学級の先生に頼んでプログラムを渡してもらいました。

賢太郎はかけっこ、玉入れもみんなと同じようがんばりました。他学年の演技のときは大事そうにプログラムを手に握りしめ、消し込みをしながら見学しました。こうして、9時から3時半までの長丁場をクラスメートといっしょに過ごすことができたのです。

意外な無理解者⁉

ところが、その日の連絡帳を見て、お母さんは愕然としました。「プログラムをなかなか手放せなくて交流学級の担任が困っていました。TEACCHのやり方はまだ一般的でなく、違和感があるのかもしれません」と書いたのはなんと、支援学級の担任です。賢太郎は演技をするとき、プログラムは持っていませんでした。彼にとって大切な心の支えであるプログラムを席にいるとき、どうして持っていてはいけないのでしょう？　お母さんはスケジュ

ールが賢太郎にとってどんなに大切なものかを先生に知ってもらわなくてはと思いました。

担任の先生との関係づくりは、保護者にとって重要な務めです。担任が連絡帳にしばしば賢太郎が言うことを聞かないと不満を書くので、お母さんは先生への対応に苦慮していました。当然のことながら賢太郎も先生を信頼していない様子でした。

その後もお母さんは本人の気持ちを代弁したり、支援策を伝えたりし続けました。「もっと視覚支援を」とか「肯定的に受け止めてください」と抽象的に言っても先生に伝わりにくいので、「このカードを机に置いておいてください」「このスケジュールを使ってください」などと具体的に提案したり、「〜は障害の特性なので難しいと思います」「無理強いせず、本人が参加できる範囲でさせてください」「急な予定変更は苦手なので、できるだけ事前に変更を伝えてください」などと具体的にお願いすることも必要でした。

担任の先生と上手に手を結んで

学校との関係づくりで大切なことは、保護者が我慢することで子どもを犠牲にしないということです。学校にあれこれ注文すると、「モンスターペアレント」と呼ばれ、ほかの保護者などからバッシングを受けることもあるので、それを恐れて何も言えないという親たちもいます。でも、だからといって何も言わないでいると、子どもが浮かばれません。

そこの兼ね合いが難しいところですが、先生を敵に回すのではなく、「しなやかに、したたかに」をモットーに、賢太郎のお母さんは、上手に先生と手を結ぶことを追求してきました。相手を攻撃的に論破するのではなく、先生の考えや言い分にも耳を傾けつつ、率直に保護者の希望や意見を伝えるのです。「言うは易くして行うは難し」というところですが、時間をかけて粘り強くアプローチして、理解を得ることが大切です。

姿勢の悪さをたびたび注意され…

賢太郎は姿勢保持がうまくできず、体がいすからずり落ちるような格好になることがしばしばありました。背筋や腹筋が弱く、体幹を支えきれないようなのです。ASDの子どものなかには低筋張による姿勢の崩れがよく見ら

れます。そのために、やる気がないとか、退屈していると思われて、交流学級で学ぶのは難しいようなことも言われるのですが、実は本人は姿勢の悪いときもしっかり授業に耳を傾けているのです。

このように誤解されやすいASDの子どもたちですが、先生は賢太郎の姿勢が気になって、授業中にしばしば注意しました。賢太郎にとって、自分だけが何度も姿勢を注意されるのは屈辱だったに違いありません。その気持ちを想像すると胸が痛みました。

確かに、声をかけて姿勢を正すように意識づけすると、深く座り直すことはできるのですが、長続きしません。交流学級では支援者は誰もついていないことがほとんどなので、どうしても崩れている姿が目立つことになっていました。基本的には腹筋や背筋のトレーニングをしたり、ジョギング、散歩などで体力づくりをすることが必要でした。

注意喚起と体力づくりで、やがて改善

SSほっとでも姿勢が崩れるので、毎回「よい姿勢で座ります」のカードを机に置いていたのですが、カードをはがしてセッションの間握りしめているので、終わったときはしわだらけでした。

でも、きっとそれがお守りみたいな役割を果たしていたのかもしれません。SSほっとに来て数か月後、賢太郎の姿勢が徐々に改善していきました。ほかの子どもの発表を聞くときなど、やや緊張が緩むとやはり姿勢は崩れましたが、自分の番が来たときや、活動に集中しているときは背筋がぴんと伸びるようになりました。家庭での体力づくりと絵カードでの支援が功を奏しているようでした。

このことから、ときどき注意喚起しながら、筋力を鍛える運動をさせることが肝要だと確信しました。

感情の学習の場面で

賢太郎がSSほっとに参加して、感情の学習をしたときです。お父さんが作る感情のスクラップブックに「たのしい」の事例として挙がっていたのは、
- レゴブロックや工作などをしているとき
- 絵を描くとき

- お料理をするとき
- 電車模型を見るとき、運転するとき
- デカパトス（プール）でシャチのフロートに乗っているとき
- ガイドヘルパーさんとお出かけするとき
- 車の助手席でカーナビを見ているとき
- 駐車場の（3段パレットの）ボタンを押して上げ下げするとき

などでした。彼独特の楽しみをよく観察して見つけ出していることに感心しました。セッションのとき、彼は「カーナビ」、「電車模型」そして「デカパトスのシャチ」を楽しい例として選択しました。

　それぞれの子どもが自分の楽しみを選んだあとで、私は一つずつ子どもたちに聞きました。「スイミングスクールのプールで泳ぐのが好きな人？」と聞いたとき、なぜか2人が手をあげませんでしたが賢太郎もその一人でした。「どうして好きじゃないの？」との質問に、「お水が冷たいから。シャワーも」と答えました。みんなが手をあげるときも流されずに、よく考えて答えているなと感心しました。

ソーシャル・スキル・トレーニングの場面で

　バスや電車の乗車マナーについてソーシャル・スキル・トレーニングをしたときのことです。線画を見せながら、いいかどうか（○か×か）を確認しました。

　「泣き叫ぶ」のはどうかと聞いたとき、子どもたちはいっせいに「バツ！」と言いました。このとき賢太郎はさらに「みんなの迷惑になるから」とつけ加えていました。彼自身よく理解して、平素から問題はなかったのですが、この活動に興味をもって参加していました（→役立ちアイテム「**SST 線画1**」）。

さらにほっとでロールプイ

　私たちはお母さんから困りごとを聞き取ってテーマを決めました。最初に「おもちゃの貸し借り」を取り上げました（→役立ちアイテム「**SST 線画2**」）。

　まず、大人がそれぞれの場面をロールプレイし、子どもに「○」か「×」かを答えさせます。ついで、線画でもう一度確認します。最後に、よい例だけを子ども全員にロールプレイさせます。このことによって、学んだことが

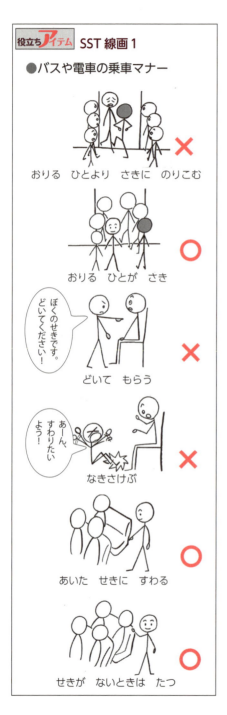

身につくのです。

　ハンス・アスペルガーも次のように言っていました。

　「『普通の』子どもたちの場合、この数え切れないほどの実際的な諸能力の取得、つまり日常生活に必要なことのマスターは少しも問題ではなく、彼らはすべてを大人に見習い、ほとんど自分で学びます。しかし、この子どもたちの場合は、この点でも繰り返し相当紛糾します。誰かがこのような子どもにこの『当たり前なこと』を手間ひまかけて教えなければなりません」と。

　なお、「かして」→「だめ！」→「なきさけぶ」について、ある子どもは「びみょう」と答えました。自分がつらいだけで、人に迷惑をかけていないということなのでしょう。でもこの子も電車で泣き叫ぶについては「×」と答えました。

ほかの子と協力する姿も見られるように

　シルエットクイズでは隣の正志とペアで答えることになりました。何番の影絵をあてるかをまず相談して選ぶのですが、正志が「何番にする？　ぼく、どれでもいいよ」と譲ってくれると、賢太郎は「じゃあ４番」と迷わず選び、「ミッキーマウス！」と正解することができてうれしそうでした。実は影絵クイズではディズニーのほかに、ポケモンのキャラクターも出題されましたが、ポケモンやヒーローものは彼の好みではなく、テレビを見ていなかったので、そういうものには答えることができなかったのです。

　また、雄一とタッグを組んだときもあり、相談したり協力してゲームなどを楽しむ活動を通じて、心を通わせる経験をすると、「バイバイ、またSSほっとで会おうね」などと親しみを込めたあいさつを自然に交わすことができるようになりました。

　マイルールの持ち主が４人集まってグループで活動するとなると、こだわりがぶつかりあって、すごいことになるかもしれない……などと、SSほっとを行う前は心配しました。しかし、実際にやってみると、一定の節度をもった自己主張はあっても、衝突にはならず、ほのぼのとした仲間意識も育っていくのを知りました。それは、２名の定型発達の子どもがその中にいたという要素も大きかったと思いますが、友達とどうかかわればいいかを学びたいと思う姿勢があるからではないかと思いました。

「支援学級を卒業したい」

　入学後の1年を振り返って、お母さんは「3歳の頃は癇癪をひんぱんに起こし、幼稚園の年長のときまで、パニックもうろうろ歩きもありましたが、小学校に入ってからはとても落ち着いて過ごせています。こんなに穏やかに過ごせたことは今までにありませんでした」と感慨深げに語りました。幼少期に療育に出会い、賢太郎に寄り添って子育てをしてきたおかげです。スケジュールを知り、生活の流れに見通しがもてるようになっていることや、身辺自立が進み、できることが増えて自信がついたことが落ち着いて過ごせる理由だと思います。

　1年時の支援学級の担任は障害特性への理解がなく、適切な対応をしてもらえませんでしたが、翌年は担任が交代し、障害特性に合わせた支援をしてくれました。おかげで、ほとんどの時間を交流学級で過ごせるようになりました。そして、2年生が終わる頃、賢太郎は支援学級を卒業したいと言い出しました。みんなといっしょに学びたい、同じように扱ってほしいという気持ちが強くなったのです。支援学級にしばしばパニックになるクラスメートがいるのも居心地の悪さを感じさせているようでした。

　こうして、3年生からは通常学級に転籍してがんばることになりました。

垣間見た成長の姿

　3年生の3学期に、私はオープンスクールを見に行く機会がありました。
　算数の時間、背筋を伸ばして計算問題に取り組む姿が目に飛び込みました。まずは体幹がしっかり形成されているのをとても頼もしく、うれしく思いました。「算数が好き、計算は得意」というだけあって、定型の子どもたちと肩を並べて学習し、まったく困っている様子はありませんでした。休み時間もクラスメートとドッジボールを楽しんだり、こおり鬼をして走り回って、大勢の子どもたちの中に溶け込んでいました。教室に戻って掃除をするときも、まじめに自分の分担をこなしていました。子どもたちが靴につけて運んだ砂をちりとりにたくさん掃き集めて、お母さんに見せたときの顔はちょっぴり得意げでした。

　次の時間は総合学習で、七輪で火をおこす体験学習でした。初めに長い説

明がありました。先生に注目し、一所懸命聞いている様子が見て取れましたが、早口の説明をどこまで理解したのでしょうか。この日は地域のボランティアの人たちが6、7人来て協力してくれました。校舎の外の軒下へ移動し、5、6人ずつのグループになって七輪を囲みました。火おこしは、マッチを擦ったり紙を丸めたり、ちょっとしたコツのいる作業でした。ほかの子どもたちも風のある屋外でマッチを擦るのに苦労していました。賢太郎はやるべきことはちゃんと理解していたようで、やりたい気持ち満々でしたが、人を押しのけてするわけでもなく、ほどほどに譲ったり譲られたりしながら、とても楽しそうに授業に参加していました。

　彼は理科や算数などが好きでどちらもよくできる得意科目です。特に理科の実験は毎回楽しみにしています。通常学級に入って多少の苦労はしながらも、担任の先生やクラスメートなどの温かい環境に恵まれて、充実した毎日を過ごしています。

　手先がいつのまにか器用になり、創作の才能にも恵まれているおかげで、描画や工作などの造形に一人で取り組むことも楽しみの一つです。兵庫県の美術展に入賞したこともあり、かなりの実力を備えていることが自信につながっています。また、ピアノのレッスンにも通って積極的に練習に励み、3年生ではじめてソロ演奏にも挑戦しました。発表会では自ら選んで先生にお願いした「アラベスク」という曲を堂々と演奏することができたのも、成長の一里塚となりました。

ありのままの姿と、それをふまえた努力と…

　ただ、集団への参加や友達関係などの困難についてお母さんは心配しています。「まわりの子どもたちがかなりしっかりしてきている中で、賢太郎の一見わがままに見えてしまう行動も目立ちます。先日も、お楽しみ会に一人反対意見を主張しました。これからは社会性を育てることが私の課題だと思っています」と。お楽しみ会に反対意見を述べたのは全然かまわないことだと、私は思いました。むしろ、自分の意見をはっきり主張できるようになったことを評価すべきだと思います。大切なことは、自分の意見が多数意見によって否決されても、我慢する、それ以上は主張しないという民主主義のルールを理解することです。友達と意見が分かれたときにじゃんけんで勝った

人の意見に従うということもあるでしょう。意見が対立したときの折り合いのつけ方はいろいろあることを、具体的な事例に即して教えることが今後の課題になると思っています。

「学年が進むとともに、『心の理論』や感情のコントロールを知識として学び、通常学級でうまくやりすごすことができるようになってきましたが、友達はあまりできません。でも、一人でレゴブロックを組み立てているときの幸せそうな表情を見ると、そういう楽しみ方もあっていいかも、と思います」とお母さんは彼独特の余暇の過ごし方を受け入れています。

また、休みの日に体力づくりを目標とするハイキングに家族で出かけるのですが、そういうとき、彼は地図を読んだり、時計で時間の管理をするなど得意な活動を引き受けて、楽しみながら経験を広げています。

両親は、賢太郎の個性を愛し、これからもありのままに生きていってほしいと願っています。そしていつか、彼らしい個性の多くが、ASD からくる特性であることを話す日がくるのに備えて、今から心の準備をしています。

5. 道夫　マイルールに縛られるつらさ

入級時年齢：4歳1月
知的障害：療育手帳B2
家族：両親、姉2人

　「すみません、息子が夜昼なく騒いでご迷惑をおかけしています。実は息子は広汎性発達障害で、注意しても聞き分けません」。道夫のお母さんは、マンションの真下の階に住む神崎さん宅を訪ねました。涙ながらに謝るお母さんに、神崎さんは思いがけない言葉を返します。「あら、それは大変ですね。私たちは音がしても大丈夫ですから気にしないで。私がお手伝いをしているほっとは、ASDのお子さんの支援をしているんですよ」。

 ボランティア神崎さんとのラッキーな出会い

　神崎さんの言葉は続きます。「子どもたちはそこで楽しく学んでいます。息子さんのこともほっとのひろ子先生に一度相談されたらどうでしょう」。それが神崎さんとのラッキーな出会いでした。彼女は、すでに2年ぐらい、ほっとでASDへの理解を深めつつ、熱心に子どもたちへの支援を実践するボランティアさんでした。

　それ以後、彼女は道夫に積極的に支援の手を差し伸べるようになりました、しばしば誘い出して公園で遊んだり、大好きな電車で動物園へ連れていったり、また、自宅へ招いて彼を楽しませてくれました。そして道夫の様子や行動を観察し、特性を理解しようと心を砕きました。

　子どもは直感的に誰が自分にとってよき理解者であるかを見抜く力を備えているものです。神崎さんの笑顔や心地いい言葉かけ、しぐさから発散されるオーラに、道夫が敏感に反応したのはいうまでもありません。こうして、道夫は神崎さんになつき、いっしょに遊んでもらうのを楽しみにするようになりました。彼女はまた、道夫の特性や支援のしかたを説明するなど、お母さんに対する子育て支援も始めました。

　神崎さんはASDなど発達障害の子どもたちにかかわってすでに長い歳月を過ごしていました。ご主人の転勤によって、場所を移しながらも、ボラン

ティア活動を続けていたので、経験豊富でした。そんな彼女が、「今までいろんなところで活動してきましたけど、どれももう一つ納得できなかったのですが、ほっとで、やっとこれだ！　と思える療育に出会いました」と言ってくれました。そして彼女の手仕事によって、次々に生み出された魅力的な教材は、子どもたちを課題の虜(とりこ)にしたのでした。

喜んでほっとに通う

　さて、その後、道夫のお母さんに私も会って、詳しい様子や悩みごとを聞くことになりました。たびたび癇癪(かんしゃく)を起こし、大声をあげて泣いたり、暴れたりする道夫をお母さんはどう受け止め、育てていけばいいか、途方に暮れていました。苦しい胸の内を話しながらお母さんはたびたび目に涙を浮かべ、声を詰まらせるのでした。道夫には、その特性に合わせた支援が必要でした。それにはほっとに入級するのがいちばんの近道と感じました。そして高田先生の受診がかない、半年後にほっとへの入級が決まりました。

　まだ4歳になったばかりというのに、最初から集団活動にきちんと参加し、手遊び歌の動作模倣も上手でした。慣れない場所への不安感もありましたが、お母さんがいるのを確認すると安心しました。課題にも意欲的に取り組み、ほどなく、ほっとに喜んで通うようになりました。

　いつも一番乗りでサークルエリアに入って着席し、ほかの子どもたちが集まるのを待ちました。歌をすぐ覚えて歌い、はきはきと返事もして、とても意欲的でした。課題は手先の操作性が未熟で、ボタン・スナップなど苦戦しましたが、最後まで粘り強く一人で試行錯誤しながらがんばり、次第にコツを習得していきました。ただ、急ぐ必要など全然ないのに「早く仕上げなくては」の思いが強く、はさみを使って線の上を切ったり、フェルトペンで線なぞりをしたりするときの、手の動きが粗雑になりがちでした。

緊張をほぐすことが課題

　初めは、緊張して表情も硬く寡黙でしたが、回を重ねるうちにだんだんリラックスできるようになり、言葉も出るようになりました。自由遊びのとき、「お帰り、もう少し？（お帰り＝おわりの会　まであと少し？の意味）」と担当者に聞くなど、しっかり話をすることもできました。ほっとでは概して

おとなしく従順で、遊びのときもボランティアさんが出してくれるおもちゃで遊び、促されると片づけました。ただし、彼特有のこだわりがあり、大人の手を払いのけて、思いどおりに片づけないではすみませんでした。担当のボランティアさんからは、自分を抑えすぎて少し心配、との感想が出されたこともあり、率直に自分の気持ちを表せるようになることが課題でした。

特有のこだわりが家庭生活のネックに

　ほっとでは「優等生」としてふるまう道夫も、家ではいろんなこだわりを見せて、相変わらずお母さんを悩ませていました。

　お風呂に入るとき、何度もやり直しを要求しました。服を脱いで風呂場に入り、かかり湯をしようとすると、「もう１回！」と叫んで脱衣所に戻り、服を着て、脱ぐところからやり直そうとするのです。それを何度も繰り返すので、入浴がいつまでも終わらないのでした。ASDの場合、自分の儀式をもっていて、それを手順どおりにできるまで何度もやり直し、完璧にできないと気がすまない人がいます。道夫の場合、おそらく気持ちが不安定になっていることからきているのではないかと推測しましたが、とりあえず入浴の手順を示すカードを用意しました。その裏にマグネットをつけてホワイトボードに貼り、終わったらはずしていくようにしました（→役立ちアイテム「**手順書１**」）。

　翌日、お母さんからのメールが届きました。「お風呂はスムーズにいきました。夜のパニックが１回減ったことで、道夫も家族も、とても楽に過ごすことができました。いつもとは、違う涙が出ました」と。

　この後、お母さんはお風呂の入り方について選択をさせようとしました。「カードを見せて二択にしたんですよ。『パパといっしょに服を脱いでお風呂場に行く』のと『パパが先に入ってお風呂から呼んでもらって行く』のとどっちにする？『うーん』と少し考えて『ママといっしょに入る』と、自分の意見を言ったのでビックリしました」。お母さんは初めからお父さんと入浴するのを前提にして選択させようとしたのですが、選択肢に入っていない答え、つまり「ママと入る」を主張したのです。みごとな自己選択・自己決定でした。

楽しめなかったお正月

お正月に家族でお父さんの実家へ行ったときのことです。環境が変わって緊張気味の道夫が、いつもと違う新しいことに出会ってとまどい、ひどく混乱しました。トイレが全自動で、フタが開き、用を足すと勝手に水が流れることに驚いたり、お風呂のお湯が43℃と熱かったことも想定外だったようです。

家と違うことについては、予告したり説明したり、また設定し直せるもの（お風呂の温度など）はいつもと同じにするなど、配慮すべきことがたくさんありました。道夫にしてみれば、生活様式や文化の違いにとまどい、緊張を強いられ、しかもコミュニケーションの困難を抱えて、言葉の通じない外国にいるようなものだから、できるだけ早く切り上げてほしい気分だったのでしょう。

お正月を楽しめなかった道夫を見て、配慮が足りなかったのをお母さんは反省しました。

盛り付けのしかたで欠陥食品⁉

お母さんは徐々に支援のしかたを学んで上達していきました。支援は知識として知っているだけでは役に

役立ちアイテム　手順書1

●入浴の手順

①ふくを ぬぐ

②ふろばに はいる

③あらって もらう

④ゆぶねに つかる

⑤からだを ふく

⑥パジャマを きる

立ちません。実際に実行してみてはじめて意味があります。たとえば、道夫はカレーを盛り付けたとき、ルゥがごはんからはみ出してお皿に直接つくのをいやがって、食べようとしませんでした。ふりかけもごはんからはみ出して茶碗の内側に直接くっつくといやがりました。このため何度も盛り付けをやり直さなくてはならず、困っていました。

　お母さんは、カレーがお皿にはみ出して盛り付けられた絵を描いて、「カレーがはみ出しても大丈夫。カレーの中にごはんをのせて食べてもすごくおいしいよ」「ふりかけがごはんからはみ出しても大丈夫。おいしいです」と伝えたところ、どちらもご機嫌で食べてくれたと喜びのメールを送ってくれました。カレールゥがごはんからはみ出したり、ふりかけがごはんの外にこぼれた状態は「盛り付けの失敗＝食べられない欠陥食品」ととらえていたのでしょう。そんな風に自分で勝手に決めたルールに縛られて、食べることができないでいたのです。このように、いつのまにか自分で「こうあるべき」というルールを決めて、それに縛られて生きにくさを感じていることがよくあるものです。

下手な絵でも伝わる！

　しかし、そのルールが根拠のないものであることを視覚的に示すことで、自縛から解放してあげることが可能です。お母さんは「こんな下手な絵で平和に食事ができるんですね」と驚きました。お母さんは絵には自信がなくて、今まであまり絵を描いて見せることができなかったと言いますが、「下手な」絵でも理解してくれることがわかり、伝わることが大切だと実感したようでした。「そうですよ！　下手でもいいから、描いてみて。少々まずくてもわかってくれますよ。そして、絵を描いて見せてくれる人への信頼感は絶大なんですよ」と励ましました。

　私自身が、あまりうまくない絵でも描いて見せて、子どもたちが「わかった！」という顔をしてくれるのを何度も経験して、そのことを実感しているからです。プロのイラストレーターの絵でなくていい、「なんだ、これ？」と思うような絵でも、場合によったら線画でも、説明しながら描けば、きっとわかってくれます。

パーフェクトにこだわる文字の練習

　完璧主義の道夫は、何事もパーフェクトに完成することにこだわり、思うようにできないとパニックに陥りました。就学を前にして、道夫が文字を書く練習を始めていたときのことです。

　「やっと字を書くようになって、うれしいのですが、うまく書けません。それがあたりまえなのに『違う！』と言って消しゴムで消し、何度も書き直してパニックになります。そのうえデジタル時計を見て『間に合わない』とまた二重にパニックになるんです。デジタル時計のおかげで時間を意識するようになったと喜んでいたのですが、かえって苦しみを与えることになっています」と、お母さんは対応に困っていました。

　文字の形を認識してこう書けばいいとわかり、また、デジタル時計で時刻を理解するようになったのは、成長であり喜ぶべきことでしたが、そのために、今まではなかったこだわりやパニックが新しく出てきたことは、確かに悩ましいことでした。

　とりあえず、手を添えて文字の練習をやってみたらどうでしょうと言いました。しかし、ASDの子どもは、手を持たれるのをいやがることもしばしばあるので、その場合は、薄く「下文字」を書いたものを使って、練習をさせたら？　ともアドバイスしておきました。

　しばらくすると、「難しい字（あ、え、ふ、ね、8など）は、手を添えてやるととんでもない形にはならないので、パニックにならなくなりました」とお母さんから報告がありました。彼は手を取って教えてもらうことを受け入れたのです。だめもとでやってみるものです。何度か手を添えてもらって書くうちに、どのあたりでカーブさせるのか、どこで止めたらいいかなどのコツがつかめます。そして、だんだん支援者が手の力を抜いて、本人が書くのに任せていくことでフェードアウトできるのです。

時が過ぎることを意識しすぎて…

　時計を理解する第一歩として、デジタル式の時計がわかるようになるのはいいことです。数字が読めるようになると、わりあい簡単に時刻が読めるようになります。しかし、デジタル式は時刻を知るにはわかりやすいのです

が、時の流れとして時間の長さなどの概念を把握するにはわかりにくいものです。ゆくゆくはアナログ式の時計を理解するようになることが望ましいことです。でも、デジタル式であっても、たとえば「12時に昼食」、「3時におやつ」などの表示で、スケジュールの見通しに具体性が付加され、わかりやすくなります。また、分単位の数字が大きくなっていくのを見ると、時間の経過を知ることも一定程度はできるでしょう。

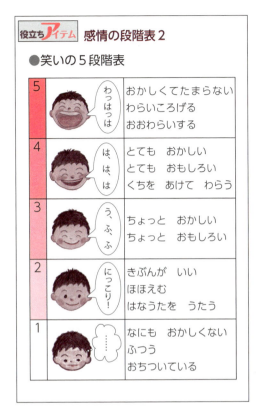

道夫は、うまく字が書けない間にも分の表示がどんどん変わるのを見て時間が経過して行くのを知り、パニックになったのです。対応策として、近くに時計を置かず、時間を気にしないで学習に集中できるようにしました。

笑いたいのに笑えない⁉

道夫はおかしいことがあっても、笑いたいのに笑えないというちょっと変わった悩みを抱えていました。どう支援すればいいのでしょう……。ものは試しと、「笑いの5段階表」を作ってみました（→役立ちアイテム「**感情の段階表2**」）。

その後、家では大笑いすることもできるようになりましたが、外では顔がぎこちなくゆるむだけです。どうやら、笑うことそのものより、外での緊張が問題のようです。学校や外出先でもリラックスできることが、おかしいときに笑うために必要なようでした。

5．道夫　マイルールに縛られるつらさ

鼻をかむって、どうするの⁉

「鼻をかむ」というのは、どの子にとっても初めは難しいものです。特に、言葉で説明してもわからず、大人がしているのを見てもまねることができないASDの子どもは、習得するのに時間がかかります。そこで、イラストつきの手順書を作ってみました。また、口から空気を吸って、鼻から勢いよく出す練習もできるよう、視覚支援をしてみました。
（→役立ちアイテム「**手順書2**」）。

お母さんからの報告は「さっそく使ってみましたら、息を弱く吐いて、間髪をいれず強く吸ってしまって、まだまだ時間がかかりそうですが、がんばります！」とありました。「カードは理解しているようなのであとは練習次第でできるようになりますよ」と言いましたが、ほどなくそのとおりになりました。

ただし、誰かに促されるまで鼻をかまなくてはならないと気がつかないことが問題です。思いがけない課題が次々と出てくるものです。

姉たちがけんかを始めると…

道夫には2人の姉がいました。ふだんは仲のいい姉妹なのですが、ときどきけんかをすることがありまし

役立ちアイテム　手順書2

●鼻をかむ

①りょうてで ティッシュを はなに あてる

②くちを とじて はなから いきを だす

③ティッシュで はなじるを ふきとる

●口から空気を吸って、鼻から勢いよく息を出すために

くちから くうきを すいこむ

くちを とじて はなから いきを いっきに だす

た。すると道夫の判断で「悪い」と感じたほうを攻撃するのです。たいていは下の姉が泣くので、道夫には上の姉が「悪い」と映るようでした。

けんかはすぐ収まるのに、道夫だけがいつまでもしつこく攻撃するのです。力も次第に強くなってきて、姉に我慢させるのもかわいそうだと、お母さんは困っていました。そこで、「わかるストーリー」で示すことにしました（→役立ちアイテム「**わかるストーリー10**」）。

「やっぱり絵が入ると『うん。わかった』と本気で見てくれているように感じます」という最初の反応でしたが、それから約半月後、お母さんから再度報告がありました。「『わかるストーリー』を作っていただいてから 初の姉妹げんかがあったのですが、道夫は今までとは違い、じぃっとけんかを見て、私の腕をトントンとたたいて姉を指さすだけですみました」と。

視覚支援がおもしろいほど効果を発揮

このように、道夫は、さまざまな視覚支援がおもしろいほど効果を発揮する子どもでした。お母さんは視覚支援の効果を実感し、絵は苦手と言いながらも、年長になった頃から文字が読めるようになった道夫に、いつも紙とペンを持ち歩いて、予定や「わかるストーリー」を書いて示すようになりました。おかげで、歯科治療を無事に受けることができ、スケジュールを見るう

役立ちアイテム　わかるストーリー 10

●けんかが始まったら、どうすればいいの？

きょうだいは　ときどき　けんかを　することが　あるものです。

おねえちゃんたちが　けんかを　すると、ぼくは　はやく　やめて　ほしいと　おもいます。

（どっちが　わるい？）

ぼくは　おかあさんに　しらせに　いこうと　おもいます。

おかあさんが　なかなおりを　させてくれます。

おねえちゃんたちが　なかなおりを　すると　ぼくも　うれしいです。

ちに、時計も理解し始めていました。

　おばあさんの葬儀で泊りがけで出かけたときも、前もって、知らない大人が大勢いることや黒い服を着ることなどを伝えていたことで、混乱なく参列でき、落ち着いて焼香もできて、家族は安堵したのでした。お母さんは「メモ用紙とペンを持っていつも何かを書いていたから、はたから見て変だったかもしれません」と笑いますが、変どころか、すばらしい支援者の姿そのものです。「視覚支援をすれば、はじめての場所や人でも平気になってきています。どうしてもだめなときもありますが、紙とペンで息子を導いていけるようになって、親子ともに成長していると感じます」と、育児に自信と喜びを感じているお母さんです。

穏やかな子になって、未来予想図が変わる

　同じマンションの神崎さんも、遊びに行くときスケジュールを用意してくれましたから、いつも落ち着いてお出かけを楽しむことができました。また、ほっとでは課題学習を通じ、できることが増えて自信をつけていきました。それにともなって、パニックも目に見えて少なくなっていきました。

　人にぶつかったときに少し固まって「ごめんなさい」と謝りに行き、相手のほうから、「ごめんなさいが言えるのね」とほめてもらうようなこともありました。また、マイルールに縛られて、今までなら泣き叫んでいたことも気にせずスルーできることもあって、お母さんはほめることが多くなって、成長を感じさせられるエピソードが増えました。そんなある日のこと、道夫が「ママ、道夫のこと好きでしょ」と言いました。お母さんの心を見透かしたような、おませな幼稚園児の言葉に、お母さんは舞い上がる思いでした。「多難な将来なのだろうと覚悟をしていたのですが、もしかしたら明るいかも……未来予想図が変わりました。現在、とても穏やかな子になっているからそう思えるのかもしれません」と、お母さんの気持ちが変化していきました。

悩んだ末、支援学級に就学

　彼の就学先について、両親は悩みました。学力的には十分通常学級でついていけるレベルに達していたのですが、道夫の心配性や完璧主義、こだわり

の強さ、また、まわりの子とうまく交わることの困難さなどを考えて、最終的に支援学級にしました。

　先生の付き添いなしでも交流学級でいろんな授業を受けることができましたが、一日のうち1時間ぐらいを支援学級で過ごすことになりました。支援学級に戻ってきた道夫が、緊張感から解放されてリラックスし、穏やかな表情に変わるのを知って、両親は支援学級を選択して正解だったと安堵しました。

　ただ、支援学級には多動で目の離せない児童が数人いたので、担任の先生たちはそちらに手を取られて、道夫にはあまり時間を割くことができませんでした。それでも、支援学級は道夫にとって、ほっとする場所であり、安心して過ごせる居場所として貴重でした。国語、算数と給食は支援学級で、それ以外は交流学級で過ごすこととして、スケジュールボードに毎日の予定を貼って示してもらいました。それを道夫は毎朝支援学級で確認して、交流学級へ向かっています。

　こうして、入学直後から学校では適切に過ごす道夫でしたが、家に帰ると宿題のプリントができず泣き叫んでふて寝をする日が続き、お母さんを心配させました。きっと新しい生活へのとまどいとプレッシャーで、気持ちが不安定になっていたのでしょう。新しい環境というのはASDの子どもたちにとってはストレスのかかる状況です。学校に慣れるのに、しばらく時間がかかるのはやむを得ないことでした。

SSほっとで社会スキルを学ぶ

　5月から、SSほっとに通って、社会スキルを学ぶことになりました。SSほっとでは、みんなの前で発表する練習をしました。毎回テーマを決めて、準備をしてくるように伝えました。あるとき、「ぼくが好きなこと」というテーマでスピーチをすることになりました。彼は仮面ライダーが好きだったので、お母さんが「仮面ライダーの話をしたらどう？」と言ったところ、「お勉強だからダメ」と言い、「トランポリンにする」と決めました。ほっとは勉強の場だから、キャラクターについて話すのはふさわしくないと考えたようです。

　そして発表を前に、家で何度も練習して、メモをポケットに入れてやって

きました。小声の早口でしたが、メモはほとんど見ずによどみなく発表できました。緊張のため頻繁にまばたきをしながらではありましたが、みんなの前で発表する経験を重ねて、だんだんスピーチがうまくなったことで自信をつけていきました。

わかりにくさにとまどいながらも成長

律儀で一本気な道夫は、まわりから愛され、支援を受けながら、学習面でも社会スキルの面でも成長していきました。

ところがあるとき、「学校でいやなことがあった」と言うので、お母さんは一瞬ドキッとしました。「〇〇くんがドッジボールのときボールをおなかに当てたのに、ごめんねって言わなかった」と言うのです。ドッジボールのルールを知らなかったのです。ルールを説明したらすんなりと納得しました。

道夫は文章表現にユニークな才能をもっていて、詩的な文章で自分の気持ちや状況を表現しました。

　「きのう、ともだち　４人で
　　かえったよ
　　かえる　とちゅうで　りんごちゃんと　みかんちゃんが
　　大ゲンカを　したよ
　　ぼくは　どうしたら　いいのか　わからない
　　ほうらい川の　いのししを　見ていたよ」

これはグループで下校する途中で起きたことを表していました。道夫は自

ルールのあるゲーム

ASDの子どもはルールのあるボールゲームを理解しにくいということがよくあります。野球などをしても、３塁のほうへ走って行ったり、自分で打った球を拾いに行ったりすることがあります。また、サッカーなどで敵と味方の区別がつかず、オウンゴールをしたり、敵にボールをパスすることもあります。

ルールを視覚的に示すことが理解を助けると信じていますが、簡単には理解できないことも多いようです。

分の判断で、クラスメートの実名を使わず、「りんごちゃん」「みかんちゃん」としましたが、それが文全体に詩的な雰囲気を与えていて、なかなか味わいがあります。しかも自分が困った経験を巧みに表現してSOSを発信しているのです。

　記述から、帰る途中で子ども同士が大げんかをしたことや、帰路が通学路からはずれていたことなどがわかり、子ども同士で帰宅させるのはよくないとお母さんも先生も知ることになりました。そのため、以後はお母さんが学校へ迎えに行くようになったので、トラブルを防げるようになりました。

　さらに2年後には、一人で登下校できるようになりました。その様子はといえば、家と学校を行き来することに全神経を集中しているかのごとく、一目散に歩いているのです。何事にも全力投球の道夫らしい姿です。

人間関係への理解も進み…

　あるとき、「マンションの入り口に『関係者以外立入禁止』と貼っているのに、ここに住んでいない子が入ってきたんだ」と激怒して帰ってきました。「関係者」というのは、マンションの住人だけだと思っているのです。住んでいない人も、関係があれば入っていいのを教える必要がありました。これについても、「親しさの同心円」を応用して説明しました（→役立ちアイテム「**関係図**」）。5つの同心円を書いて、中心に、①マンションに住んでいる人、その外に、②親戚の人、その外に、③友達や先生、知合いの人、その外に、④宅配便や工事など仕事で関係のある人などを書き、いちばん外に、⑤関係のない人、押し売りなど、がいるのを示して、いちばん外の⑤の人は入れません、ということを伝えました。この同心円を説明すると、道夫は即座に理解し、この問題はあっけなく解決しました。

　5年生になると、クラスに何人か親しい友達ができて、自然学校（宿泊学習）で同じグループになり、大いに楽しむことができました。そして、修学旅行に行

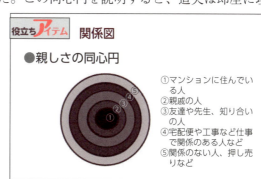

役立ちアイテム　関係図

●親しさの同心円

①マンションに住んでいる人
②親戚の人
③友達や先生、知り合いの人
④宅配便や工事など仕事で関係のある人など
⑤関係のない人、押し売りなど

く6年生でも、その子たちと同じクラスになったのを、道夫は喜びました。
　クラスの友達は休み時間に迎えに来てくれたり、また、彼が支援学級の先生に伝えきれないこと（たとえば運動会の組み体操で、彼の上に体の大きい子が乗るので、膝が痛くてつらそうだから、組み合せを変えるように担任の先生に頼んでほしいことなど）を代わりに伝えてくれるなど、さりげない支援をしてくれます。

6. 高司　キャンプで目覚めた楽しみ

入級時年齢：４歳６月
知的障害：療育手帳Ｂ２
家族：両親

　PEP-Rの最初の課題はシャボン玉でした。「じゃあ、あなたがやってみて」と液の入った瓶とストローを渡すと、高司(たかし)はストローを吹いたのですが、シャボン玉はできず、ぽたぽたと液が先から落ちました。すると、次の瞬間、ストローを投げ出して席を立ち、お母さんのほうへ逃げて行きました。失敗したと感じて耐えられなかったのでしょう。

失敗に耐えられない！

　はじめての場所と指導者に出会って緊張気味の子どもたちも、シャボン玉を吹くと、たいていは引き寄せられます。「やってみて」と渡すと、まねをして吹きますが、うまくできないと、もう一度やってみたりします。それでも玉がふくらまないときは、検査者はさっさと道具を片づけて、次の検査項目に移ります。高司のときもそういう段取りのはずでしたが、逃げ出してしまったのでした。

　セッションでの課題は気に入って取り組みましたが、カードのマッチングなどでは、なぜかぽいぽいとカードを投げ飛ばす癖がありました。ラミネートのぺらぺらした素材は投げてみたくなるのでしょうか。

　そこで、投げたカードを「拾います」と指示すると素直に従い、そのうち投げなくなりました。ところが、いったんできるようになった仕分けの課題を次のときには全部つかんで一か所に入れてしまうなど、わざと間違えて指導者の反応を確かめようとして、私たちをまごつかせることもありました。それでも、次第に課題にひきつけられて離席もなくなり、横道にもそれず、集中するようになっていきました。

　それと同時に、トレイの課題を並んでいる順番どおりにするようになって、ワークシステムの理解も定着しました。しかも、課題が終わるたびに「たかちゃんが」と言ってトレイをフィニッシュボックスに片づけようとしました。

요求はカードなしでできるから…

　スナックタイムは、お菓子を食べたいというモチベーションを使ってコミュニケーションの練習をする場でした。まずは好きなお菓子を選んで要求する練習からです。自発語の少ないASDの子どもたちにカードを使って要求するように促すのですが、高司は初めから「グミちょうだい」など、2語文で適切に要求することができたので、カードを使う必要はありませんでした。

　カードは楽にコミュニケーションをするための支援ツールですから、カードがなくてもコミュニケートできるようになったら、当然不要になります。TEACCHはカードを使ってコミュニケーションするのだから、言葉で言えるようになってもカードを使わなくてはならないと誤解する人がたまにいますが、それは違います。カードのためにコミュニケーションするのではないのですから。

「まあまあおいしい」は「まずい」？

　スナックタイムには、要求以外のコミュニケーションも練習します。「グミはおいしいですか」と聞いて、「おいしい」と「まずい」のカードを見せながら、「どっち？」と聞くと、なぜか、高司はしばしば「まずい」と答えました。わざと冗談で言っているのか、それとも「おいしい」と「まずい」の言葉の違いがわからないのか、私たちは判断に苦しみました。しかし、表情を見ると明らかに好きな様子でしたから、「それはおいしいってことよ」と何度も教えました。そのことを教えるために嫌いなお菓子を用意してもらって、「こっちはまずいよね」と教えるとわかりやすいと思いました。

　その後の様子からわかってきたことですが、高司は好きなお菓子であっても「とても好き」なものと、「まあまあ」のものを区別して、「まあまあ」のほうを「まずい」と表現しているのかもしれません。なぜなら、グミとおにぎりせんべいのどちらも要求して食べるのですが、グミは「まずい」と言い、せんべいは「おいしい」と言うからです。

おやつよりそのあとの遊びのおもちゃが気になる

　それはさておき、高司はお菓子より隣でセッションを受けている優ちゃん

が気になっていました。スナックタイムが終わると遊びの時間なのですが、そのとき、お気に入りのあひるのおもちゃを優ちゃんに先に取られるのではないかと気が気ではなかったのです。

　優ちゃんがおやつを終わっていなくなると、高司も大急ぎで「ごちそうさま」をして、遊びのエリアへ行きました。お目当てのおもちゃを確保して遊び始めたとき、優ちゃんがおもちゃに近づくと、背を向けて邪魔をします。「かして」や「どうぞ」のカードでおもちゃの貸し借りをする方法を教えてから、優ちゃん担当のボランティアさんが「かして」と言いながらカードを見せると、しぶしぶ「どうぞ」と渡しました。そして、ほかのおもちゃで遊び始めました。しかし、別のときには、優ちゃんの使っているおもちゃをさっと奪い取ってしまうこともありました。

やがて貸し借りのルールやマナーを理解

　こうしておもちゃを独り占めしていたときに、お母さんが怖い顔をしていると、気にしながらちらちら見ていました。本当はいけないことだとわかっているようでした。すぐには適切に行動できなくても、何度も教えるうちに理屈はわかるようになるものです。やがて、高司はおもちゃの貸し借りのルールやマナーを少しずつ理解し、自分の気持ちと折り合いをつけようとするようになりました。

　家では、お母さんとスーパーマーケットに行くと、一目散におすしのコーナーに走って行き、パックに入っているおすしを無造作に手に取ります。すると、中身が片寄せられてしまって、買わざるを得ない状態になるのが常でした。なんとかしてやめさせたいところですが、彼の早業にお母さんはいつも負けるのです。

　とりあえずボードメーカー（コミュニケーションシンボルを収録したソフト）で「さわりません」カードを作ったのですが（→役立ちアイテム「**絵カード3**」）、すぐにわかってもらうのは難しかったようです。

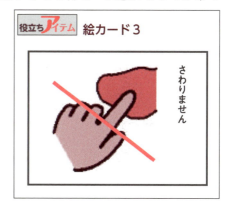

役立ちアイテム　絵カード3

さわりません

リードを引く力加減がわからない

「今いちばん困っているのは犬との散歩です。たかが犬ではないのです。小さい犬なのに高司が急に引っ張るので、首がむちうちになりそうです。おまけに足が悪いのに無理やり歩かせるので心配なんです」。

高司には、力加減というものがありませんでした。飼っている犬を虐待するつもりはないのですが、リードを引っ張る加減がまるでわかっていないのです。お母さんは犬がかわいそうで気が気ではありません。犬は高司と散歩に行くのをいやがるのですが、彼は強引にリードを奪って連れ歩こうとしました。知っている人に会ったら「バイバイ」と突然走って逃げたり、近所の人に何度もその家の犬の名前を聞いたり、気に入らないとあちこちで寝転んだり……と、お母さんは散歩に行くたびに、犬のことより高司への対応に疲れ果てるのでした。

「写真を撮って、強く引っ張って犬が脚を突っ張っているものに「×」、リードを緩めて犬が普通に歩いているものに「○」をつけたカードを見せてみたらどうでしょう」と提案しました。

 ## 犬は家族の一員

この犬は、高司が生まれたときにはすでにこの家で飼われていました。実際、とても賢い犬で、赤ちゃんだった高司を見守って、泣いたらお母さんを呼びにきてくれました。来客でチャイムが鳴るとほえるのですが、お母さんが「ワンて言わないの、かしこ〜い!」と優しく声かけするとすぐにやめることができます。それなのに高司は「こら、鳴くな!」と犬を叱ります。そのかたわら、犬が指示に従うときは「クッキーやるぞ!」と言って手なづけるのです。どこで覚えたのか、犬の調教法としては、オーソドックスなやり方を知っていました。ボールを投げると拾って戻ってくるのを高司は喜び、何度も繰り返して犬とよく遊んでいました。自分の子分としてではありますが、犬を家族の一員として位置づけている高司の、ペットとのかかわりはほほえましいものでした。お母さんも心が折れそうなときにいつも救ってもらうセラピードッグでした。

ペットは、ASDの子どもたちにとっても、心の友になってくれることが

しばしばありますし、動物の世話をし、大切にすることを通じて、生きものへの優しい気持ちを育てることもできるので、その教育的効果は大きいと感じます。きょうだいのいない高司にとって、いい遊び相手であり、信頼できる友達でした。

卒業後の再会シーンはあっさりと

ほっとを卒業してしばらくたったとき、ある親子行事で高司に出会ったことがありました。私が声をかけると、ちらっとこちらを見ましたが、「関係ないよ」というそぶりでその場を去りました。実にあっさりしたものです。ASDの子どもによくある特性なので、しかたがありません。

ほっとで毎週勉強したことはしっかり記憶してくれていても、それでおしまいです。「元気？」も「久しぶり！」もありませんが、それも「ASDの文化」だと思って受け入れたいと思います。

はじめてのキャンプ、お母さんの準備と本番

年長だった夏のことです。高司ははじめてキャンプに参加しました。親元を離れて、海辺の施設に学生ボランティアと1泊する企画でした。高司の担当は大学1年生のお姉さんでした。プレキャンプで遠足に行ったときは、お互いに慣れない活動であまり楽しめなかったようだったので、本番でうまくいくか少し心配でした。

そこでお母さんは、担当のお姉さんに、高司への接し方についての注意点などをメモにして渡し、体を使った遊びをたくさん取り入れてもらうようお願いもしました。また本人に対しては、出発までに何回もスケジュールを示し、誰と行くのか、担当の人の名前や写真を見せて確認しました。さらに、現地への下見を行い、目的地への経路を含めてイメージしやすく工夫しました。それから、お姉さんとの共通の話題になればと、お母さんは自ら撮った電車や牛などの写真を入れ、簡単な説明を加えたアルバムを作って持たせました。高司には大好きな海へ行くことや花火の予定を強調して、キャンプへの見通しと期待感を抱かせて、本番に臨みました。

集合場所の駅前広場から出発するときは電車に乗るのがうれしくて、高司は振り向きもせずにお母さんのもとから去って行きました。ところが大好き

な海で遊ぶ段になったとき、着替えがどうしてもできず、結局建物にとどまってお姉さんと遊んだりして過ごしました。でも、宵の花火はしっかり楽しみ、夜は添い寝をしてもらって、ぐっすり眠ったとのことで、初キャンプは大成功でした。

帰り道で驚きのできごとが…

　駅へ迎えに行って、二人乗りの自転車で帰る途中、仰天のできごとが起きました。後ろに乗っていた高司が「ママ、いつもありがと」と言ったのです。お母さんは耳を疑いましたが、また、「ありがと」と言ったので、本当に高司が言ったんだと気づき、そこからお母さんは泣きながら自転車をこぎました。あの「愛想なし」とも思えるほど言葉の少ない高司が心からの感謝の言葉を伝えたと思うと、お母さんはうれしくて涙があとからあとからあふれました。キャンプがあんなに楽しかったのは、高司の不安を取り除くためにお母さんが心を尽くして準備してくれたから、そしてボランティアさんに頼んでくれたからこそ、とわかっていたのでしょう。

　ボランティアさんの書いた報告書が荷物に入っていました。「ママがいなくなったとたんに私と手をつないでくれました。そして、私の姿をいつも探してくれて、いないとわかると名前を呼んで探してくれました。追いかけたら逃げるけど、あとから必ずついてきました」など、高司の様子がつづられていました。そして高司と過ごせてとても楽しく、うれしかったと、最後に添えられた感謝の言葉に、お母さんはあふれる涙を止めることができませんでした。障害をもつ高司は人の荷物になるばかりで申し訳ないと頭を下げ続けてきたのに、そんな高司が人を喜ばせ、楽しませたと思うと本当にうれしかったのです。

　お母さんの事前の努力があったからこそキャンプは成功したのです。「はい、2日間お任せね！」とばかり、ぽんと子どもを預けるだけだったら、高司もこれほど楽しむことはなかったかもしれません。はじめての場所と人、そしてはじめての活動。しかもお母さんがいない状態で……となると、ASDの子どもたちは大きな不安に襲われ、パニックを頻発させることになりかねません。下見をしたり、スケジュールを知らせてもらったり、いろいろとビジュアルな情報を前もって見せてもらうことで、安心してキャンプに

参加することができたのです。心に残る夏の思い出が、高司の成長の確かな一歩となりました。

経験の積み重ねで不安感も薄れていく

　このような準備を、一生を通じてしなくてはならないとすれば、気が遠くなりそうです。でも、実際はそんなことはありません。今回の経験で、キャンプとはどんなものか理解しているので、次回からは、これほどの事前準備はなくても、日時や場所、活動内容、担当者などの基本的な情報があれば大丈夫になるのです。いろいろ経験を蓄積することで不安感が薄れて、「なんとかなるさ」という自信がつくようです。

　高司は聴覚過敏があり、大勢が集まる集会室に入れなかったり、通園バスで泣く子どもがいるとつらそうにしたり、犬がほえる家の前は通れなかったりするので、イヤーマフを使うようになりました。動物園に行ったときも、動物は好きですが、鳴き声が怖くて楽しめませんでした。ところが、イヤーマフをつけるとオウムのケージの前を小走りながら通ることもできました。帰宅後「ダチョウも見れた！」とうれしそうにお母さんに報告しました。

　イヤーマフは学園でもしばしば活躍しましたが、徐々に使う頻度が下がりました。屋外では苦手なセミの声がうるさくて使うこともありますが、ふだん生活をする場ではほとんどいらなくなったのです。ストレスが少なくなっている証拠なのでしょう。不安感が強くたえず緊張している状況のときは聴覚過敏も強くなるのですが、リラックスしているときはまわりの音がそれほど気にならなくなるようです。

地域の小学校に入学、支援学級へ

　高司は就学前の１年間を幼稚園に通いました。そこで、幼いなりに彼を理解してくれる子どもたちといっしょに楽しく過ごしたのち、地域の小学校の支援学級に入学しました。コミュニケーションの力も向上し、落ち着いて生活できるようになったので、その頃からお母さんは障害者を支援する仕事に就きました。高司の将来に備えて、どんなサポートがあれば助かるのかを考える機会にもなると期待してのことでした。

　支援学級には、高司の好きな女の子がいました。ぎゅっと抱きつく格好

をするので、カードを使って「抱きつきません」「ハイタッチします」というのを示すことにしました。そして一日中守れたらごほうびシールがもらえるという約束を決めました（→役立ちアイテム「**絵カード4**」）。

すると、あるとき「みいちゃ〜ん」と言いながら近づいたものの、「あ、シールがもらえない」と言って自制するようになりました。トークンシステムが効果を発揮していると、担任の先生もお母さんも喜びました。私たちはこのようなごほうびを使った行動修正をよく使います。

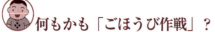何もかも「ごほうび作戦」？

友達に抱きつかないことをごほうびの効果で守れるようになったことに味をしめて、担任の先生はほかの課題も次々にごほうび作戦で乗り切ろうとしました。目標とする行動として次の3つを提案しました。

　①友達に接近しすぎない
　②文字をゆっくりていねいに書く
　③人の名前を正確に呼ぶ

お母さんは3つもの目標を出すというやり方に疑問をもちました。どの目標が達成できたからシールがもらえたのか、あるいはシールがもらえなかったとき、どの目標が達成されていないからもらえないのか、がわかりにくくなってしまうと思ったからです。

いちばんの問題は、①です。好きな女の子に抱きつかないという目標は達成できたのですが、今度は近づきすぎることが問題でした。距離感がつかめ

ごほうび・トークン

　ごほうびは、好ましい行動ができたらそのつど与えるということから始めますが、理解力が進むにつれて、トークンとしてシールを貼り、決めたポイント数だけ貯めたら実際のごほうびを与えるようにして、子どものやる気を引き出していきます。初めはポイントが3つとか、5つとか、少ないポイントでごほうびがもらえるようにすると、わかりやすいので効果が期待できます。

　ごほうびにはいろいろなものが考えられます。好きな食べ物や欲しがっているおもちゃでもいいし、くすぐりやハグなどの身体接触、ゲームやDVDの許可でもいいでしょう。プールや動物園などお気に入りの場所に行くこと、また電車に乗ること自体も、ASDの子どもには人気です。高司はおすしが大好物だったので、1週間つまり5枚ポイントを貯めたら、回転ずしに連れていってもらえるのを喜びました。

　ごほうびと、ターゲットとなる行動のバランスも考えなくてはなりません。簡単なことなら、口でほめるだけで十分な場合もあります。達成するのにかなりの努力を要する目標に対しては、与える側の経済的・肉体的負担感を伴う報酬が考えられますが、もらう側の満足度も考慮すべきでしょう。たとえば、高司の場合はお金も時間もかかる「USJに行く」ことより、安くて手軽な「回転ずし」のほうが魅力的なインセンティブだったりします。

　好ましい行動を強化するためのごほうびは、できたときだけ与え、できないときに罰を与えることはしません。約束が守れなかったら宿題を増やすとか、罰として掃除をさせるなどは、すべきではないと思っています。罰は本人にとって苦痛なばかりでなく、叱られた、ペケだと言われたと認識し、自分が否定されたと受け取ることになって、自尊心を傷つけることにもなりかねないからです。

　行動修正をするためにごほうびを使うのは、教育的によくないとする考えもあります。正しい行動を学ぶのは自分のためなんだから、いちいちごほうびなんかいらないというのです。確かにほめ言葉で十分な場面も多いと思います。しかし、永久に報酬を与え続けるわけではありません。ある程度定着したらなしにすることができるのですから、学ぶことへの励ましだと思えばいいのではないでしょうか。

　子どもに宿題を毎日する習慣がないとしましょう。そんな場合は、宿題をしたらシールを1枚貼ってもらい、1学期を通じてがんばったら、ごほうびにどこかへ連れていってもらうぐらいはあってもいいと思います。子どもの苦手とすることを励ますときは報酬をさらに大きくしていいと思います。あるお母さんは、「ウンチがトイレでできたら新幹線で東京へ行く」をごほうびにした結果、ついにトイレでできるようになって、「高価な報酬を払わされました」とうれしそうに笑っていました。

ないのが障害特性です。したがって①の目標についても視覚支援を使って適切な距離を保つように教える必要がありました。
　「前へならえをしてもあたらない」ようにすると伝えると、今度は首を前に突き出すような格好をしました。そこで、どんな距離でどんな姿勢がいいかをイラストで示すと、よく理解しました。適切な距離を保つことは、頭でわかってもなかなか実行することが難しい課題でしたから、お母さんはこれについては、トークンを与える指導に同意しました。

ごほうびにそぐわない目標もある…

　②は、文字を書くとき大急ぎで雑な書き方をするので、きちんと形がとれないという問題でした。しかし、これはごほうびでがんばる課題ではないとお母さんは考えました。できれば手を添えてゆっくり書くスピードを感じてほしいのですが、手を持たれるのをいやがるので、たとえば「ゆっくり書くよ。横棒はいーち、縦はにーぃ」というようにかけ声をかけて、書くスピードを知らせることで、運筆の速さをある程度は調節できます。そして、練習を重ねるうちにできるようになればいいのです。あまり深追いせず、がんばって書いたらその努力を評価したいものです。
　③については、人の生まれつきの特性を揶揄するようなニックネームであれば相手を傷つけることがあるので、注意しなくてはならないでしょう。しかし先生がやめさせたかったのは、高司が人の名前のほんの一部の発音を変えて、たとえば、「やまね」を「やばね」と発音するような類いでした。一過性のブームであり、まわりに受けなければ自然にやむはずです。呼び方がどうしても気に入らないのなら、「ちゃんと呼ぶまで返事をしないよ」と言っておけばすむことではないでしょうか。正しく呼んだらごほうびというのはちょっと違う、というのがお母さんの意見でした。
　というわけで、あれもこれもごほうびで解決するのではなく、ごほうびを使うかどうかは、一つずつよく吟味して決めるのがいいと思います。
　目標とする行動を強化する方法は、自分自身、できることがうれしくて自信がつく場合は、そのこと自体がごほうびになることもあります。また、誰かにほめられるという、賞賛がごほうびにもなりえます。さらに、トークンとしてのシールやちょっとしたごほうびがもらえると励みになるということ

まで、いろいろな段階があるでしょう。そのどれが最もふさわしいかを判断することが重要です。なんでもかんでもごほうびシステムを導入すると、子ども自身も混乱してしまって、授業中ちゃんと席についていたのにシールはないの？　とか、掃除当番をやったのにシールは？　ということになると、一日中シールを貼って過ごすことにもなりかねません。やはりターゲットを絞って、これを重点目標にしようということをごほうびの対象にすべきではないかと思います。そうすることで、ごほうびのありがたみもわかるというものです。

ごほうびなしで解決することも

　それは、目標とする、①の女の子と適切な距離を保つことについて、ごほうびシステムの導入を検討していたときでした。担任の先生が、クラスの子どもたちに協力をよびかけたところ、高司が女の子に近づきすぎるとそばにいた子がさっと片手を伸ばして高司にストップをかけてくれるようになりました。そしてこの問題はあっさりと解決したのです。大人が注意するより、子どもたちからのはたらきかけのほうがずっと効果的です。ASDの子どもにとって最大の支援の保障は、理解してくれるクラスメートの存在であることを教えられました。

ごほうびシステムをやめるタイミングは？

　あるとき、高司のお母さんから、ごほうびシステムをやめるのはどういうタイミングがいいかとの質問がありました。確かにやめるタイミングは難しいものです。もう、すっかり定着したと思ってやめたとたん、元に戻るということがあるのです。さりとて、いつまでも続けていたら、新しい目標に対してごほうびを導入するたびにポイントカードが何枚もできてしまい、ごほうびのインフレーションとなってしまいます。週末は動物園に行き、回転ずしを食べ、おもちゃを買うなど、ごほうびの支払いに親が散財させられることにもなりかねません。そこで、ある程度目標とする行動が定着したと思われたら、終わりを予告しておいて、切りのいいところで終わらせなくてはなりません。

　たとえば、進級するときなどがチャンスです。ごほうびを終わらせるタイ

「ごほうびのフェードアウト」で思い出すこと

　ごほうびをどういうタイミングでやめるか、ということを考えるとき、思い出すことがあります。養護学校に勤務していた頃のことです。

　授業中に何やらほっぺたに当ててこすっている男子生徒を見て、担任の先生がその手から取り上げたものは、なんと生理用のナプキンでした。保護者に話すと、彼は家でも姉や母のナプキンをトイレから持ち出し、それに唾やおしっこをかけたり、解体したりするというのです。家ではすぐナプキンを見えないところへ隠したそうです。学校でも女子生徒のナプキンは担任が預かることにしました。すると、女子トイレの三角コーナーから使用ずみナプキンが取り出されるようになりました。

　学年の担任団会議では、女性の生理に興味を抱いているのか、女性の体に触る行為に発展するのではないか、厳罰を加えて反省を迫るべきではないか、といった主張が展開されました。このまま放置すれば、やがて公衆トイレなどでも同じことをするかもしれません。そうなると、挙動不審者扱いされるのは間違いありません。

　しかし私は、彼の行動の理由は性的関心ではないだろうと確信していました。彼はきっと柔らかくてなめらかなナプキンの肌触りを楽しんだり、テレビのCMで青い水をナプキンが吸い込む様子を見たりして、不思議さにひきつけられ、自分でもいろんな液体をかけて確かめようとしていたに違いありません。

　そこで、彼専用のナプキンを用意して、約束を紙に書いて見せました。①自分のロッカーにあるナプキンは触ってもかまいません。②女子生徒のロッカーから盗みません。③ナプキンに触るのは更衣室の中だけです。③女子トイレに入りません。男子トイレに入ります。さらに「約束が全部守れた日は帰りの会でシールをもらいます。家でシールを見せると、お母さんがごほうびに200円くれます」。保護者と相談して決めたごほうびでした。実は彼はゲームセンターであるゲームをするのを楽しみにして、家でお手伝いをしては10円ずつ稼いで、貯まったらゲームセンターに行っていました。ゲームは1回200円です。彼はこのごほうびに飛びつきました。

　毎日女子トイレをチェックして、彼が入った形跡がないのを確かめたうえでシールを貼ってあげました。するとどうでしょう！　彼のナプキン遊びはぴたっと止まったのです。シールの貼られたごほうび引換券をもらって帰るときの、彼の顔の輝きを忘れることができません。こうして、ナプキンへのこだわりは消えていきました。やはり、彼の行動は性的な欲求から出たものではなかったのでしょう。

　ところが、1か月ほどがたち、もう大丈夫だろうとごほうびシールをやめた翌日、三角コーナーがひっくり返されました。彼の抗議の思いが伝わってきて、シールの停止措置にあえて反対しなかった私は、申し訳ない気持ちでいっぱいになりました。

ミングとしてはほかに、学期の切れ目や誕生日などもいいと思います。そのあとまた新しい目標を設定して、今度はそれに対してごほうびを約束するのです。「ごほうびはなくても大丈夫」と本人が思えるまで続けたらいいと思います。

 ## 子ども同士のかかわりにはまだまだ課題があるけれど

　高司は長期休暇などのとき、小豆島にあるお母さんの実家で過ごすことがよくあります。一日中お母さんとずっと二人で家にいると、お互い煮詰まって息苦しくなるのです。実家には若いお兄さんや子どもたちもいて、いっしょに海水浴をしたり、広い敷地でボール遊びをしたり、また、家の中でレスリングをしたりと楽しい時間を過ごします。高司は祖父母をはじめ、叔父叔母やいとこたちのいる実家で多くの人と接して、人への関心や親しみを感じるようになっていました。また、何度もキャンプに参加して、ボランティアさんや、ほかの子どもたちと過ごす機会をもつことができたのは、社会性を学ぶ貴重な場となりました。

　しかし、子ども同士のかかわりはまだまだ苦手です。自分のペースに合わせてくれる大人や、年上で寛大な定型児とはうまくかかわることができます。大人とのかかわりを楽しめるから、ASDではないと思われることもよくありますが、対人関係の不器用さは同年代の子ども同士のかかわりに顕著に現れます。高司の場合は、子どもへの関心がないというわけではなく、時間をかけて様子をうかがいながら、気を許せる相手を探しているようなのです。つきあいが長くなり、気心が知れて親しくなると、今度は距離のとり方がわからず、近づきすぎて触ってしまうという問題が出てきました。子ども同士で適切にかかわるスキルを学ぶことは、これからも重要な課題です。

　お母さんは、高司に接してもらう人たちに対して、彼の障害特性への理解を求める努力を重視してきました。そうすることで、高司にとって居心地のいい環境が広がることを期待しているからです。ASDの子どもとその家族にとって、まわりに理解者を増やすことが地域で生きていくうえで不可欠なことです。それは、親たちの努力とともに、社会全体が担うべき課題だと思います。

7. 英治 「一番でなきゃイヤだ！」

入級時年齢：5歳9月
知的障害：療育手帳B2
家族：両親、姉2人

　英治は、ほっとに行く行かないで、しばしばパニックになり、遅刻することもありました。それでも、お母さんは上手に誘って、なんとか連れ出して通いました。手先の操作性が未熟で、課題では、微細運動につまずき、簡単なパズルや型はめも、見本を見ることなく我流でやろうとして、うまくいかないことがよくありました。いらいらしだすとすぐに投げ出してしまい、集中力が続きませんでした。

表出言語の発達の未熟さ

　そんな英治に合わせて、課題学習はできることから取り組めるように工夫し、「できた！」という達成感を得られるように教材を用意しました。その甲斐あって、ほどなくひきつけられてがんばるようになりました。

　それでもなお、課題が難しくてできないと感じたとき、英治は「家に帰りたい」と言って、ふらーっと席を離れたりしました。やる気がないのかと誤解されかねない行動でした。しかし、それは表出言語の未熟さからくる言動であり、彼の本心は違うところにありました。「家に帰りたい」は、本当に家に帰りたいわけではなく、「この課題は難しくてできないよ」という意味でした。

　ASDの子どもは独特の表現を使うことがあるので、私たちはそこから真意をくみ取らなくてはなりません。教材を厳選し、彼の発達段階にフィットしたものであれば、集中して取り組むことができるはずです。私たちはその課題が彼に合っていなかったことを知らされ、反省させられました。とはいえ、回を重ねるにつれ、時間のかかる手先の作業も根気よく取り組むようになっていき、離席はほどなく見られなくなりました。

人前で失敗したくない！

　おわりの会で取り組んだ手遊び歌（「あたま・かた・ひざ・ポン」）のとき、彼はサークルエリアを飛び出して、荷物置き場の棚の陰へ走って行きました。私は、この歌が嫌いなのか、手遊びの振りつけが嫌いなのか、ピアノ伴奏がいやなのか、その理由を知りたいと思いました。お母さんに確かめると、手遊び歌全般が嫌いというわけではなく、「ひげじいさん」は喜んでやっているし、ピアノの音も大丈夫とのこと。本人に聞くと、「この歌がいやだ」と言いました。「無理だったら参加しなくていいよ」と伝えると、「ぼく、ここで満足してる」などと大人びた言い方をして、部屋の隅にとどまりました。

　では、どうしてこの歌がいやなのでしょう。一般的にASDの子どもは、なじみのないことは、うまくできなかったら恥ずかしい、失敗したらいやだという気持ちが働くことがよくあるものです。しかし、この曲に限っていえば、振りをつけるのはそれほど難しいとは思いません。もしかすると、歌謡曲が好きだという彼の好みからして、この歌は幼稚で、気乗りがしないのではないか、だから、「みんなはどうぞやってもらってけっこう、でも、ぼくはここで見るだけにする」というのが彼の本音ではないかと私は推測しました。しかし、ずっとあとになってお母さんから聞いてもらうと、「うまくできないといやだったから」とのことでした。そこまで人前で失敗をしたくない気持ちが強いのかと驚かされました。

　ともあれ、ASDの子どもの行動は、私たちの尺度をあてはめても説明がつかないことがよくあります。本当の理由を知ってはじめて、彼らのユニークな発想や、私たちが考えつかない苦しみに気づくことがあるものです。

律儀で礼儀正しい面、「ほっとが好き」の思いも…

　はじめの会とおわりの会を通じて、英治が席を離れたのは手遊び歌のときだけで、歌が終わると何事もなかったかのように席に戻っていましたから、集団活動が苦手というわけではありませんでした。

　最終回の日には、手遊び歌のときも離席しませんでした。そして、終了したとき、深々と頭を下げて私たちに「ありがとうございました」とあいさつをしたのです。そんな律儀な英治に私は胸がキュンと痛くなりました。本当

は離席せずにいるほうがいいとわかっていたのです。最終回に離席しなかったのは、私たちへの礼儀だったに違いありません。

　前日の晩、お母さんから「明日でほっとは終わります」と告げられ、「いやだのきもち」と言ったそうです。「ほっとが好きだ」と言ってくれたのと同じです。最終回の英治からは、そんな寂しさがはっきりと伝わってきました。

役立ちアイテム　支援ツール2

●卓上パーテーション

卓上に置くだけでその部分を構造化する支援ツール。段ボールなどで三方を囲う。規格は特になく、手作りで簡単に作れる。

指示されたり修正されたりが嫌い

　英治のお母さんは愛情いっぱいに子育てをしていましたが、初めのうちは、障害特性にどう向き合えばいいか、とまどっていました。しかし、学習会で学んだことをすぐに実行に移す行動力のある人でした。

　卓上パーテーションの紹介をすると、その日のうちに英治のために作って与え、「ここで好きなことをしていいよ」と言いました（→役立ちアイテム「**支援ツール2**」）。すると、自分からぬり絵帳と色鉛筆を持ってきて、1枚を完成させ、お母さんに見せたのです。「『ぼく、うまくぬれちゃった！』とびっくりした本人が新鮮でした。小さな小さなかえるのぬり絵一枚ですが、喜びは大きい夕べでした」と写メールを送ってくれました。

　実は、以前に鉛筆の持ち方を注意されて、怒って鉛筆を投げ出して以来、英治がいっさい鉛筆を持とうとしないのを、お母さんは後悔していたのでした。ところが、パーテーションができたとたん、お母さんに見られる心配がないと思ったのか、のびのびとぬり絵に取り組んだのです。そこには、人から指示されたり、修正されたりすることが嫌いなASDの特性が示されていました。

　ちなみに、鉛筆は、その後ほっとで持ち方を示す絵カードを見ながら線なぞりの練習などをするうち、自分で正しく持つことができるようになりました。人に手取り足取りで教えられたり、間違いを修正する言葉をかけられた

りするより、見て学ぶほうが好きなのです。

口での指示より構造化で、さりげなく支援

その頃、お風呂から出て、裸でリビングを走り回るという行動が見られました。そこで、脱衣所の構造化を提案しました。脱いだ衣服を入れるかごと、パジャマを入れたかごを置いておくのです（→役立ちアイテム「**支援ツール3**」）。

お風呂から上がったとき、着替えを入れたかごがあると、自分からすんなりとパジャマ姿になることができるのです。「早く下着を着て、パジャマを着て！」などと指示されても走り回っていたのが、自分で湯上りに着るべき衣類を認識し、一人で着られたことが、本人もうれしかったに違いありません。口で注意をするより、一人でできるようにさりげなく支援するのが大切なポイントです。

役立ちアイテム 支援ツール3

●脱衣所の構造化

着ていた服を入れるかご（左）と、湯上がりに着るものを入れるかご（右）

役立ちアイテム 支援ツール4

●ビニールテープの目印

右腕を通す方向を示したリュック

お茶を入れる目印を貼ったコップ

視覚的にわかりやすくする支援も

お母さんから、「リュックを一人で背負えるようにするにはどうすればいいでしょうか」と相談されたことがありました。「英治くんは右利きだから、リュックの裏に右腕を通す方向を示すビニールテープを貼ってみたらどうでしょう。もしも右手がどっちかわからなかったら、右手の甲に赤いシールを貼ってあげたらわかりますよ」と提案しました（→役立ちアイテム「**支援ツール4**」）。さっそく試して、「できるようになりました！」とうれしい報告をもらいました。

また、水筒のお茶をコップに注ぐとき、途中で止めることができず、しばしばあふれさせてしまいました。そこで、コップにビニールテープで目印をつけると、線のところでぴたりと止めてこぼさなくなりました。

　英治もまた、視覚優位が際立つ子どもでした。

> **役立ちアイテム　わかるポエム**
>
> ●ぼくはバトン宅急便
>
> はしれ　えいじの　たっきゅうびん
> ぬかされたって　だいじょうぶ
> すみれちゃんは　まっている
> えいじの　バトンを　まっている
> だから　ぼくは　とまらない
> すみれちゃんに　とどけるぞ
> ぼくは　バトンたっきゅうびん

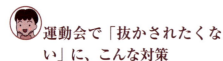運動会で「抜かされたくない」に、こんな対策

　「一番じゃないとイヤ、誰かに抜かされる（抜かれる）のはイヤだ」というこだわりが英治にはありました。道を通るときも、人に追い越されるのがいやで、急いで抜き返さないと気がすみませんでした。車に乗っているときもほかの車に追い越されるのを悔しがりました。

　幼稚園の運動会でリレーをすることになりました。英治は抜かれるとその場に座り込んでしまいます。お母さんは、英治のためにチーム全体が勝てなくなるので、リレーへの出場は辞退しようと思いました。

　しかし、担任の先生は、英治を一番に走らせ、次の走者は英治と仲のいいすみれにし、さらにチームには足の速い子どもが集められて、英治のハンディを補おうとしました。英治が止まらずに、とにかくバトンをつなぎさえすれば、チームが勝てる可能性は十分でした。

　そこでお母さんは「わかるポエム」を作って、英治を励ますことにしました。当時、宅急便にはまっていた彼の興味に合わせた内容に作り上げました（→役立ちアイテム「**わかるポエム**」）。

　運動会の練習期間中に何度もこれを読みました。効果は期待どおりでした。本番で、英治は抜かれても走るのをやめませんでした。バトンをしっかりすみれに渡すまで走り切りました。そして、チームは優勝し、子どもたちは歓声を上げ、ハイタッチをしながらウィニングランをしました。英治の目が誇らしげに輝いたのはいうまでもありません。

英治は「詩人」？

　彼は豊かな感受性を内に秘めており、それがときに言葉となってほとばしることがありました。遠足があった日の夜、布団に入ってから、胸と腹部をさすりながら、「ここにしあわせがいっぱいだ〜！」と言いました。遠足での楽しい思い出に満足して、一日を振り返ったとき、そんな言葉が口を突いて出たのでしょう。

　1年生のときです。登校途中で、「あさのじゅんびをしている　おつき、みえるようで　みえないよ」とつぶやきました。空に白く残った月を見て、夜から朝になる途中を「朝の準備」と受け止め、消え入りそうな月を「見えるようで　見えない」と視覚的に表現しているところがASDらしくて新鮮だとお母さんは受け止めました。

　また、あるとき、ベランダから「お母さん、朝は何色？」と聞くので「青かなあ、黄色かなあ」と空や太陽のイメージで答えると、「違うよ、朝はね、白だよ。朝は白いよ」とさわやかな笑顔で言いました。まっさらな一日の始まりは「白」だと感じていたのでしょう。以来、お母さんはつらいときも「必ず『白い朝』が来る」と思うと勇気がわくと言います。

　また、いちょう並木の落ち葉がじゅうたんのよう散り敷く道をひとしきり眺めてから、「もうすぐ冬なんだね」と季節の移り変わりを、今度は鮮やかな黄色で感じる詩人でした。

 ## 生活発表会で道具係に

　年長の生活発表会の劇は忘れられない思い出になりました。お母さんの要望ときめ細かい助言をもとに、幼稚園の先生が英治のために、さまざまな配慮をしてくれました。演技が苦手だった英治の出番を少なくして道具係をあててくれました。そのことで、待ち時間が少なくなったのは好都合でした。舞台の袖に木に見立てた衝立を置いて待機場所にしました。そこで台本を見ながら劇の進行を見守ることにより、道具の出し入れのタイミングをつかむことができました。さらに、衝立の裏のフックにぶら下げた「静かにします」の絵カードで、ほかの子のせりふや独り言を言わずに待つよう促すなど、そこはさまざまなしかけの施された英治の専用楽屋でした。

発表会当日、立錐の余地もない保護者席で、私も見ていました。複雑で長い劇の進行を把握して、てきぱきと道具係の仕事をこなす英治の姿は頼もしく、ほれぼれしながら目で追いました。彼の出演そのものは少なかったものの、道具係としての活躍ぶりを披露し、劇の成功に大きな貢献をしました。終了とともに、会場は大きな拍手に包まれました。

　「よくがんばったね、英治はすばらしい子どもだね」とお母さんがほめると、「違う、子どもじゃない、すばらしい男だよ」と得意げに訂正しました。まだ幼稚園児だというのに、大人扱いを要求する子どもでした。大仕事をなし遂げた充実感と自信に満ちた心の表れでもありました。

　ただ、意外な「おまけ」がついていました。フィナーレの全員合唱のときに大好きなお友達を抱き上げるハプニングがあったのです。どういうつもりだったのか、あとで聞いてみると、「守ってやったんだ」とのこと。ちょっとピントがずれているところがご愛嬌かもしれません。抱き上げられた子は「あの姿勢では歌いにくかったけど、英治くんやからしゃーない」と笑って許してくれました。なんと、おおらかな優しい子なのでしょう！

支援学級へ入学、担任や仲間のサポートでスムーズに

　やがて彼は、小学校の支援学級に入りました。「えっ！　ぼくみんなと違うの？」という反応でしたが、お母さんは金魚がいたり、視覚支援ボードがあるのをさして、「すてきな部屋だね」と言うと納得したようにうなずきました。こうして、親子ともに支援学級で支援を受けながら学ぶことを、肯定的に受け入れたのでした。担任の先生の理解や学校全体の温かい雰囲気にも助けられ、いいスタートを切ることができました。

　地域の幼稚園でいっしょだった子どもたちがそのまま同じ小学校に入学したので、初めから友達がたくさんいて、心強く感じていました。学校に着いて、ランドセルを支援学級に置いたあと、友達の声かけで交流学級へ行くのを心配そうに見守るお母さんに、「この前教えたから大丈夫や」と言いながら、あとから見ていてくれるのです。手を引いて連れていくのではなく、本人の自立心を尊重しながら見守ってくれる友達は、すでにサポートの極意を心得ていました。「ぼくを信じてくれてるんや」と、英治もそのことに気づいて感謝していました。

また、交流学級で、気持ちが高ぶると座っていられず、ロッカーに入り込む英治のために、クラスの子どもたちが段ボールで「英治さんハウス」を作ってくれました。なんと、のれんまでついていました。彼のためのカームダウンエリアです。もっとも、このハウスは夏に向かう頃には必要性も低くなり、また、暑くて使えなくなったこともあって撤去されました。そして、その年の運動会で走るときには、「英治さんコール」で盛り上げて彼を励ましてくれる仲間たちでした。

SSほっとでグループ療育に参加

　2年生になってSSほっとに参加することが決まったとき、「えっ！　なんでまたほっと？」と驚く英治に、お母さんが「エントリーされてたからよ」と言うと、納得しました。お母さんのこんな説明でその気になってくれる素直さが、なんともかわいいところです。

　しかし、彼がイメージしたのは以前通った個別療育の教室でした。それが、来てみると6人いっしょのグループ療育だったので、しばしとまどっていました。内容も一人ずつスピーチをしたり、クイズをしたり、ロールプレイであいさつのしかたを練習したり……と、はじめてのことばかりでした。

　それでもすぐに興味をもち、積極的に発表したり、ロールプレイを楽しんだりできるようになりました。「将来の夢」について話すときには、「イケメ

カームダウンエリア

　ASDの子どもは、大勢の中で気持ちが落ち着かず、そこにいるのがつらくなったり、感情のコントロールがうまくできず、ちょっとしたことで腹を立てたりすることがあります。そんなとき、一人になれる場所に移動してしばらく過ごすと、感情を修復することができます。このため、教室の片隅などに小さく囲ったスペースを用意します。そこにタオルケットや毛布を用意したり、ぬいぐるみなど、その人にとって安心できるグッズが置いたりすると、さらに効果的です。

　支援学校などでは、薄暗い小部屋を設けてそこにスヌーズレンとよばれる感覚調整装置（ミラーボールやファイバーライトなど）が置いてあったりします。

ンになって有名になりたい」とか「テレビでギャグを言う人になります」などと、意表をつく話でみんなを笑わせました。なるほど、素質はあるなと、ひそかに期待しています。

大人の失敗をおもしろがる

　集団遊びでは、手遊び歌をしました。このときは、幼稚園時代とは違って、英治はみんなといっしょに、手遊び歌を楽しむことができました。久しぶりの「あたま・かた・ひざ・ポン」は、スピードをだんだん速くしたり、「ポン」では声を出さない「ポン抜き」バージョン、次に「ひざ、ポン抜き」などと進むように言われて、どんどん難しくなっていきました。私も英治のそばでやっていましたが、うっかり「ポン」と声を出してしまいました。

　すると、私の失敗をおもしろがって、にんまり笑いながら「わざとやったやろう！」と突っ込んできました。「めっそうもない！　そんな余裕なんてあるもんですか！　必死でやってたんだから！」と慌てる私を見てさらに喜ぶ英治でした。大人が失敗するのもいいかもしれないなと、ふと思いました。

「一番じゃなきゃ！」から「何番でもかまわない」に

　こんな具合に手遊びは楽しんだのですが、そのあとで問題が発生しました。座る位置を示すためにキルト布のマットを座布団代わりに使っていたのですが、遊びが終わると指導者がそれを集めて片づけようとしました。「4つにたたんで、呼ばれた人から順番に先生のところへ持ってきて。淳くん、峰雄くん……」と高橋先生が順に名前を呼び、英治を最後に呼びました。するとすねて、ごろんと寝転んで動きませんでした。

　彼を最後に呼ぶには理由がありました。手先の不器用な彼はマットをたたむ自信がなくて時間がかかっていたのです。しかし、英治は最後になったのが気に入りませんでした。そのことを引きずって、その晩布団に入ってからも「ビリだった」とつぶやきました。よほど悔しかったのでしょう。そこで、次のような「わかるストーリー」を英治に見せました（→役立ちアイテム「**わかるストーリー11**」）。

　最初はちらっと見て逃げてしまったのですが、お母さんが声に出して読んでみると恐る恐るやってきて食い入るように自分で読みました。そして小声

で「何番でもかまわない」の部分をつぶやいていました。

　次のセッションでは、家で練習してきたのでしょう、スムーズにマットをたたみました。「今日は逆の順番で呼びます」と英治を一番に呼んでもらうと、ご機嫌で渡しにいきました。そして、その後は一番でなくても大丈夫になりました。

聴覚過敏の苦しみを抱えている

　SSほっとで感情の学習に取り組んだときのことです。「こんなときはどんな気持ち？」というテーマで、それぞれの子どもの「うれしいとき」「楽しいとき」の事例をお母さんたちにあらかじめ取材して、カードを用意しました。英治は「プールで水にもぐっているときが楽しい」を選びました。

> **役立ちアイテム　わかるストーリー11**
>
> ●順番に渡すって、どういうこと？
>
> なんにんかの　こどもが　せんせいに　じゅんばんに　よばれることが　あります。たとえば、マットを　じゅんばんに　わたすときです。よばれた　じゅんに　せんせいに　マットを　わたすと、ぶつかったり　しないで、うまく　わたせます。そのとき、いちばんに　よばれることも　あるし、さいごに　なることも　あります。よばれる　じゅんばんは　なんばんでも　かまわないのです。よばれたときに　わたすことが　できたら　オーケーです。だから、ぼくは　よばれるまで　しずかに　まって　いようと　おもいます。
>
>

　「それはどうしてなの？」と聞くと、「水の中の声や音はやさしくて気持ちがいいから」という答えでした。それを聞いたお母さんは、ふだんは音がうるさくて、つらい中で生活していることがわかって、英治の聴覚過敏の苦しみをはじめて知ったのです。そういえば、屋外のプールは大丈夫だけど、屋内プールは音や声が反響して大音量になるから苦手だという、ASDの子どもが何人かいたのを思い出します。

　あるとき、英治の家に幼稚園の友達が来ていっしょにお風呂に入ったことがありました。彼は楽しそうにしていましたが、両耳を押さえていたことにお母さんは気づいていました。浴室での反響音がつらいという、定型発達の人には思いもよらない、聴覚の特異性を抱えているのです。

エレベーターで人と乗り合わせるのがイヤ！

「相変わらず困っているのはエレベーターです。自分が乗っていて途中から人が乗ってくる場合がいやみたいです」。この悩みはかなり多くの親に共通していました。

英治は機嫌がいいと、乗り込んでくる人に「どうぞ」と言ったり、降りる人には「お気をつけて」とか、ボタンを押しながら「開けておきます」などと声をかけたり、また、自分が降りるときは「お先に失礼します」などと言ったりもするのです。きっと狭いエレベーターの空間に知らない人と乗り合わせるのは居心地が悪いのでしょう。何かしゃべらないと気まずく感じるのかもしれません。ほかの人が乗ってこないまま目的階に着くと、「パーフェクトだ！」「直通だ！」と喜びます。エレベー

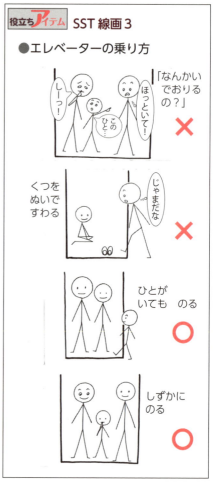

ターが「貸し切り」になると、いちばん安心できるのでしょう。

また、中で靴を脱いだり、座り込んだりして部屋みたいにするのにも困っていました。

SSほっとでエレベーターの乗り方を練習したあと、エレベーターに乗る機会がありました。いつもの癖で靴を脱いで座ろうとしたとき。お母さんが言いました。「ほっとで何て習ったっけ？」。するとさっと立ったのです。また、大勢の人が乗っていたときに黙っていたことにも感心しました（→役立ちアイテム「**SST線画3**」）。

電車の乗り方（p.78参照）をSSほっとで学んだすぐあとで、お母さんは

「先日、電車で大阪の病院へ行きました。座る場所がなかったので、何も言わずに（いつもは何か文句を言いますが）すっと手すりに行きましたよ！SSTの成果でうれしく思います」と話してくれました。いくら家族が言って聞かせてもだめだったのに、このようにあっさりとできるようになるのを知って、お母さんはSSTの効果を実感しました。

  ショック療法で電車へのこだわりを卒業

　英治には、乗る電車へのこだわりもありました。通常、帰りに乗るのは普通電車でも特急でもいいのですが、ごった返すホームで待っていると、普通電車が来ました。お父さんが「これに乗ろう」と言いました。「直通特急でないといや」と抗う英治でしたが、お父さんに連れられて乗り込みました。

　混雑する電車の中で「直通がよかった」とぐずる英治に酔客が「うるさい！　黙れ！」と一喝。一瞬固まりましたが、パニックにならなかったのは幸いでした。その次からは、普通電車が先に来ればすっと乗り込み、「直通にこだわるのはやめた！」と宣言して、両親を驚かせました。それでも、たまたま直通が先に来ると「わっ！　直通か！」と喜びました。

　こだわりを捨てるきっかけはかわいそうなショック療法でしたが、自分で気持ちをコントロールして、一つのこだわりを卒業した経験は成長のマイルストーンとなりました。

  手術をめぐる看護師・医師との攻防

　3年生になる春休みに、逆さまつげの手術をすることになりました。手術に先立って、治療の手順がイラストで示された本を見て予習し、診察、検査、手術、抜糸の一連のプロセスの見通しを立てて、落ち着いて治療に臨むことができました。

　とはいえ、看護師さんが血液検査のために血を抜くと「血どろぼうめ！」と言ったり、「えい、くしゃみをかけてやる！」などと看護師さんに向けて派手なくしゃみをする、がらの悪い患者ではありましたが……。

　そして、抜糸で部分麻酔をするときに医師から「気を紛らせるためにゲームでもしてようか」と提案されると、「そんなこともあろうかと思って、ゲーム持ってきたよ」などと、軽口をたたく余裕の英治でした。

感情表出にも進化が見えて…

　運動会のかけっこはなかなか全力疾走ができない英治でしたが、２年生の頃、自分を客観的に見るようになり、「ぼくは足が遅いらしい」と人と比べて落ち込むことがありました。お母さんが「１年生のときより速くなっているよ。英治は英治なりに成長しているからうれしいよ」と言うと、「ぼく、進化してるってことなんだね」とポケモンになぞらえて大発見をしているようでした。親子のほほえましい会話の中に、彼の成長とともに、息子をおおらかに受け止めるお母さんとの信頼関係がうかがえました。

　運動会の朝は、「緊張しますねぇ！」といろんな先生に伝えました。以前から学校と家で連携して、５段階表を使って感情を表現する練習をしてきた成果だとお母さんは感じていました。確かに、自分の感情を口に出して誰かに告げて、受け止め、寄り添ってもらえることで、気持ちが和らぐという効果があります。「気持ちの５段階表」の中の「３」の「ちょっといらいらする」を「緊張する」という場合に応用し、「いらいらすると言って助けてもらう」とあるのを「緊張しますと言って助けてもらう」と読み替えているのでしょう。

　出場種目について、支援学級の誰が何に出るか色別で書かれた表があったり、プログラムをいすの背に貼るなど、先生の工夫もあり、また、ボランティアさんが控えてくれて、問題の待ち時間も着席できました。以前に増して上達し、クラスメートのサポートは必要最小限に抑えられましたが、うまくいったときにはハイタッチや親指を立てて「イエイ！」とＯＫサインを交わすなど、絶妙でした。こうして運動会が無事に終わり、朝の緊張はすっかり消えていました。

 「静かにする」を卒業式でクリア

　６年生では、担任の先生がクラスの子どもたちの協力を得て、組み体操の手順を写真に撮って示してくれました。この視覚支援のおかげで彼はやり方を理解して、小学校での最後の運動会では組み体操にも参加することができました。

　このようなきめ細かい支援をしてもらうと、みんなと同じようにできる

こともふえて、自信や達成感を味わうことができました。先生が日頃からASDの特性と、それが英治の場合にどう現れるかを理解して、わかりやすく伝える方法を意識的に追求してきたおかげです。そして、そういう先生を見てクラスの子どもたちも喜んで英治を応援してくれました。こんなすばらしい環境を育ててきたのも、保護者の力に与(あず)かるところ大ではなかったでしょうか。

卒業式では「静かにする」のが課題だったのですが、「英治メモ」なる支援で、黙って参加することができました。つまり、言いたいことをメモに書いて過ごすのです。分厚いメモ帳には、びっしりと心の声がつづられています。彼はしゃべってはいけないときがあるのを心得るようになったのです。先生に提案してもらった作戦でした。

中学校に進学しパソコン部に入部

英治は、中学校へ進学してからも、スムーズに新しい環境になじみました。彼自身、未来が大きく開けているのを感じているようです。

パソコンやゲームが大好きで、ここ数年はパソコンをうまく活用した年賀状をくれるようになりました。学校の授業でもパソコンが得意で、先生に驚かれるほどの知識とテクニックをいつのまにか身につけているのです。書字の苦手さもパソコンのワープロ機能を使えばカバーできることでしょう。

お母さんは、彼がパソコンやゲームに没頭しすぎて、ほかのことができなくなるのを予防するため、一定の時間的な制限とパソコンを使うときのルールを決めており、中毒にならないように手を打っています。ASDの成人でコンピュータの達人は数知れないことを考えると、英治も、もしかするとその素質を将来の職業に結びつけることができるかもしれません。

中学では趣味と特技を生かして、迷わずパソコン部に入部しました。新しい環境にすぐに溶け込んで、エンジョイできる力が育っているのを感じさせる英治ですが、幼少時からの支援と訓練の積み重ねで今日があると、お母さんは信じています。

7. 英治「一番でなきゃイヤだ！」

8. 雄太　通り過ぎない嵐はない！

入級時年齢：3歳3月
知的障害：療育手帳B2
家族：両親、姉1人

「今日はありがとうございました。いろいろ想像して、発達検査ができるかどうか心配でしたが、思っていたより雄太が楽しんで過ごせたので、ほっとしました。私自身も柔らかな雰囲気の中で居心地がよかったです」。お母さんは、はじめてのほっとでPEP-Rの検査をした日にこんなメールを送ってくれました。雄太、3歳3か月の春でした。

 多動児を育てるのに必要な資質は…

彼は小さな体に宿るありったけのエネルギーを使って走り回る多動な子どもでした。外出先では一瞬手を離した隙に脱走し、大慌てをしなくてはなりませんでした。しかし、幸運にも、雄太のお母さんは多動児を育てるために必要な資質を備えていました。バレーボールの選手にでもなれそうな長身と、俊足の持ち主でしたから、たちまち追いついて雄太をつかまえることができたのです。

そんなお母さんでもあまりに多動で、頻繁にパニックを起こす雄太に振り回される毎日にほとほと疲れ、将来への希望を見失いかけていました。「雄太くんがあんなだから、お母さんは大変そう」と思われるのがいやで、「全然平気。負けません」と強がってみたりもしました。しかし、心は今にも折れそうでした。天使のようなかわいい寝顔と昼間の手に負えない小悪魔との落差にとまどい、このまま目覚めないでくれたら……と思う自分を責め、涙する夜もありました。

私は慌てて言いました。「だめ、だめ！　そんなこと言わないで。疲れてるのはわかるから、少し休憩して。雄ちゃんは預かるからね」と。

 親には試練の日々

子育ての困難さに直面して、ほとんど誰でもといっていいほど多くの親が、

こんな修羅場を経験しているのを私は知っています。

　3歳になっても、言葉のやりとりがほとんどできず、衝動的に行動するわが子につけられた診断は、「ADHD（Attention-Deficit/Hyperactivity Disorder；注意欠如多動症／注意欠如多動性障害）」。高田先生にほっとのことを聞き、わらにもすがる思いでここにたどりついたのでした。

　にこやかな笑顔のお母さんと元気いっぱいの雄太に出会ったときは、そんなお母さんの苦悩を知るよしもありませんでしたが、そのあと、率直に打ち明けられて、日常生活が決してスムーズに流れてはいないのを知りました。

ほっとの課題にくぎづけ

　ほっとのセッションでは、課題エリアに入るとき、お母さんから離れませんでしたが、課題を始めたとたん、夢中になってお母さんの存在を忘れたかのようでした。プットイン、木玉の針金移動、ソーティング（仕分け）、ブロック積み、ペグなど、用意された課題に目を輝かせながら取り組んでいきました。一つ完成させるたびに笑顔になり、達成感を味わっている様子が見て取れました。

　左の長机に並べられた課題のトレイに同じ番号の札をマッチングさせ、終わった課題は右の床に置かれたフィニッシュボックスに入れる手順も、すぐに理解しました。ワークシステムです。この様子にお母さんは目を丸くして「信じられません！」を連発しました。こうして、早くも第1回の教室から雄太もお母さんもほっとの虜（とりこ）でした。

通い始めて言葉が急速に発達

　雄太の言葉は、ほっとに通い始めてまもなく急速に増えていきました。おそらくそういう時期にあたったのでしょう。

　子ども同士のおもちゃの取り合いも、カードで教えると、ほどなく「かして」が言えるようになりました。ただ、「かして」と言いながらおもちゃを取り上げるなど、その後の行動面の指導を待たなくてはなりませんでした。しかし、引き続き家庭や保育園で社会スキルの練習に取り組んだおかげで、「あとでかして」と言って、相手の子がおもちゃを譲ってくれるのを待つことができるまでになりました。

保育園では、先生が「お皿持ってきて」と言うと、「これお皿ちゃうで」とやり返すこともありました。よく見ると確かにそれは縁が高くなっている器で、お皿というより、お椀というほうが正確なものでした。

またあるとき、さっちゃんが、自分の水筒とよく似ていたために、間違えて雄太の姉の水筒のお茶を飲んだことがありました。すると、姉が困った顔をしながらも我慢しているのを見て、雄太が「お姉ちゃんの！」と抗議して、取り返しました。黙って取り返すのではなく、これはお姉ちゃんのだから返してと伝えることもできるようになったことに、驚かされました。

ほかにも「電気つけて〜！」「みんなおきてる？」「あーちいこう！」「お茶いれて」など、要求や情報要求、コメントなどが次々にできるようになっていきました。

歯科治療に臨んで

ちょうどその頃、雄太は歯科の治療に通わなくてはなりませんでした。そこで、私は歯科治療のスケジュールとともに診察用エプロンを提案しました。デニム生地で作ったエプロンに子ども用の軍手を縫い付けたものです（→役立ちアイテム「**支援ツール5**」）。TEACCHの研究会で京都の先生が発表されたアイディアです。お母さんはすぐにそれを作って雄太の腰に巻きました。かっこいいと思ったのか、喜び勇んで歯科クリニックに向かいました。

今日はおとなしく手を膝において診察を受けられるとお母さんは期待しました。ところが、待っているうち待合室で眠ってしまい、診察台で目覚めたときは、知らない大人に取り囲まれていたため大騒ぎとなりました。「何事も思うようにはいかないものです」と笑いながら話すお母さんは、すでに前向きでした。

役立ちアイテム　支援ツール5

●診察用エプロン

デニム地で作ったエプロンに子ども用の軍手を縫い付けたもの

視覚的な構造化の効果

雄太にはこのような視覚的な構造化（手を置く場所が軍手で示される

こと）がとても効果があるのを知って、お母さんはランチョンマットを用意しました。「サンタクロースからのプレゼントよ」と（→役立ちアイテム「**支援ツール6**」）。すると、お代わりのとき以外は一度も立ち歩くことなく、「ごちそうさま」までいすに座っていることができました。気の散る絵柄ではありましたが、それでも、雄太は喜びました。テーブ

役立ちアイテム　**支援ツール6**
●ランチョンマット

ルのほかの場所と区別するという点で、マットを置くと一定の構造化の効果が得られたようです。

　食事が終わったとき、「えらかったね！　サンタさんが敷いてあるときは、歩きませんよ」と言うと、「うん」とうなずき、理解したようでした。

　お母さんはさらに、テーブルに卓上パーテーションを置いて、集中できるようにしました。すると、食事中の離席がなくなり、家族みんなが落ち着いて食べられるようになりました。効果に驚いたお母さんは、次の「自閉症学習会」に数枚の卓上パーテーションを持参し、希望者に提供してくれました。

耳鼻科受診はバッチリ！　お母さんにも心境の変化が

　雄太はアレルギー性鼻炎で耳鼻科の治療も受けていました。お母さんは、ほっとでスケジュールを見せることの大切さを知ったので、出かける前に耳鼻科の写真を見せると、いやがって拒否すると悩んでいました。「それなら、耳鼻科でどんな治療を受けるのかを具体的に示すと納得するんじゃない？」。私の提案に、お母さんはさっそく、耳鼻科での治療の手順を示すイラストと、治療に使う医療器具や診察室の写真で、スケジュールを作成しました。

　これらを見せて説明したうえで、歯医者では役に立たなかった診察用エプロンを再度着用し、用意周到で出かけました。その夜「お医者さんも驚くほどスムーズに診察を受けることができたばかりか、吸入も自分で器具を持って一人でできました！」とお母さんから聞きました。わずか3歳の幼児が、視覚支援によって適切に耳鼻科の診察を受けることができたのは感動でした。

ほっとに通うようになって1か月あまりがたった頃、「最近雄太のおかげで世界が広がり始めているように感じます。私はここにきて、ばらばらのパズルがどんどん型にはまっていくという心境です。半信半疑が確実に変わりつつあります」という、お母さん自身の心境の変化もうれしいことでした。

触覚過敏で散髪が苦手

　しかし困りごとは、わくように現れました。雄太は触覚過敏が強くて、散髪をさせませんでした。そういう子どもは大勢いて、理美容室へ連れていっても、座ったとたん大騒ぎになって断られることが多いのです。どこかに、この子たちを理解して、上手になだめながら散髪をしてくれるところはないだろうかと探していました。

　そんなあるとき、市内にいいお店があるのを知りました。これをメールでみんなに知らせたところ、電車を乗り継いで30分以上もかかる美容院に、雄太を連れていこうとお母さんは決心しました。

　雄太に予定を告げると、「はさみチョキチョキ、いや！」と拒否します。

　3語文で拒否ができるのは、それとしてすばらしいことです。ほっとでは、要求と拒否ができるようになるのを、コミュニケーション指導の第一歩と位置づけています。おやつを要求すること、欲しくないお菓子を拒否することなど、スナックタイムにカードを媒介してコミュニケーションの練習を繰り返します。要求や拒否がいろんな場面に汎化できるよう、さまざまなカードを用意して自発的コミュニケーションを促していますが、このとき雄太は拒否を表出するスキルを身につけていたのです。

やがて、折り合いのつく理髪店が見つかった

　その後、美容院へ予約を入れ、お母さんがどのように雄太を連れ出したかは知りませんが、すっきりと散髪をしてもらって、いっそう愛くるしくなった姿を写メールで送ってくれました。

　その美容院では無理強いせず、いろんなおもちゃを貸してくれて、子どもが遊んでいる間に、カットしてくれるのです。美容師さん自身もASDの息子を育てるお母さんでしたから、障害特性をよく理解して、優しく接してくれるのです。第1・第3日曜日を障害児の予約日と決め、1人30分の予定

で、待たずにしてもらえました。雄太はこの美容院なら、喜んでカットに通うようになりました。

　ところが、その美容院は数年後に閉店してしまい、とても残念なことでした。以後はお母さんがバリカンを使ったりして散髪するようになりましたが、刈った髪の毛が首などについて、ちくちくする感触をいやがって逃げ回り、うまくいきませんでした。途中で止めさせられて虎刈りになったり、伸びて山姥のようなざんばら髪になったりして、せっかくの美少年が台なしでした。

　4年生が終わる頃、ようやく近くの理髪店で散髪をしてもらえるようになり、お母さんはほっとしています。そこは、ASDの子どもに格別配慮しているというわけではありませんが、気のいいお兄さんが無理強いをせず、手早く仕上げて、最後にごほうびのおやつをくれるのが気に入ったのです。雄太は「おれ、今度からここに決めたわ！」と宣言しました。

駐車場のこだわりで悪戦苦闘

　お母さんは毎日、悪戦苦闘の嵐の中にいました。車を駐車場に停めるとき、「そこじゃない！」と騒いで何度も停め直しをさせ、どうしても納得しませんでした。姉の習い事の迎えの時間が迫っていたので「いい加減にして！」と怒りをぶつけて、泣き叫ぶ雄太を車に残して姉を迎えに行きました。

　そのあと、お母さんはちょっと反省の気持ちになりながらバーガーショップで雄太の機嫌を修復すると、「ママ、優しくして」「ママ、ごめんねって言って」などと言われて、思わず泣き笑いしたこともありました。

　雄太にしてみたら、どこに駐車するかは、譲れないほど重大な問題だったのでしょう。確かに、契約している駐車場では決められたところに停めなくてはなりませんが、スーパーマーケットなど不特定多数が利用する駐車場では空いていればどこでもいいことを教えなくては、問題は解決しません。しかし、そんな仕組みを教えるにはまだ早すぎました。

アイスクリームを巡る攻防で泣き寝入りした夜に

　それは、ことさらに暑い夏の夜でした。お母さんはいらいらして、頭ではわかっていても優しく接してやれない自分を責めていました。「寝顔を見ると、やっぱりかわいいのですが、泣き疲れて眠ったからか、涙のあとがつい

ていて、かわいそうになりました」と。

　その日、保育園の帰りにアイスクリームをねだったのですが、お母さんは心を鬼にして拒みました。「今日は食べられません。ごはんが先です」と。しかし結局パニックが収まらず、アイスクリームを夜ふけに買いに行きました。食べたあとも降園のときの怒りが収まらず、フラッシュバックして何度も泣き叫びました。

　その夜の、反省の気持ちを込めたメールは「ひろ子先生なら、きっといちばんに子どもの気持ちを考えたはず」とありました。それは、「あなたならどうしますか」と聞かれているのと同じでした。そこで私は考えました。

 ## 初めにアイスクリームのルールを告げる

　彼はアイスクリームが無性に食べたかったに違いありません。アイスクリームを食べることについてのルールが初めになかったから、買ってくれないことに腹が立ったのでしょう。そして、買ってほしいという気持ちがどんどんふくらんでいったのでしょう。

　それなら、①家にいつもアイスクリームを買って置いておき、②「今、アイスクリームは買いません」と伝えるカードと、「アイスクリームは〇〇のときだけ食べます」と伝えるカードを用意します。たとえば、食後のデザートとか、遠出したときとか、格別暑い日のおやつとしてなどがそれにあたることを伝えるのです。

　先手必勝！「わかるストーリー」でアイスクリームのルールを先に告げることです。保育園に迎えに行くとき、雄太が冷たい飲み物で喉を潤したいと思えば与えられるようにお茶を用意しておくといいのでは、とも思いました。

　ねだられたら買うというパターンだと、だだをこねて泣いたら買ってもらえるということが強化されてしまいます。泣き寝入りした子どもの顔を見て切なくなる気持ちも理解できるのですが、雄太はこれで大丈夫だと信じていました。

 ## ルール化で成功！

　翌朝、お母さんはさっそく実行に移しました。

「きちんと約束守りましたよ。おとといは何だったんでしょう？『わかるストーリー』を朝、彼に読んで聞かせました。うなずいていたけど、たぶんだめだろうと思いつつ、夕方迎えに行きました。すると、私のカバンの中のお茶を見つけて、即座に飲みました。そして、アイスクリームのお店を通り過ぎて帰ったんです！　途中出会った友達の悲鳴に反応してその子をたたいてしまい、謝ったりするハプニングもありましたが、アイスクリームの件ではパーフェクトの変わりようでした。もう、びっくりです‼」と。

山あり谷ありではありますが、教えたことは着実に学んでいく姿に、お母さんは大きな希望を見いだしていました。

 保育園児がすでに理解！

保育園の様子を見にいったことがあります。その日はクラスでホットケーキを焼くことになっていました。子どもたちは興味津々でテーブルを取り囲み、先生が材料の粉や牛乳をボールに入れて混ぜるのを見守りました。

その後、ホットプレートの置かれたテーブルへ移動したときです。雄太は後ろの子と接触しました。するとその子を押しのけました。それは、自分の背中に不意に当たられたことへの驚きと、それに続く怒りでした。そこでトラブルに発展しないで収まったのは、加配の先生の一言でした。「雄ちゃんは後ろに誰かが来ると怖いのよ」。押された子は納得したようでした。

ホットプレートが熱いのでテーブルから少し離れて座るように先生が注意すると、子どもたちは潮が引くように後ろへ下がりました。しかし、雄太には「少し離れて」という意味がわかりません。一人だけテーブルにくっついていましたので、私がいすを持ってきて「ここに座って」と言うと、すっと座りました。座るべき位置をいすで示すことで適切な位置に移ることができたのです。

そうしなければ、雄太を危険から遠ざけるために、加配の先生が膝に抱くことになります。ほかの子はいすなしで座っていましたが、雄太は特別でもOKとする寛大さを子どもたちはすでに備えていました。

こうして、障害のある子が定型発達の子どもたちに交じって育つことで、子どもたちは障害のあるなしを意識せずに受け入れていくものなのだと、ほのぼのと温かい気持ちになりました。

「パパママ大好き」発言！

うれしいこともたくさん続きました。

雄太のほっとが終わりに近づいた頃でした。「やっと寝てくれそうになったとき、私の肩に頭を乗せて『パパママ大好き』と言って眠ったんです。『大好き』なんて言葉、はじめて口にしました！」と。親にとってそれは子どもからの最高のプレゼントです。ASDの子どもはお上手を言ったりしません。心底そう思ったからこそ出た言葉です。両親はそれまでの苦労がいっぺんに報われる気がしました。

また、雄太が4歳のときです。大阪の地下鉄にお母さんといっしょに乗ったことがありました。緑色の優先座席が目に入るとくぎ付けになりました。緑色がなぜか好きだったのです。お母さんは窓に貼られた優先座席の表示を指さして説明したうえで座らせました。その後年配の男性が乗ってきて前に立つと、雄太はさっと立ち上がって席を譲りました。たぶん、お母さんが促したのだと思いますが、それにしてもすごいことには違いありません。お年寄りには席を譲るというルールを理解するうえで、視覚的な情報がいかに強い力を発揮するかを改めて知るできごとでした。

自分から「おはよう」のあいさつができた

この頃、朝友達に会ったとき、名前を呼んで「おはよう」とあいさつできるようになったのも、うれしい変化でした。あいさつをする習慣はASDの子どもたちにとって、その意味を理解しにくいことの一つです。どうしてあいさつをしなくてはならないのかがわかりません。誰かからあいさつをされたらあいさつを返すものだということはわかりやすいので、練習をすれば比較的簡単にできるようになりますが、親しい人に会ったとき、「おはよう」と自分からあいさつするのはかなりハードルの高い課題だと思われます。

自分からあいさつするスキルを雄太が身につけたことにお母さんは驚き、感動しました。

突然の「土曜出勤・登園」には対応できず

しかし、その翌日には「毎日私の心は波打ちます」と途方に暮れているの

でした。お母さんは家の近くの会社にパートで勤めていました。土日・祝日は休みです。ところが、会社の都合で前日の夕方になって急に土曜日の勤務を求められました。いつもなら土曜は保育園を休んでいたので、雄太はてっきり休みだと思い込んでいたから、保育園に行くことを拒みました。しかたがないので、おとなしくすると約束させて会社へ連れて行ったのですが、案の定退屈して騒ぎ、上司から「帰っていい」と言われたのです。お母さんはすっかり落ち込んでしまいました。

　しかし、雄太を恨むのは間違いです。急に出勤を命じた会社のほうが悪いのです。土曜日の出勤を求めるのなら、もっと早く打診または予告すべきでした。ASDの子どもを育てていることは会社に伝えてあるので、上司もしかたないと思ってくれたことでしょう。

ふだんと違うところにいる人・あるものは拒絶

　また、姉が学童保育の職員に送られて帰宅するのをベランダから見つけると、手のつけようもないほどの大騒ぎになりました。雄太にしてみれば、見知らぬ大人が姉といっしょにわが家に向かって歩いてくるのですから、絶対に許せない気分でした。

　「もう、なんでそんなことにいちいち腹を立てなきゃならないの!?」と、お母さんは嘆きました。彼にとっては、この家に入るべきでない大人が侵入しようとするのですから一大事なのです。

　あるべきところにあるべきものや人がいるのはいいのですが、ふだんはそこにいるはずのない人がいるのは許せないのです。授業参観のとき、親が教室に入ってくると、ここはお母さんがいるべきところじゃないと拒否します。また、担任が家庭訪問で行くと先生を家から追い出そうとします……。養護学校時代に見たそんな生徒の姿が重なりました。

　どうして家族以外の人がわが家にやってくるのか、それを説明する「わかるストーリー」を書いて見せることで解決すると思うのですが、雄太はまだ文字が読めなかったので、説明できるときを待つしかありませんでした。そんな小さなことが連続すると、お母さんは打ちのめされるのです。「大丈夫よ！　いつかわかるときがくるから！　雄ちゃんが悪いわけじゃないから悲しまないで！」と、日々揺れ動くお母さんの気持ちを慰めました。

小学校入学後、優しい上級生に出会う

　雄太が入学した小学校は、学校全体が温かい雰囲気に包まれていました。新入生と６年生がペアになって学校行事などに参加し、１年生が早く学校に慣れるようにサポートする取り組みが行われていました。雄太を担当した６年生はしっかり者の女子児童でしたが、彼が思うように行動してくれないのを悩み、支援学級の担任の先生に相談に行きました。

　「先生から『雄太くんをほかの子どもと比較するのではなく、雄太くんなりに、以前と今とで成長した点を認めてほしいの』と告げられて、私ははっとしました」と作文に書いています。それを読むと、雄太を一所懸命理解しようとする優しさが胸を打ちます。学校全体が雄太を温かく包み込んでいる雰囲気を感じる一方で、彼がいることで、まわりの子どもたちに優しい心を育んでいる様子が伝わってきます。

　いい学校に入って、雄太もほかの子どもたちもみんな幸せだと思いました。すべての学校が、このように発達障害の子どもにとっていい環境であってくれたらと願わずにはいられません。

 ## 親の送り迎えも卒業

　お母さんは毎日雄太を学校まで送り迎えしていましたが、２年生の秋、１歳年上の姉が言いました。「いい加減、一人で学校へ行き。いっしょに行ってあげるから」と。危険な交差点もあり、心配だったので、お母さんはあとから様子を見ながらついて行きました。すると、途中から二人でさっさと行ってしまい、お母さんは少しの寂しさと、大きな喜びで胸がいっぱいになりました。

　こうして、親の心配をよそに、雄太は、姉やまわりの子どもたちに支えられながら、一歩ずつ自立への道を着実に前進していました。

 ## 引っ越しへの抵抗、そして受け入れ

　一家はマンションの立ち並ぶ住宅街で暮らしていましたが、子どもたちの成長にともなって、住まいが手狭になってきました。そこで、両親は、近くに手頃なマンションを見つけて引っ越しを決意しました。

仮契約をしたあと、引っ越す予定を雄太に話したところ、思いかけず、「絶対イヤ！」と強く拒否されました。いろいろ今の住まいの問題点を列挙して説明しても、断固として反対を貫く雄太に、お母さんはため息をつきました。やっぱりだめか！　雄太の同一性への固執を改めて思い知らされ、契約を解除するしかないと覚悟しました。
　しかし、一縷(いちる)の望みを託して、解約の前に雄太に物件を見せてみました。玄関から中に入ってひととおり見て回ると、その中のこぢんまりとした部屋をさして「ここ、おれの部屋にする」と言い、あっさりと引っ越しを承諾したのです。自分の部屋をもつことへのあこがれが、今まで過ごしてきた環境への執着に勝ったのでしょうか。こうして、引っ越しはスムーズに実行され、新居での生活がスタートしました。

けがの治療で見せた成長

　ある日曜日、雄太は頭を2針縫うけがをしました。傷の治療をするとき、お母さんは尋ねました、「お母さんが押さえつけるか、自分で我慢して動かないか、どっちにする？」と。彼は、お母さんに頭を押さえてほしいと自己決定し、みごとに涙を流さず、麻酔され、傷口を縫ってもらうことができました。
　お母さんは、このできごとですべての苦労がふっとぶ思いがしたと言います。幼い頃から、互いに向き合い学び合ってきたからこそと喜んでいます。
　雄太が落ち着いて過ごせるようになってきたので、お母さんは半日のパートタイムを午後も延長して勤務することになりました。彼の成長がお母さんの大きな自信と励みにもなっています。「雄太を育てた経験を生かして、次は私がASDの子どもたちと後輩ママたちの力になりたい」とお母さんは考え始めています。きっと頼もしい支援者、そして、メンターになってくれることでしょう。

9. 絵里 「読んでガッテン！」

入級時年齢：5歳1月
知的障害：療育手帳B1
家族：両親

　PEP-Rの日のこと、「崖の上のポニョ」を歌いながらにこやかな笑顔で利発そうな女の子が登場しました。それは私たちがはじめて出会ったときの絵里でした。一見言葉を理解するように見えました。ところが、検査が始まり、「お名前は？」と聞いても「お名前は？」「女の子ですか。男の子ですか」に「男の子ですか」とエコラリアを返します。

しゃべることはできても言語理解・表現が困難

　入室時の検査の続きです。「赤いのをください」「これは何色ですか」などには無反応でした。一人でしゃべることはできても、言語理解が困難なASDのコミュニケーションの特性を示していました。

　セッションが始まって、はじめの会に誘っても、ピアノのところへ行ったり机に用意されたカード類を触って遊んだりして、呼んでもなかなか着席しませんでした。ところが、担当のボランティアさんが、「すわります」の絵カードを見せると、即座に座りました。

　彼女は言葉を発することはできましたが、耳からの言葉を理解することができず、また自分の要求や気持ちを表現することも困難でした。したがって、コミュニケーションの力をつけることは絵里にとって優先順位の高い目標でした。その目標に向かって進むうえで、ひらがな、カタカナ、アルファベットなど、文字を読むことができたのは好都合でした。

「はいりません」の貼り紙に反応

　セッションの前の自由遊びの時間は、倉庫に入って、おもちゃを棚から引っ張り出して、薄暗くて狭い通路に広げて遊ぶのが彼女の楽しみでした。そこには大好きなものがいっぱいでした。くるくるチャイム、とんとんころりん、パチッとたまご……そして、数字マッチングや、ビー玉のプットインな

どの教材も。しかし、いろんなものが詰め込まれた棚から好奇心のおもむくままに教材やおもちゃを引っ張り出すと収拾がつかなくなりました。

そこで、倉庫は遊ぶところではないのを知らせたいと思って、「こどもははいりません」と倉庫の入り口に紙を貼りました。とたんに、絵里の足はそこでぴたりと止まりました。いくら言葉で「倉庫に入らないで」と声をかけても一向に聞く耳をもたず、勝手に入っていくのに、こんな幼い子どもが紙に書いたメモを見ただけで指示に従うことができるなんて！　と驚きました。

倉庫に入らずに我慢できたことをほめながら、担当のボランティアさんはおもちゃ広場やアートコーナーに誘って、積み木や絵本、粘土遊びなどで遊ばせました。

驚くほどの視覚優位

絵里は、課題が難しくてできないとき、「ざんねん」「バイバイ」など、独特の表現で、「これはできないよ」という意思表示をしました。

あるとき、ペットボトルの蓋を開ける課題にとまどっていました。「ねじってごらん、ほらこっち」と説明してもまったく通じません。そこで、紙に円を描いて、円に添った矢印と「まわす」と書くとすぐにやり方を理解するなど、驚くほどの視覚優位でした。

一事が万事で、ほとんど言葉かけをしても伝わらないので、担当者はたえずメモ用紙とペンを持ち歩き、筆談よろしく書いて伝えました。このように文字で伝えると、いろんなことを理解しました。

表出性コミュニケーションの訓練はカードで

一方で、本人のほうからの表出性コミュニケーションを促進する訓練も必要でした。スナックタイムにおやつのカードがあると、その一つを選んで渡しながら、「コアラ（のマーチ）」とか「りんご」と要求できるようになるのに時間はかかりませんでした。そのときは単語のみを発音しました。

その後、PECS（p.11 参照）にヒントを得て文カードを使うと、お菓子のカード「○○」と「ください」のカードの2枚を使ってセンテンスで要求することができるようになりました（→役立ちアイテム「**文カード**」）。カードが何もないときの要求はほとんどクレーン（人の腕を持って欲しいもののほう

へ導き、道具として使うこと）でした。このことは、カードが発語に大きな影響を与えることを示唆していました。

👧 家庭でもカードを介したコミュニケーションが可能に

絵里が勝手に冷蔵庫を開けて、中のジュースなどを取り出してはこぼすことがしばしばあって、お母さんは困っていました。欲しいものがあればお母さんに要求して出してもらうように導くために、冷蔵庫に飲み物の絵カードを貼っておいて、カードで要求できるようにしました。

そして、絵里が冷蔵庫の扉を開けようとしたとき、すかさず、絵カードを見せて、「ジュースが欲しいですか」と聞くと、絵カードを指さして、「ジュースください」と要求することができるようになり、その後も飲み物が欲しいときは冷蔵庫に貼ってあるカードをお母さんのところへ持ってくるようになりました。こうして、カードを介したコミュニケーションが少しずつできるようになりました。

役立ちアイテム　文カード

● 「○○をください」

↑文カード

参考にしたPECSのブック

👧 お母さんの言った言葉をそのまま使う

パズルのパーツなどがなくなったとき、「探して」と頼む代わりに、「探してみ（なさい）」とお母さんに向かって言うことがありました。これは、以前「パズル」と彼女が要求したとき、「まずは自分で探しなさい」という意味でお母さんが言った言葉をそのまま使っていたのです。立場によって変化する言葉が理解できない、ASDの特徴を示す現象でした。

「探してくださいと言います」と言いながら、その言葉を書いたカード

を見せるように提案しました。その場をとらえて教えるのがポイントです。「さがしてください」のカードを見せて、言えたら、探してあげることにすると効果的です。

また、欲しいものを選択するとき、「みかんがいいの？　りんごがいいの？」と聞くと、絵里は同じイントネーションで「りんごがいいの？」と語尾を上げて言いました。これは、お母さんの言ったことを繰り返す「即時エコラリア」ですが、意味としては「りんごがいいです」と要求の機能をもつ表現でした。エコラリアの場合、あとから言った言葉を繰り返すので、お母さんが意識的に言葉の順序を変えたり、カードを作って見せたりしながら、練習を続けました。

否定形の言い方がマイブーム？　言葉遊びを楽しむ

ある時期、絵里はお母さんの言った言葉をひっくり返す……つまり反対にするのがブームになりました。たとえば、「座ります」と言うと、「座りません」、「おはしで食べます」と言うと「食べません」などです。その後お母さんがまた言い直すのを確認しているようでした。「否定的な言い方は、よくないと思ってせっかくがんばって肯定的に言っているのを　みごとに否定形に言い換えてくれます」とお母さんは笑いました。

また、「〇〇さん、行くのは？」と聞いて、お母さんに答えてもらおうとする時期もありました。「お父さん、行くのは？」「会社です」「お母さん、行くのは」「コープさんです」などはいいのですが、道で出会う人も、「おばあさん、行くのは？」などと、さほど年寄りでもない人をさして言うときなど、お母さんは冷や汗をかきました。こんな言葉遊びを楽しみながら、言葉への興味を広げ、コミュニケーションの力を伸ばしていきました。

やがて、適切な言葉を返すコミュニケーション能力が育って

ほっとに来ていた頃は言葉かけにほとんど無反応だったので、筆談でのコミュニケーションが頼りでした。ところが、3年ぐらいあとに彼女に会ったときのことです。「学校では何が好きですか」と聞くと、しばし沈黙があったので、選択肢を示したほうがいいかと思って、紙に「おんがく」「こくご」「たいいく」と書いたところ、「おんがく、かたつむり」「こくご、おん

どく」「たいいく、しっぽとり」とそれぞれの教科の好きな内容を答えてくれたのは、うれしい驚きでした。

また、「ピアノを練習していますか」には「ピアノ練習しています」とエコラリアのように言葉を繰り返したかと思うと、「ゆき、ぞうさん」と習っている曲名を付け加えるのです。表現のしかたは単語のみで、稚拙な印象でしたが、以前に比べるとかなりの進歩でした。

このように言葉かけを理解し、適切な答えを返すようになったコミュニケーション能力は、ほっとの頃に比べると雲泥の差でした。

婉曲な表現は理解しない

とはいえ、字義どおりの解釈しかしないところもありました。あるとき、絵里は音の出る図鑑で遊んでいました。タッチペンで絵を突くととその絵を表す言葉が音声になる、お気に入りのおもちゃでした。男の子がそばで「いつ代わってくれるのかなぁ……」とつぶやいたときにはまったく反応しなかったのに、彼が辛抱できず「代われ！」と言ったとたん、道具を置いてその場を離れました。

言葉としては理解しているのです。ただ、「いつ代わってくれるかな？」という婉曲表現は、彼女にとっては「代わってほしい」という要求としては伝わっていなかったのです。

「代われ」という乱暴な言い方は問題があるにせよ、直接的な命令形ではじめて代わることを求められているのを理解したのです。これも、ASDのコミュニケーションの特徴でした。ただ、男の子の声のトーンがきつかったのも、その場を離れる原因となったかもしれません。

学校での発表場面で成長の姿を見た

3年生のとき、支援学級の朝の会を私は見ていました。週末にしたことをみんなの前で発表し、その後質問に答えるという活動をしていました。

その日、彼女は発表者の番にあたっていました。「ゴールデンウィークは、きゃりーぱみゅぱみゅーじあむを見に行きました。とても楽しかったです」と舌をかみそうな名前もはっきり発音して、大きな声で発表することができました。それに続く質問タイムに、「誰と行きましたか」「そこで何を見たの

ですか」「何に乗って行きましたか」など、クラスメートや先生に次々質問されるのですが、「お父さんとお母さんと行きました」など、一つずつかみ合った答えを、ちゃんとしたセンテンスで返していくのには驚かされました。

この場面に限らず、話し言葉の理解力がかなり向上し、また、表出言語にも大きな進歩が見られました。幼少期からの視覚支援が言葉の発達にいい影響を与えているのだろうと、うれしく思いました。

片づけができない悩みに対応して

おもちゃで遊んだあとの片づけがなかなかできず、お母さんは困っていました。パズルのピースなどもほかのおもちゃに紛れてしばしばなくなり、そのことがわかったときは大騒ぎになるのです。漠然と「片づけなさい」と言われてもどうすれば片づけられるかがわからず、その場に散らかしたままになってしまいます。

あまりに多くのおもちゃを出すと収拾がつかなくなるので、一つの遊びが終わるたびに、片づけてから、次のおもちゃを出すように指導しました。そして、片づけるための箱や棚が用意されていることも必要でした。パズルはそれぞれジッパーつきの袋にしまうようにすると、パーツをなくさずにすみます。

初めは一つずつ、たとえばひらがな積み木を片づけるのは、箱を持ってきて、「『き』を入れてください」などとやりとりしながら楽しく取り組み、全部終わるとほめてもらいながら練習しました。ほっとで、学園で、そしてまた家庭で、この時期一貫しておもちゃの片づけを意識的に指導したおかげで、片づける箱を用意して、一つずつ渡しながら指示すると片づけられるようになりました。

こだわりは各種、お母さんは上手に対応

こだわりはそのときどきに変化がありました。水道の音がすると、洗面所へ飛んで行ってお母さんに蛇口を閉めさせて、また水を出すように要求しました。水を出すところを初めから見たかったようです。

レンジやトースターの音にも反応しました。スイッチが入っていることに気がつくと飛んでいって消し、自分でスイッチを入れ直して、最後にチンと

鳴ると納得しました。電気が入って温められる工程を初めから全部観察したいのでしょう。これらは自宅でのみ見られたこだわりだったので、お母さん以外の人には要求すべきでないとわきまえているようでした。

　また、お母さんが石鹸をつけて顔を洗っていると、最初に戻って水で手を濡らし、石鹸を泡立てて顔につけてこすり、最後に水で洗い流すところまでの手順をすべてやり直すよう要求しました。お母さんはしかたなく初めからやり直して見せましたが、どうやら、石鹸を泡立てるところを見たかったことに気がつき、それからは、石鹸を絵里の手にもつけて泡立ててやるようにしたら、満足していました。ついでに全部の手順を教えました。こうして石鹸で顔を洗うスキルも学ぶことができました。

揺れるものは止めたい、動かないでいてほしい…

　こだわりはほかにもありました。壁にかかっているものが揺れると止めないと落ち着きませんでした。吊っている服やかばん、またそれにぶら下がるキーホルダーが揺れると必死で押さえたり、郵便受けの鍵も揺れているとじっと手に握っていました。それは、落ちるかもしれないという不安より、じっと制止していてほしい、動かない状態でいてほしいというこだわりのようでした。葉っぱが風に揺れていたり、ぶらんこで揺れたりするときに、「ほら、揺れてるけど大丈夫だね」と伝えてみたらよかったかもしれません。

　それにしても、こんなことも気になるのかと、お母さんは絵里の生きづらさを知ったのです。

スキンシップへのこだわりにはこうして対応

　絵里は添い寝をしてくれるお母さんの服の袖口や襟元から手を突っ込むことがよくありありました。彼女なりのスキンシップなのでしょう。しかし、お母さんに限らず園の先生にもするので、してはいけないと教えたいと思い、絵カードを作りました（→役立ちアイテム「**絵カード5**」）。

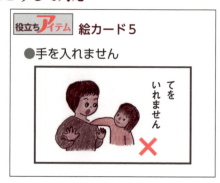

「人の服に『手を入れません』のカードがえらく気に入って、わざと私の襟元に手を入れながら『人の服に手を入れません』と笑いながら言います。いけないことだと理解しながらも私とのかかわりを楽しんでいるみたいですが、「あかんよ」と注意して手を出させるとやめるようになりました。以前は人に無関心だった絵里が、カードを見て刺激を受け、まねしてみたい、やってみたいという気持ちがわいてきたことは、うれしいとも感じています」と、お母さんは絵里とのやりとりを楽しそうに報告してくれました。

　道を歩くときなかなか手をつないでくれなかったり、ふだんはお母さんへの愛着行動が希薄な絵里が、じゃれる姿をいとおしく思ったのでしょう。やがて、ブームが去ると、手を入れるこだわりを卒業していきました。

危険な行為には「だめなものはだめ！」

　こだわりにつきあいながらの、肯定的な子育てはほほえましいものでしたが、バスや電車を利用するときのこだわりは危険でした。電車が来たとみると「あの電車に乗らなきゃ！」とばかり、改札もそこそこに、ダーッと全力疾走で飛び乗ろうとするのです。お母さんが慌てて追いかけてぎりぎりのところで阻止したこともあり、駅ではとても気を使いました。だめなものはだめと、きっぱり教える必要がありました。

　そこで、インターネットから無償で入手できるシンボルを使ってカードを作り、「走って乗りません　×」「お母さんと乗ります　〇」のカードを見せると、すぐに理解して行動を改善することができました。

さまざまな音への過敏性に悩む

　絵里には聴覚過敏があり、さまざまな音への過敏性に悩まされていました。外出時、たとえば、スーパーマーケットに買物に行ったときなど、ずっと耳をふさいでいました。店内に流れるBGMがいやだったようです。また、バイクのエンジン音や、通園バスの中の子どもの叫び声やざわめきなどが耐えられず、そのたびに耳を押さえて混乱したり、固まったりしました。

　以前耳栓を買ったことがありましたが、いやがって使うことができませんでした。そこで、イヤーマフをしばらく試すことにしました。初めの3日ほどは気に入って自分からもつけましたが、その後興味を示さなくなったので

いったん中止しました。

　彼女には特定の嫌いな音があるだけでなく、予期しない音や声が突然聞こえるのもいやがりました。「お風呂が沸きました。給湯を止めてください」という給湯器のお知らせアナウンスにも耳をふさぎ、大きな声で歌を歌って、音を消そうとしました。また、小児科の待合室で赤ちゃんが泣き出すと耳をふさいで、「よーし、よーし、大丈夫」などと、自分に言い聞かせるようにつぶやいています。こうして、不快な音や声を彼女なりにやり過ごそうと努力していました。

●信号はどうして音がするの？

しんごうは　あおに　なったとき、「ピッポー、ピッポー」と　おとが　することがあります。これは、めがふじゆうで　しんごうをみることが　できない　ひとに、「いま　あおだからわたっていいですよ」としらせるための　おとです。
めが　みえない　ひとは　おとやしろい　つえをたよりに　みちをあるいているのです。だから　しんごうのおとは　とてもだいじな　あいずです。

 ## 盲人用信号機の音、クラスメートの声にも

　盲人用の信号機で青信号の間、「ピッポー、ピッポー」と音がするのも気になって耳をふさぎました。これについては「わかるストーリー」で対応することにしました（→役立ちアイテム「**わかるストーリー12**」）。

　3年生の2学期が終わる頃、支援学級のクラスメートがしばしばパニックを起こして大声で泣いたりするので、毎日おびえて、保健室へ逃げ込むようになっていると聞きました。そこで、「わかるストーリー」を書いてみました（→役立ちアイテム「**わかるストーリー13**」）。

　この「わかるストーリー」を、家庭でも学校でも何度も読みました。すると、絵里はイヤーマフを頼りにするようになり、支援学級にどどまることができるようになりました。

　その子は、衝動的にそばにいる人の髪を強く引っ張ることがあり、絵里も一度犠牲になりました。この子にはいつも先生が一人ついていました。だから、絵里にはこのように、心配しなくていいと伝えたのです。

でも、これだけでは根本的な解決にはなりません。先生方はこのクラスメートのための支援策にも取り組むことになりました。

 ## イヤーマフ装着で、教室で過ごせるように

絵里にとっての問題は、不安感に伴う聴覚過敏でした。人が泣いたりする声がとてもつらくて我慢できないという、ASD特有の過敏反応がありました。2年以上前にイヤーマフを使ったときは装着時の違和感のために使用をあきらめていたのですが、再度使ってみたところ、今度は学校で積極的に使うようになったので、本人用に購入して、学校に置きました。初めはうるさいと感じるときだけ、自分で装着していましたが、そのうち、学校にいる時間はほとんどずっと使うようになりました。突然大きい音がすることもあるので、常時着けておくと安心なのかもしれません。

ある朝、例の子が登校してきて、不安そうにうろたえる絵里を見て先生が「わかるストーリー」を渡すと、声に出して読み、イヤーマフを取りに行きました。そして「我慢したい」とつぶやきました。こうして、「わかるストーリー」やイヤーマフや、先生がそばについてくれているおかげで、極度の不安にはならず、近くで過ごすことができるようになったのです。

支援学級にどどまってみると案外問題なく過ごせるものだと、感じたのではないでしょうか。

役立ちアイテム　わかるストーリー 13

●なかよし学級のお友達

なかよし学級の　○○さんは　学校で
かだいを　がんばっています。かだいが
終わると、ぶらんこや　トランポリンを
したくなりますが、できないと
なくことも　あります。
でも　だいじょうぶ。先生が　お話を
すると　なくのを　やめて
おちつきます。
○○さんは　なかよし学級の
お友だちと　なかよくしたいと
思っています。だから　もう
お友だちの　かみを　ひっぱらないと
決めました。
わたしは　イヤーマフを　つけて、
なかよし学級で　勉強することに
します。
みんなと　なかよし学級で
勉強するのは　楽しいです。
（イラスト省略）

※「なかよし学級」は神戸市立小中学校に設置されている特別支援学級の総称。

本人同士のやりとり、距離が縮まる様子も見えて

あるとき、その子の姿を見て、絵里は先生に「泣かない？」と聞きました。それを聞いた本人が「大丈夫、泣かないよ」と答えたり、また、その子が絵里の髪型を見て、「かわいい！」とほめると、絵里がうれしそうにするなど、二人の距離が縮まっていく様子も見られました。

その子がパニックを起こしたときのことです。絵里がイヤーマフをして、さらに手で押さえました。先生が「保健室に行く？　イヤーマフを先生が押さえて我慢する？」と尋ねると、「押さえる」と答え先生に押さえてもらって、また算数の課題に戻りました。

保健室に逃げずにすむことが多くなった

保健室の先生はそんな絵里を快く受け入れてくれたので彼女にとって居心地のいい避難場所にはなりましたが、保健室は定期健診や身体測定などで使えないこともあるし、支援学級の先生の目が届きにくくなるので、できることなら保健室に行かずにすめばそれに越したことはありません。

このことも「わかるストーリー」で伝えました（→役立ちアイテム「**わかるストーリー 14**」）。これで絵里は保健室へ行くことがめっきり減りました。絵

役立ちアイテム　わかるストーリー 14

●保健室に行くのはどんなとき？

ほけん室は、けがを　したり、体の
ぐあいが　悪くなった時、行きます。
ときどき、お医者さんが　来て、
みんなの　体を　みることも
あります。これは　けんしんです。
教室で　じゅぎょうを　受けるのが
しんどくなった　人が、ほけん室で
勉強することも　あります。
ほけん室の　先生は「来てもいいよ」と
言ってくれることが　あります。
わたしも　なかよし学級が　うるさく
て　どうしても　がまんできない時、
ほけん室で　勉強することが
あります。でも、ほけん室は　ふつう
勉強する　場所では　ないから、
ときどき　つごうの　悪いことが
あります。けんしんを　する時や
けがをした　子や　病気で　たおれた
子が　いたりする時です。だから、
ほけん室で　勉強したい時は、先生に
「ほけん室に　行っても　いいです
か」と　聞いて、先生が「いいよ」と
言った時だけ　行きます。
これが　ほけん室に　行く時の
決まりです。
（イラスト省略）

※漢字理解力や読解力に応じて、漢字使用や長さを工夫する。絵里は漢字がわかるため、徐々に漢字も使うようにした。p.149 のものも、実際は漢字仮名交じり文で作成。

里のお母さんから相談されたこと、すなわち、保健室に逃げず、支援学級で勉強してほしいという課題は、こうしてあっさりと解決したのです。

「わかるストーリー」による支援で絵里の態度が一変したことに、支援学級の先生は驚き、支援のしかたについてもっと知りたいと言ってくれました。

絵里も「わかるストーリー」のおかげで、保健室へ行かなくてすむようになったとはいえ、クラスメートが落ち着かない限りは、問題は根本的には解決しないので、先生方はその子が落ち着いて過ごせるように、校務員さんの協力でパーテーションを作って勉強場所を構造化し、個別課題への取り組みを始めました。そのことは、支援学級のほかの子どもたちにとっても恩恵をもたらしました。どの子も個別課題の時間が与えられ、集中して学習するようになったのです。

聞き覚えた曲を上手に弾く！　ピアノのレッスンへ

絵里は音楽が大好きで、聞いた曲を音として記憶し、ミニピアノでクリスマスソングを上手に弾くことができました。誰に教えられたわけでもないのに、園の行事に招いた音楽療法の先生のピアノ演奏を聞いて、耳で覚えたのです。

ときどき、このように、聞き覚えた曲を見よう見まねで上手に演奏することのできる ASD の子どもに出会うことがあります。

絵里は人から教えられるのが嫌いで、手取り足取りの指導はなかなか受け入れることができませんでした。このため、ピアノを習うには指導者の理解が必要でした。近所にピアノ教室を見つけて、お母さんは啓発パンフレットを先生に渡して ASD の説明をしたうえで、彼女を教室に受け入れてもらいました。先生はやりとりに苦労しながらも音楽でうまく誘導してくれるので、彼女は思うがままにふるまい、楽しくレッスンを受けることができました。

黙って教室からいなくなるのをなんとかしたい、と相談され…

絵里は３年生になっても、一人で教室を移動することはなく、いつも先生が付き添って交流学級へ行き、トイレにさえも付き添っていました。目を離した隙にどこかへ行ってしまい、大騒ぎで探すことがあったので、先生は心配していたのです。そして、「黙って教室からいなくなる『不適応行動』を

なんとかしたいのですが、支援学級を離れるとき、担任に伝えてくれる方法はないでしょうか」と、私は相談されたのです。

でも絵里にしてみれば、トイレに行きたくなって一人で行くのは家庭でもやっていることで、いちいちお母さんに断ってなんかいません。また、時間割を理解して、交流学級へ行くのも自分で判断して行こうとしているのですから、その気持ちを尊重してあげてほしいと思いました。まさか、慣れた学校で、迷ったりとんでもないところへ行ってしまったりすることは考えられないと思いました。

しかし、聞いてみると、誰もいない体育館のステージの奥の通路に立っていたり、給食室の裏の車が出入りするところにいたり、と人目のないところへ行くこともあるとのことでした。全校の教職員は絵里がいるべきでないところにいたら、どうしてそこにいるかを聞き、いったん支援学級に帰るように促してくれます。しかし、休み時間などに人目のない危険箇所に一人で行ってしまうというのなら、話は別です。

そこで、「禁止箇所の写真を撮ってリストを作成し、視覚的に伝えてみたらどうでしょうか」と提案しました。すると、「ああ、なるほど！ 今までどうやって危険な場所に行かないように伝えればいいかわからず、困っていたんです」と、さっそく提案を受け入れてもらうことになりました。

こうして、自立への意欲を尊重し、安全を確保しながら付き添いをフェードアウトできました。

授業中に歌い出す「不適応行動」へは…

絵里の不適応行動として、ほかにも、交流学級の授業中にわからなくなると「いしや〜きいも〜♪」などと大声で歌ったりすることがありました。「静かにします」のカードを見せると一瞬口を閉じるのですが、何度も歌うとやはり授業に支障が出ます。そこでまずは音楽の授業を対象に、「わかるストーリー」を書いてみました（→役立ちアイテム**わかるストーリー15**」）。直後に先生から、「今日の音楽はばっちりでした。本当に魔法のような効果ですね」とメールがありました。

このことがあってから、自分でも授業中は声を出してはいけないことがわかり、交流学級のおわりの会のとき、そばにいる先生に小さい声で「いしや

〜きいも♪」と歌って「静かにしますって言う？」と笑いながら話しかけてきました。よくわかっているのだと先生は確信しました。

忘れ物をするとずっと気になる

絵里は忘れ物をするとパニックになることがあり、しかも、忘れ物をよくするので困っていました。

忘れ物をしないための対策は、メモなどに必要なものを書いチェックしながら用意することです。しかし、そうしていても、忘れることがあるものです。音楽の時間に筆箱を教室に忘れたことがありました。そのときは前の席にいたクラスメートがすかさず自分のを貸してくれたのですが、その後何度も「筆箱忘れた！」とつぶやき、頭から離れない様子でした。

これにも、「わかるストーリー」で対応することにしました（→役立ちアイテム「**わかるストーリー 16**」）。

より適切なサポートは今後の課題

このように、交流学級での不適応行動にもそのつど対応して改善し、クラスメートの理解も進んで、絵里にとって好ましい環境が整っていき

役立ちアイテム　わかるストーリー 15

●授業中は静かにします

おんがくは　うたを　うたったり、がっきを　ひいて、とても　たのしいじゅぎょうです。でも、4ねんせいになると　おはなしが　むずかしくなって、わからないことが　あるものです。
そんなときも　みんなは　だまってせんせいのおはなしをさいごまできいています。
わたしも

しずかに　せんせいの　おはなしをきこうと　おもいます。

役立ちアイテム　わかるストーリー 16

●忘れ物をしたときはどうするの？

だれでも　うっかり　わすれものをすることが　あるものです。そんなときは　せんせいに「○○を　わすれました。とりにいっても　いいですか」とききます。せんせいが「はい、どうぞ」と　いったら、とりにいきます。せんせいが「これを　かしてあげるから　つかいなさい」と　かしてくれるときは「ありがとうございます」と　いって、せんせいのを　つかいます。
えんぴつなどは　おともだちが　かしてくれることも　あります。そんなときは、おともだちに「ありがとう」と　いって　かしてもらいます。こうして、わたしは　わすれものを　しても、おちついて　じゅぎょうを　うけることができます。（イラスト省略）

9．絵里「読んでガッテン！」

ました。交流学級の担任と相談しながら、授業内容によっては先生が付き添ったり付き添わなかったりと、少しずつフェードアウトするようになりました。支援学級全体の必要性からでした。

　しかし、学年が進むにつれて授業の内容も難しくなり、交流学級へ一人で行くときは、やはり不安が募るようです。誰かがそばで「大丈夫」と言ったり、「今〇ページをやってるよ」と伝えたり、ほんの少しサポートをすれば、もっと安心して過ごせるのになぁ……！　という状況はあります。今後の教育改革の課題です。

10. 涼太　この世は不安でいっぱい！

入級時年齢：4歳1月
知的障害：療育手帳なし
家族：両親、妹1人

　涼太はほっとに来て開口一番、「何をするの？」「お母さんもいっしょ？」と聞き、不安そうな様子でした。たえずお母さんの存在を確かめながら、セッションに参加しました。個別課題は、色や形の弁別はもちろん、ひらがな、カタカナ、数字などもすらすら読み、数量概念などもすでにしっかり身につけていたので、認知課題は苦もなく仕上げていきました。

 課題に落ち着いて没頭

　ねじ、輪ゴムかけ、ボタン・スナップなど、生活経験が乏しいためにできなかった作業課題も、涼太はほどなくコツを覚えて、次々できるようになっていきました。

　次に彼に与えられた教材は、お箸の練習、ひも結び、折り紙、ぬり絵、レイ作り、線なぞりから文字なぞり、名前の書字など、手指の操作性をさらに高めることをねらうものが中心になりましたが、課題に興味をもって取り組み、やがてお母さんの存在も気にせず、落ち着いて活動に没頭するようになりました。

 表出言語の未熟さと大勢の前で失敗したくない思いと

　涼太は言葉かけを理解する受容性言語は年齢相応に育っていました。一方で、表出性言語は未熟でした。そのことは、大勢の人がいる前で恥ずかしい、失敗したくないという気持ちもからまって、スナックタイムにおやつを自分で要求することができず、お母さんに小さい声で「おせんべいもらって」などと、頼ろうとする態度に現れました。もっとも、ほっとに慣れてくると、自分で要求できるようになりましたが。

　幼稚園では、まだ、自分の言いたいことを人に言わせようとしていまし

た。たとえば、自分だけ違うことをしているのではないかという不安や、失敗や間違いへの恐れもあって、寒い日に幼稚園へジャンパーを着ていくとき、「先生にいいかどうか聞いてみて」とか、「知らせておいて」とお母さんに頼みました。「こういうことは自分で決めていいことだよ」と伝えても、それでは納得せず、先生に注意されるのではないかと心配するのです。しかも、自分では先生に確かめることができず、いつもお母さんを頼って、お母さんから聞いてもらおうとしました。

　先生は彼が自分で言えるように、話の糸口を作って支援してくれました。「涼太くんは先生に言いたいことがあるよね」などと声をかけてもらって練習しつつ、プロンプト（p.25参照）を徐々にフェードアウトしてもらいました。

語彙が豊富で難しい語句を操るかと思えば…

　一方、語彙が豊富で、ほっとの自由遊びのとき、「（ボールをころがすには）不安定においたほうがいい」とか「アイディアが……」など、4歳とは思えない難しい語句を巧みに操って大人を驚かせることもしばしばでした。しかし、抽象的な言葉は通じにくいという言語の特性ももっていました。

　あるほっとの日に、涼太はお父さんと来ていました。遊びの時間に彼が黒板に数字を書いて遊んだあと、お父さんが「涼、きれいに消せよ」と黒板消

抽象的な言葉は理解しにくい

　ASDの子どもたちは、抽象的な言葉を理解するのが難しく、「きれいに」「ちゃんと」「さっさと」などがわかりません。
　「きれいに消す」ではなく「書いたものが見えなくなるように消す」と言うと、どのように消せばいいかがわかりやすくなります。「ちゃんと片づける」の代わりに「本は本棚へ、おもちゃはおもちゃ箱に入れて」のほうがわかります。「さっさと用意しなさい」より「5分で着替えをしよう」などと言うほうが伝わります。「勉強がんばりなさい」ではなく、「このプリントを3枚します」のほうがいいのです。
　このように、具体的な表現のほうがわかりやすく、伝わりやすいです。

しを渡しました。すかさず、担当ボランティアの小野さんが「涼ちゃん、字が見えなくなるように消してね」と言うと、「『きれい』じゃ、涼には伝わりにくいですね」と、お父さんは声かけのしかたを反省しました。

「お父さんもお母さんと同様、涼ちゃんのことを知ろうといろいろ学ばれているのだとわかりました」と小野さんは感心しました。彼女はASDの息子さんを育てている、先輩ママでした。

最大の課題は感情のコントロール

涼太にとって、この時期の最大の課題は感情のコントロールでした。彼はいろんな場面でしばしばパニックに陥っていました。

特に疲れていたり眠いときなど、体調が万全でない状態で気に染まないことがあると、怒りを爆発させました。育児サークルのざわざわした場所で、突然、「ワァー！　何をしたらいいの？」「抱っこしてくれないとダメ～！」などと大声をあげて混乱することがありました。

お母さんが、声の5段階表を見せて、「ボリューム2で話そう」と伝えると、トーンを下げることができました。ほかの人としゃべっているときに割り込んできたといった場合「1分待って」などの声かけで収まることもありました。お母さんの適切な対応が、彼の気持ちを静めるのに効果を発揮していましたが、次から次へと怒りはわき起こりました。

「帰宅したとき、手洗い、うがいをすべきことはわかっているのですが、へたりこんで、『パワーがないよ！』『どうしたらいい？　なんか見ないとダメだ～！』と叫びます。数字や電車などお気に入りグッズを5～10分間眺めたり、抱っこや、指吸いなどで落ち着き、次の行動に移ることができるのですが、気持ちを立て直すのに時間がかかると、次の予定に支障をきたすこともあるんです」と、お母さんは嘆きました。

でも、10分ぐらいですむのなら、落ち着くまでの間、待ってあげたらいいのではないでしょうか。そして、少しずつ時間を短縮できるようになればいいと思います。

自我の目覚め？　支配されたくない思いも育って

また、年中児だった頃、遊びに夢中になって、次の行動（歯みがきや着替

え）に移れないとき、注意されると、「いつするかは自分で決めるからお母さんが決めないで」と反抗したり、「怒ってるのか、怒り終わるまで何もしない」と悪態をついたりしました。注意を促す程度の穏やかな口調にも、敏感に反応してお母さんにかみつきました。

　自我の目覚めだと思いました。人に支配されたくない、押しつけはいやだという気持ちが強くなってきているのです。そうであれば、何時に歯みがき、入浴をするかを本人に決めてもらうのがいいと思いました。自立への願望が強まっているのは喜ばしいことです。ただ、一人ではきちんとできないので、何時に寝たらいいか、そのためには、寝る前にするべきこと……着替え、歯みがき、トイレなどを何時にすればいいかを決めさせたうえで、見てわかるように掲示してあげたらいいのではないでしょうか。

本人の思いどおりにならないからって、親が謝るのは変かな？

　まだ眠いときや疲れているときなど、何か体調に問題のあるときは、ちょっとしたことでキレることがありました。たとえば、幼稚園に行く時間が迫って、仕度を急がせると、着替えの服を投げつけたり、わざと間違えて着たり、靴をなかなか履かなかったり……。

　甘えてかまってほしいのだろうとある程度は受け止めても、いつまでも続くと最終手段で「もう、行くよ」と玄関ドアに近づき、ドアノブに手をかけると、「行かないで〜」と叫びます。それでも置いていかれるのは怖いのでついてきますが、泣きながら「なんで先に行ったの？」と聞きます。「約束の時間に遅れているからよ。用意をなかなかしなかったからだよ」と答えても、何度も同じ質問を繰り返します。

　しかし、実は同じ答えが欲しいのではなさそうでした。「どう答えてほしいの？」と聞いても答えません。「『ごめんね』って言ってほしいの？」と聞くと、「そうだよぉ〜！」と。お母さんが謝る以外に彼の気持ちを収める方法が思い当たらず、「ごめんね」と言いましたが、これでいいのかとお母さんは悩みました。

将来社会で通用する人になるためには？

　そこで説明を付け加えることにしました。「ごめんね。これは悪いことじ

ゃないけど謝るね。約束の時間だから、行かないといけないんだよ。でもね、お母さんは謝るけど、家の外では、ほかの人はこんなことでは謝らないよ」。彼は何も答えませんでした。

　「多少の罪悪感はあるけれど、行動を抑えられない、また、自分の悪い行動はさておき、母が先に行こうとしたことは許せない、その気持ちを収めるためには、謝ってもらうしかないのだ、という思いだったのでしょう。しかし、いいこと、悪いことはきちんと教えたいです。彼も自分の行動が無軌道であることをどこかでわかっていて、やがて自分の気持ちをコントロールできるときがくるのならいいけど、そうでなければ、将来社会で通用しない人間になるのではないでしょうか」とお母さんは心配しました。

体調より見通しのつかないことへの不安だったかも？

　また、体調が悪いときはそれを自分の言葉で表現することも身につけるべきコミュニケーション・スキルでした。体の具合が悪くてつらいというのなら、「今日は体がしんどいから、幼稚園を休みたい」と言えたら楽になることでしょう。表出性コミュニケーションの未熟さを考慮したうえで、本当はどうなのかを見極めるのはなかなか難しいことかもしれません。

　あとになって、お母さんは幼稚園に行き渋る日は体調が悪いというよりは、たいてい何か見通しのつかない行事や活動が予定されている日だったから、不安だったのかもしれないと気がつきました。ともあれ、お母さんが謝ったのはこのときだけで、同じようなことがあっても、お母さんに謝るように要求することはなくなりました。

感情について学ぶ必要がある

　軽い風邪をひいたときのことでした。おそらく想像以上に、いつもと違う体の感覚を感じているようでした。いつもなら気にしないようなことで一日に何度も癇癪（かんしゃく）を起こして両親を困惑させました。

　たとえば、食事のおかずが気に入らず「食べたくない」と言うので「わかったよ。じゃあ、ふりかけごはんだけ食べようか」と言うと、「怒ってるのか！」とお箸を投げたり、お茶をこぼしたり……。少しも怒ってないのに、彼の気に入る反応をしなかったためか、怒りをぶつけました。また、食事

中にお父さんの肩に上ろうとして、「食事中だよ。座ろうね」と言われると、「出て行け！」と暴言を吐いたり、たたいたりしました。

このような突拍子もない不適応行動に対処するには、感情について学ぶ必要があると考えました。そこで、ほっとの課題学習として、感情学習を取り入れることにしました。

日常からさまざまな「感情」の事例を集めて

まずは涼太が日常生活の中で感じているであろう、さまざまな感情の事例を集めて、「感情のスクラップブック」をお母さんに作ってもらいました。

そこで出された事例を文カードにし、また、ボードメーカーを使って、感情の種類ごとに顔の表情を示すカードを作成しました。そして、2つのパターンの課題を作成しました（→役立ちアイテム「**感情カード**」）。

第1のパターンは、いくつかの事例を挙げて、それは、どんな気持ちの事例であるかを、顔の表情のカードから選んで、右の枠に貼るようにしました。

第2のパターンは、一つの感情カードを貼って、それに合う事例の文カードをいくつかの中から選ぶようにしました。この課題を通して、その感情が実際にはどういうときの気持ちなのかを理解するのに役立つと考えました。

感情カードを使った課題に取り組む

お母さんが提出してくれた事例はほかにもいろいろありました。

- 「楽しい」……プラレールで遊ぶとき、ピアノ遊びをして好きな曲を弾くとき
- 「うれしい」……洗濯物をたたむお手伝いをして　お母さんが「ありがとう、助かったわ」と言って抱っこしてくれたとき
- 「すごい」……3歳のときより遠くまでジャンプできるようになったとき
- 「安心する」……朝起きて一日のスケジュールを見たとき
- 「驚く」……静かな部屋で急に冷蔵庫の音が「ゴトン」としたとき
- 「怖い」……夜暗い廊下を通ってトイレに行くとき、近くで大声や大きな音がしたとき
- 「腹が立つ」……遊んでいたプラレールのレールを友達が壊したとき
- 「悲しい」……抱っこしてほしいのに、お母さんが忙しくて抱っこしても

らえないとき
- 「疲れる」……体操教室でたくさん運動したとき、
- 「恥ずかしい」……ほっとで大勢人がいるときに「お菓子をください」と言うとき

　そして、これらの事例を入れ替えながら何度も試みました。彼は興味深そうな様子で意欲的に取り組みました。

 ### 低い声を怖がったことへは「わかるストーリー」で

　涼太はいろんなことを怖がりましたが、その一つに男の人の低い声があり、お父さんの声さえ怖がることがあったので、簡単な「わかるストーリー」

役立ちアイテム　感情カード

●課題1

事例	気持ち
花の水やりをして、つぼみだった花が咲き始めるのを見たとき	
手洗いのとき　うまく腕まくりができないとき	
低い声の人がいるとき	
幼稚園でいつもと違う部屋で、いつもと違うことをするとき	
自分の誕生日会にみんなの前で「ありがとう」を言うとき	

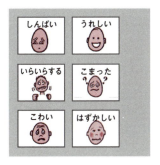

●課題2

(例) つかれた	

積み木を高く積めた
自転車で遠くまで行って帰ったとき
始業式で予定を持って先生の近くの席に座っているとき
お母さんが「着替えして歯みがきして顔を洗って！」と一度にたくさん言うとき

10.　涼太　この世は不安でいっぱい！

を書いてみました（→役立ちアイテム「わかるストーリー17」）。

これを読んだあと、「こんな話を、紙に書いてときどき見ることができたら、どう？　安心する？」とお母さんが聞くと、「うん、いいねぇ！」と彼は答えました。そこで、お母さんは、いろんなことを「わかるストーリー」で教えようと決心しました。

> **役立ちアイテム　わかるストーリー17**
> ●低い声の人
> ひくい　こえの　ひとも、たかい　こえの　ひとも　いますが、ひくい　こえの　ひとが　こわいわけでは　ありません。ひくい　こえの　ひとでも　やさしい　ひとは　たくさん　います。
> （イラスト省略）

課題で「低い声の人がいるとき」はどんな気持ち？　というのをしたとき、最初は即座に「こわい」を選んで貼りましたが、その次の週は、とても迷って結局、何も貼りませんでした。「わかるストーリー」を読んで、低い声の人を恐れなくてもいいことを学んだためだと思われました。

感情にぴったりの表現、それに気づいてきた

また、「手洗いのとき、うまく腕まくりができないとき」を初めは「いらいらする」としましたが、次回は「こまった」を選び、感情が微妙に穏やかな方向に変化しているのを感じました。

このことについて、お母さんから家庭での様子を教えてもらいました。「腕まくりがうまくできず苦戦しているとき、『落ち着いた気持ちでやるとすぐにできるよ。いらいらしちゃうと、よけいできなくて、いやな気持ちになるよ。落ち着いて、ゆっくり、やってみよう』と声かけします。頭では、いらいらしちゃだめだ、と理解していると思います。実際に、さっとできたときにほめると、『今、落ち着いた気持ちで、やってみたんだ』と、言ったことがあります」と。

この話を聞くと、2回目に涼太が迷った挙句に「こまった」を選んだのも、彼の気持ちからするとぴったりではなかったかもしれません。「落ち着いてやれば大丈夫」というところだったのでしょう。

「自分の誕生日会にみんなの前で『ありがとう』を言うとき」をお母さんは「はずかしい」事例として出していたのですが、「いろいろあるなぁ。『こまった』もあるし、『はずかしい』もあるし……」と迷い、最終的に「はず

かしい」を選びました。おそらく「うれしい」も含めて、いろんな気持ちが混ざっているし、そのときの気分にもよるのでしょう。

感情のコントロールを学ぶ入り口に立った

　お母さんは、「彼の気持ちをたいてい理解しているつもりでしたが、予想と違うこともあると感じました。こちらが勝手に取り違えて、不快体験をさせないよう、自分の気持ちが伝えられるように、これからもこの学習を続けていきます」と言いました。

　こうして感情学習を通じて、涼太は自分の気持ちを知識として知り、感情のコントロールを学ぶ入り口に立つことになりました。

　ただ、このときは私たちの知識が不十分で、やり方には反省すべきところもありました。トニー・アトウッド博士は、感情の学習は「うれしい」「たのしい」「安心する」など、肯定的な感情から始め、最後に「悲しい」「腹が立つ」「不安だ」などの否定的な感情に進み、否定的な感情については、その対処法も同時に伝えて安心感が得られるように導くのがいいと書いています。あとになってそのことを知り、ほっとでの感情学習の進め方を軌道修正することになりました。

自然現象への恐怖心は仕組みがわからないせいもある

　自然現象なども、知識がないために恐怖心を抱くことがありました。東の空の低い位置にある満月がオレンジ色をしているのをひどく怖がって、晩はカーテンをきっちり閉めなければいられませんでした。お母さんは「わかるストーリー」を作っていっしょに何度も読んで、「お母さんも小さいとき怖かったよ。でも理由がわかったら、大丈夫になったよ」と話すと「そうなんだ〜！」と安心しました。

　あとからその「わかるストーリー」を見せてもらって驚きました。月の光の中には赤から紫まで７色が混じっていて、地球を取り囲む大気の層を光が通過するとき、それぞれの色が波長によって、吸収されたりされなかったりすること、大気の層は月が真上にあるときより、地平に近いときのほうが厚みがあること、赤やオレンジ色の光は波長が長いから大気層を通過して目に届くが、紫や青などの波長の短い光は大気層に吸収されて届かないから、月

が赤く見えるのだという、とても科学的な長文の説明が書かれていて、そこに地球と月の絵と、月を見ている男の子のイラストが添えてありました。

「この説明を涼太がどこまで理解したかはわかりませんが、この『わかるストーリー』を見て、大いに安心しました」とお母さんは教えてくれました。なんとなく科学的根拠のあることだと思ったからかもしれません。まだ4歳か5歳のときのことですから。このことがきっかけとなったのかどうかはわかりませんが、涼太はのちに天体や宇宙への興味をもち、明石の天文科学館に通って、天体観測に心ときめかす天文ファンになっていきました。

同じく4歳の頃、影も怖がっていました。以前ほっとに来た女の子が影を怖がると聞いて、「わかるストーリー」を作ったことがあったのでそれを見せたところ、即座に理解し、安心した様子でした（→役立ちアイテム「**わかるストーリー18**」）。

> 役立ちアイテム **わかるストーリー 18**
>
> ●影はどうしてできるの？
>
> ひかりが あたると、ものや ひとの そばに かげが できます。ひかりが あたらない ところが くらくなるのが かげです。
>
> ひるま おひさまが てっている ときも、よる、でんきで ひかりを てらすときも かげが できます。わたしが うごくと かげは わたしに ついてきます。
>
> でも かげは なにも わるいことは しません。だから かげは こわくありません。かげが あっても へいきです。
> よるは ちいさい でんきを つけて ねようと おもいます。
>

「食べず嫌い」は未知のものへの不安から

涼太にはほかにも、見通しがないことや未知のものへの不安からくる不適応行動がありました。

はじめての食べ物は不安で、「食べず嫌い」になることがよくありました。白いごはんはいちばん好きでしたが、チャーハンになるといろんなものが混ざっているので食べませんでした。

そこで、お母さんは「はじめて食べたものリスト」を作り、食べたときの

記録をつけました。「味忘れたからいやや」と言うと「〇月〇日に食べたことがあるよ」とノートを見せると安心して食べました。

食べてみるとおいしいことがわかって食べられるようになったり、また、体にいいと説明し、作り方を見せると食べられるようになったりということもありました。こうして、無理強いせず、本人が納得して食べられるものが増えていきました。

間違いを受け入れる力、怒りを抑える力がついてきた

いけないことをして注意されると、穏やかな言い方でも「そんなこと、言うなら出ていけー！」「大嫌いだ、もう家族じゃない！」と暴言を吐きました。彼もまた、間違いを訂正されることを極端に恐れていました。

そこで、以前直哉(なおや)に使った「間違えても、大丈夫！」の「わかるストーリー」の課題（p.34参照）に取り組むことにしました。するとやがて効果が現われて、訂正を受け入れるようになり「一つ賢くなったね〜」と言うようになりました。

また、2つ年下の妹が泣く声が苦手で、「うるさい！」とどなりつけたり、たたいたり、押したりしたので、お母さんは「わかるストーリー」を作りました（→役立ちアイテム**「わかるストーリー19」**）。

これを読むと、怒ることが少なくなりました。そして、本を読んでやったり、自分ができるようになったひも結びの課題を妹がしようとしたときに、教えてやったり、植木の水やりや工作のしかたを、手を添えて教えるなど、優しい態度を見せたり、いっしょにままごとをして遊んだりするようになりました。肯定的なアプローチによって、驚くほど素直に

> **役立ちアイテム わかるストーリー 19**
>
> ●小さい子どもはどうして泣くの？
>
> あやちゃんは、2さいの　かわいい
> いもうとです。ぼくは　ときどき
> ほんを　よんであげたり、いっしょに
> あそんであげたり　することが
> あります。そんなとき、あやちゃんは
> うれしそうに　しています。
> でも、2さいぐらいの　ちいさい
> こどもは　ねむたくなると　きげんが
> わるくなって、ないたりするものです。
> ぼくは　4さいだから、ねむたくても
> がまんします。
> だれでも　おおきくなると
> なかなくなるものです。だから
> ぼくは　あやちゃんが　おおきくなる
> までは　ないても、おこらずに
> がまんしようと　おもいます。

10. 涼太　この世は不安でいっぱい！

納得してくれるのをお母さんは実感しました。

 ### インフルエンザの注射は10段階の4！

　インフルエンザの予防注射をしたときのことです。お母さんは事前に「わかるストーリー」を書いて注射の目的ややり方の手順を示していましたが、「2秒ほどちくっとするだけ」と伝えても、「ちくってどれぐらいの痛さ？」などと聞き、納得できませんでした。

　そこで「痛みの10段階表」を作りました。

　痛み1．絆創膏をはがす　2．はしかの注射　3．日本脳炎の注射　4．インフルエンザの注射　5．包丁で指を切る　6．歩いていて転ぶ　7．走っていて転ぶ　8．自転車で転ぶ　9．骨を折る　10．車にひかれる　としました。

　だから、インフルエンザの注射は「痛み4」でたいしたことはないと教えると、安心して受けることができました。注射の痛さについては、参考として小児科のお医者さんに聞いたそうです。お母さんのすてきなサポートに感心しました。

 ### 宿泊を伴う行事は無事に乗り越えても大きなストレス

　年長の夏に、1泊2日の幼稚園の園外キャンプがありました。スムーズに参加できるように、1か月前から、宿泊施設を見学したり、スケジュールを確認したり、食事メニューの食べ物を練習したり、祖母宅に一人でお泊り練習もして、備えました。その結果、大きなパニックもなく無事に過ごすことができて、まずまず成功だったと両親は安堵しました。

　一方、事前に予備知識を与え、予行演習をしたことで、どうしても参加しなくてはならないとプレッシャーをかけたのではないかと、お母さんは複雑な思いも抱きました。というのも、この行事の前後にチック症状が出ていたのです。

　年長になり、まわりの子どもたちが次第に成長して、自分も年長らしくふるまうことを期待されているという葛藤があるようでした。帰宅した日の就寝時にカレンダーを見ながら「あ〜、これでいろいろやるキャンプが終わった！」とつぶやいたのを聞いて、チックは彼が出していたストレス過多のサインだったと気がつきました。チックはその後しばらく続きましたが、彼の

気持ちの修復を図るため、夏休みは充電期間と位置づけて、楽しい活動を計画しました。

　不安感や緊張感の強いタイプのASDの幼稚園児にとって、親元を離れてお泊り体験をするのは、精神的負荷がかかりすぎることがあります。ASDの子どもたちに対しては視覚支援やスケジュールの提示などとともに、保護者同伴も認めるなど、柔軟な対応が必要ではないでしょうか。安心し、リラックスできなければ、眠ることもできません。しかも苦手な集団の中で長時間にわたる日夜を過ごすというのは、とてもストレスのかかることだと思います。涼太は、それでも耐えなくてはならないと思って、がんばったのでしょう。

行事は「しんどい」「がんばりたい」、そのせめぎ合いの中で

　「2学期に入ると、運動会練習も始まるので、たぶんしんどいだろうと思われます。今後も、行事への見通しを与える支援は続けるつもりです。彼は不安やしんどい気持ちをもちつつもがんばってきましたが、これまで同様、がんばろうとするときは後押しすべきでしょうか。彼の状態や、意思表示を見ながら進めることになると思いますが、感情をうまく伝えられなかったり、一方でしんどいことは避けようとする現実逃避の傾向も見られるので、難しい判断です。彼が無理をしすぎないように寄り添って、一見、後退と思われるような態度や行動も認めるべきなのか、と迷っています」とお母さんは打ち明けてくれました。

　運動会は何度か経験したこともあるので、今までと同じようにサポートをしてあげれば、大丈夫だろうと思われましたが、年長になって出場種目が変わり、やり方などがわからなければ、やはり、不安はつきまとうかもしれません。様子を見て気持ちに寄り添い、必要な支援をすれば大丈夫だろうと思いました。去年までは、スケジュールを見たりやり方を見せてもらったりして、クリアしてきたのに、今年はいきなり、「しなくてもいいよ」と言われると、それはそれで、また、納得がいかないだろうと思いました。

　涼太は、ASD特有の、とてもまじめで向上心の強い子どもでした。その彼が楽しめるはずの活動を渋るとしたら、がんばらなくては！　と思っても気力がついていかないのでしょう。「しんどいときは休んでいいよ」と言っ

てあげたら、きっと彼は、お母さんにわかってもらえるのをうれしく思うに違いありません。

 ## 親子ともに成長、信頼関係も健在の今…

　涼太が就学すると、お母さんはほっとのボランティアに来てくれるようになりました。ASDの特性を深く理解し、子育てに創意あふれる支援を生み出してきた経験をもとに、誠実に、ほっとの親たちの相談に応じてくれました。「私自身、ほっと受講後は劇的に生活が変わり、明るい展望が開けました。ほっとのペアレント・カウンセリングが、どの親御さんにとっても前進していくためのいい機会になってほしいです」と。

　その後、転校を伴う引っ越しも経験しましたが、世の中の仕組みやルールの理解が進み、また、自分自身の感情を抑制することも学んで、涼太は穏やかな毎日を過ごしています。学校生活でも、学業に励むとともに、友達とうまく交わって放課後もいっしょに公園で遊ぶなど、楽しく過ごしています。幼少期の涼太からは想像もしなかった姿に、両親は感慨ひとしおです。とはいえ、「成長とともに親離れもしつつあり、干渉されるのを嫌って、学校での様子を話してくれなくなったのは親として寂しいです」と言いながらも、「たまに、『母さん、そこほめるとこやで〜』などと冗談を飛ばします」と、親子の信頼関係の健在ぶりを伝えてくれます。

11. 雅彦　あまのじゃくにはわけがある！

入級時年齢：5歳0月
知的障害：療育手帳B1
家族：両親

雅彦は風変わりな表現を楽しむ子どもでした。人を電車にたとえて、「パパは新幹線」「雅彦は快速」「ママは普通電車」などと、比喩表現で格づけしました。新幹線はとびきり上等、快速はちょっと上等、普通電車はB級品を意味しました。仕事が忙しくてめったに相手をしないお父さんが新幹線で、毎日粉骨砕身、世話をする自分は普通電車だなんて割に合わないと言いながらも、「おもしろいとらえ方です」とお母さんは笑いました。

席に着かせるための一工夫

雅彦は、朝ほっとにやってきても、部屋に入ろうとせず、突然脱走して追いかけられるのを楽しみました。「だめよ。帰ってらっしゃい！」と呼んでも帰ってくる気配などありません。

後ろを振り返って、確かめながら階段を駆け下りていく雅彦に、館内アナウンス調で呼びかけました。「お客様のお呼び出しを申し上げます、澤田雅彦様いらっしゃいましたら、お連れ様がお待ちですから、4階のほっと受付までお越しください」。すると、足をぴたっと止めて耳を傾け、にやっと笑いながら、階段を上がってくるのでした。

また、セッションをするホールでも走り回り、担当の小野さんが追いかけても、なかなかつかまりませんでした。そのとき小野さんは「スカイマーク103便、羽田行きはただ今搭乗を開始しました。3番ゲートよりご搭乗ください」と言って、走り回っていた雅彦をサークルエリアへ呼び寄せると、「当機はただ今離陸いたします。お席に戻って、シートベルトをお締めください」と、機内アナウンスのまねをしました。すると、着席してシートベルトをカチャッと締めるまねをして、はじめの会に参加したのです。ストレートに「席に着きましょう」と言っても、従ってくれないのですが、一工夫するとしっかり乗ってくるところがなんとも愉快でした。

大人の反応と対応を楽しんでいる！

　雅彦はそんな大人の対応を期待して待っていました。家でも、ぐずぐずして出かけられないときに、「今行けば、もれなくバスに乗れます」とお母さんが声をかけると、すっと出かけることができました。こうしたユーモアあふれる言葉かけが、彼にはとても有効でした。小野さんは乗りもの好きの雅彦に合わせて、遊びのときも、スケジュールカードをチケットにして、「切符を自動改札にお入れください」とポストに入れさせたあと、猫バスのぬいぐるみやシーソーをポートライナーや電車に見立てて乗せたり、シーツぶらんこの飛行機に乗ると、「ただ今乱気流に入っています」と言いながら揺さぶったりしました。すると、すっかりはまって大はしゃぎでした。

　あるとき、最後に使うカウントダウン用の数字カードを雅彦が取ろうとしました。いつもの彼の行動パターンからすると、10枚のラミネート加工された数字カードは「花咲かじいさん」の灰になるところでした。小野さんが寸前に取って「じゃあ、視力検査をしましょう」と言いながら雅彦から少し離れてしゃがみました。カードを1枚ずつめくると、雅彦は誘導されるままに声に出して数字を読みました。「はい、視力は1.5です。いい目ですね」と言いながら数字カードを片づけてしまいました。とっさの機転がみごとでした。「いいモノ見つけた！　ばらまいてやるぞ！」とモーションをかけたところでこんな風に切り返されたら、雅彦としては手を出す隙もありませんでした。

　それは、いたずらをして大人の注目を集め、たとえ叱責であっても、その反応を楽しもうとする雅彦へのかかわり方の大転換でした。

走らない雅彦を見る日はない

　彼は多動な子どもでした。ほっとでは構造化しているとはいえ、遊戯室に入ると、「広いから走ってしまう」と彼自身も言うように、環境的な問題もあって、走らない彼を見る日はありませんでした。

　セッションでの遊びの時間に、集団での設定遊びを15分ぐらいすることになっていました。元保育士のボランティアさんが、絵本の読み聞かせや手遊び歌、リトミック、しっぽ取りゲームなどをリードして、4人の子どもた

ちがそれぞれの担当ボランティアといっしょに参加する、楽しいひとときでした。幼稚園や保育園などで大勢の子どもたちと集団で遊ぶのが苦手なASDの子どもたちも、少人数であればいっしょに楽しむことができるものです。

しかし、雅彦は気まぐれで、ときどき絵本をのぞいたり、手遊びをいっしょにしたりするものの、気乗りがしないときや、テンションが上がっているときは、読み聞かせをしている指導者と子どもたちの間を何度も走り抜けて、みんなの反応を確かめようとしました。抱き止めて座らせようとすると、「キライ！」「バツ！」を連発し、腕をするりと抜け出して脱兎のごとく逃げ回りました。

小部屋で一人で遊ぶほうを選ぶ

エレベーターホールのそばに授乳用の畳の小部屋がありました。そこでは、プラレールや絵本で静かに過ごすことができました。「みんなといっしょに静かに遊ぶか、外の部屋でプラレールするかどっち？」と聞いて彼に選ばせました。するとたいていは、「そと」を選びました。走り回るから罰として外へ出すのではありません。本人の選択に任せるのです。小さい部屋では走り回ることができないということもありますが、不思議にも狭い空間では気持ちが落ち着き、走りたいという衝動が起こらないのです。

おわりの会が始まる時間になって遊戯室に戻るのですが、そこで再び走りました。よくそれだけのエネルギーがあるなと感心するくらいでした。「あと2周走ったら終わりです」などと予告したり、飛行機の搭乗案内で、やっとおわりの会のエリアに収まるのでした。

徹底的に肯定的な態度で

彼は単にエネルギーを発散したくて走っているのではありません。大人の注意を引きたくて走っているのです。私たちが無視すると、誰彼なく体当たりをしました。なんとしても注目されたいのです。「体当たりはだめ」と制止すると、「ほっと嫌い！」と言いました。自分の気持ちを素直に表現することができないのです。私たちは徹底的に肯定的な態度で彼に接する必要があると感じました。

11. 雅彦　あまのじゃくにはわけがある！

彼はしばしば、「バツ？」「ダメ？」と否定的な言葉を発しましたが、ほっとに来てまわりのボランティアさんたちから「まあくん、マルです」などとたくさんほめてもらうと、とても穏やかな表情になりました。

その様子にお母さんも「ああ、こういう対応をすれば、素直な態度で集中力も続き、いつもとは別人になれるんだなぁ」と気づきました。毎日のように家や保育園で叱られ、そのたびに自己評価を下げていた雅彦は、定型発達の子どもたちのようにはできないことがわかって、最初から遊びに加わらなかったり、クラスの子どもたちが高く積み上げた板積み木をめちゃくちゃに壊したりするのです。

気に入った課題には根気よく取り組む

ほっとに来始めた頃、雅彦はまるで「大人の言うとおりにはしないぞ！」と決心しているかのように見えました。

朝は「ほっと嫌い」と言いながら来ました。「おはよう、まあくん」と声をかけると、「さようなら」と答えます。課題も、わかっているのにわざと間違えたこともあり、また、ラミネート加工をしたものはぽいぽい投げました。手先の操作性が未発達で、色塗りや線なぞりなどの課題は、うまくできず、わざとぐちゃぐちゃに描いたり、シールを貼る課題ではうまく貼ることができず、用紙をビリビリと破ってしまうなど、一筋縄ではいかないところを見せました。

それでも、ソフトパズルは、試行錯誤しながらパーツをはめて完成させ、新幹線の写真と名前のマッチングにはひきつけられて夢中で取り組むなど、気に入った課題には没頭しました。途中で離席することが次第になくなり、たとえできなくても、補助を受け入れながら、最後まで根気強く課題に取り組む姿が見られるようになりました。

適切に対応すればきっと応えてくれる…

しばらくすると、あまのじゃくな行動も収まっていきました。はじめの会やおわりの会に自分から着席して参加することもできるようになり、集団遊びのときも、初めはちゃんと座るようになるなど、大きな変化が見られました。ただ内容が少し難しくて、興味をそがれると、外で遊ぶことを選びまし

た。そして、しっぽ取りに誘うと、すんなり戻ってきて、みんなといっしょに楽しむこともできました。対応が間違っていなければ、きっと応えてくれるという手ごたえを感じさせてくれる変化でした。

保育園の生活発表会で

　お母さんは、生活発表会で雅彦がうまく参加できるかどうか心配していました。彼がどんな行動をとるか予測できませんでしたが、それが年中の時点での発達段階であることを受け止めてほしいと、私は言いました。

　舞台に登場してすぐに、お母さんを見つけてうれしそうな表情をしました。しかしテンションが上がりすぎて、オープニングの歌はわざと調子をはずしはちゃめちゃな歌い方になりましたが、とても楽しそうな様子でした。その後、雅彦のクラスの劇になりましたが、登場してすぐ「おかあさーん！」と客席に走ってきたので、驚きながらも抱っこしてしばらくいっしょに見ました。自分の出番になるとやおら立ち上がって、舞台へ戻ったのですが、そのとたん、雅彦の出番は終わってしまいました。そこでどうしたらいいかわからず、女の子を衝動的に押してしまいました。会場が一瞬どよめき、先生が慌てて雅彦を引っ張っていこうとすると、激しく抵抗して先生をたたき、大騒ぎの中、退場させられました。

参加したい思いを生かせる支援があったはず

　なんということでしょう！　せっかく雅彦が舞台に戻ったのですから、そこをもう一度やり直して彼の出番をつくってくれたらよかったのに……とお母さんは悔やみました。先生方は雅彦のことより、劇を予定どおり進行させることしか頭になかったようです。

　彼のために、ほかにどんな支援がされていたでしょうか。そこを確かめて来年度に向けて見直してもらう必要があると思いました。スケジュールや劇の台本を見せてもらうこともなく、待機場所の目印もないままでした。これではうまくいくはずもありません。

　雅彦はちゃんと劇に参加したかったのです。お母さんに見てもらおうとエンジン全開で臨んだのに……方向舵（ほうこうだ）のコントロールができないまま、航路をはずれて不時着となってしまったのです。どんなに悔しかったことでしょう。

11. 雅彦　あまのじゃくにはわけがある！

どれほどプライドが傷ついたことでしょう。

　引きずり下ろされたあと、舞台裏でお母さんは雅彦を抱きしめて、二人で泣きました。雅彦はその後、何度も何度も「アカンことをした！」と自分を責め、「明日は保育園に行かない」と涙目になって訴えました。そこでお母さんは言いました。「最初出てきて、ママを見つけて笑顔を見せてくれたときはうれしかったよ。歌も元気よく歌えたね。『おかあさ～ん』って来たのもOKだよ。自分の番が来たとき、舞台に出たのもえらかったよ。でもそのあと、お友達や先生を押したりたたいたりしたのはだめ。みんなが怒ったのはそこだよ」と。自分の失敗を叱られると思っていたのに、お母さんが諄々（じゅんじゅん）と諭してくれて、雅彦はどれほど安堵したことでしょう。

翌日は名誉挽回、母子の信頼関係を築く機会にも

　それでも翌朝は「保育園にはもう行けない」と思い込んでいる雅彦と、すったもんだしたあげく、なんとかなだめて保育園に連れていきました。この日は祖父母向けの発表会だったので、みんなが会場へ向かうとき、お母さんと手をつないで移動しました。その頃からやっと気持ちが切り替わり、遊戯室に着くと自分からバイバイしました。そしてがんばって発表することができ、雅彦は面目を施すことができました。前日の発表会のあとで、この日登園できただけでも上出来だとお母さんは思いましたが、演技までできたと聞いて、雅彦の成長を感じました。

　この行事の一連のなりゆきを通して、周囲の大人の配慮が足りず、苦い経験をさせたことは反省させられましたが、一方で母子にとっては信頼を築く機会にもなりました。なかでも、お母さんを見つけたときのうれしくてしかたないような雅彦の笑顔は、母子関係に劇的な変化をもたらしました。

　「今まで私のほうに来てくれなくて、宇宙人みたいな存在でしたが、やっと地球人になってくれた感じです！」と、お母さんは感慨をこめて話してくれました。

じんましんの夜のお父さんの支援

　ある夜、雅彦はひどいじんましんに悩まされました。家にあった坑アレルギー剤は小児用のシロップ剤でした。甘い飲み物に拒絶反応を示す雅彦はい

やがって泣き叫び、どうしても飲もうとしませんでした。

　そこで、紙に「おくすり のみます。 かゆいの なおります」と書き、いっしょに何度も読みました。すると、泣きやみ、飲む気になってコップを自分で口に運びました。ところが、あと一歩というところで飲めず、また大泣きしました。お母さんは困り果てて、出張中のお父さんにSOSの電話をしました。雅彦に受話器を渡すと、お父さんは説明など何もせずに、「ごくごくごくごくごくごくごくごく……」と、ずっと優しい口調で繰り返しました。すると、電話口から呪文のように聞こえる「ごくごく……」で、雅彦はついに自分でコップを持ち、薬を全部飲んだだけでなく、「そんなにまずくなかったよ」とまで言いました。受話器を通して聞こえてくる、大好きなお父さんの声が心地よかったのでしょう。薬を飲めた自分への誇らしさがその顔に現れていました。

　それにしても、いきなりピンチでバトンタッチされたお父さんは、とっさに言葉が見つからず、大慌てだったことでしょう。とりあえず「ごくごく……」の声を発したのですが、それが大ヒットするとは思いもよりませんでした。擬音語もときにいい効果があることを教えてくれるエピソードでした。

 走りたくなったときの裏技？

　年長のときのことでした。スイミングの教室では準備体操が初めにあるの

 擬態語・擬音語の効果

　ASDの子どもに限らず、子どもたちはみんな、調子のいい擬態語や擬音語（擬声語）が好きです。

　絵本の中に出てくるリズミカルな言葉に魅せられて、何度も読んでほしいとせがまれる本に、『がたんごとんがたんごとん』『めっきらもっきらどおんどん』『三びきのやぎのがらがらどん』など多数があります。『大きなかぶ』も、「うんとこしょ、どっこいしょ」というかけ声や、「おばあさんがおじいさんをひっぱって、おじいさんがかぶをひっぱって、……」という歯切れのいいフレーズのリフレインが楽しくて、子どもたちを夢中にさせるのです。

11. 雅彦　あまのじゃくにはわけがある！

ですが、雅彦はその間、休みなく体操室を走り回り、ほかの子どもを押したり、窓によじ登ったりしました。お母さんははらはらしながら窓越しに見ていて、バツマークを作ってみせたり、パントマイムのように怒ってみせたり、あげくに体操室へ入って、引っ張り出して、言って聞かせたりしましたが、どれも効き目がありませんでした。けれども、雅彦は走ってはいけないとわかっていたので、やってしまったあとは、困った顔をして謝りました。そしてまた、次の教室で同じことを繰り返すのでした。

　ある日、体操の途中、窓越しに見学するお母さんのところへ雅彦が出てきて、「走りたくなっちゃった」と言いました。「じゃあ、いっしょに我慢しよう」と、一分間ほど抱きしめると、ぱっと自分から離れて体操に戻りました。あまりに効果的でお母さんは驚きました。

「ギューしてもらって我慢する」約束の効果！

　実はこれには布石があったのです。しばらく前から雅彦はお母さんにとても素直に甘えるようになっていました。準備体操でどうして走るのかを聞くと、「走りたい、やめられない」と言うのです。「そう？　じゃあ、こうやってギューッとしてママといっしょに我慢しよか？」と相談したら、「うん」とうなずいて「走りたくなったら、廊下のママのところへ行って、ギューしてもらって我慢する」と約束したのです。

　その後もハグが大好きで、身内や、保育園、病院の知っている先生方など、誰にしてもらっても安心しきった表情になり、力を抜いて体を預けてきます。「もう年長さんでしょ？」などと笑われると、「バブバブ、１歳の赤ちゃんでちゅ。抱っこちてくだちゃい！」などと言って甘えました。

　雅彦にとってピカイチのハグを見つけてしてあげようと、お母さんがいろんなハグをして聞いてみました。すると、「強いギューッはあまり好きじゃない、優しいギューッが好き」と答えました。こうして、お母さんは折に触れて優しいハグをして雅彦との絆をいっそう確かなものにしていきました。

「だいすき」と書きたい、七夕飾りも作りたい

　七夕の頃でした。突然「『だいすき』ってかいてみたい」と言ってきて、お母さんと二人で字を書く練習をしました。お母さんへの愛着心が、苦手な

書字もしてみようという意欲につながったのでしょう。最後はぐちゃぐちゃ書きになってしまいましたが、気持ちだけはお母さんにしっかり伝わりました。翌日は、保育園で笹飾りを作ることになっていて、子どもたちは短冊に願いごとを書いたり、飾りの紙をくくりつけたりしました。そのときは自信がないからか、参加しませんでしたが、お母さんは、参加できないときもみんなの作業が見えるところで、待機させるようにお願いしておきました。すると、家に帰ってから作ると言い出しました。そしてお母さんといっしょに色紙を切って輪っかを作り、長くつないでくさりにしました。そのときはしなくても、遠くで見ながらシミュレーションをしている子どもはよくいます。

「1年前に、親子関係が壊れかけ、保育園でも親子で孤立し、お先真っ暗な気持ちで、ひろ子先生の学習会に参加したのが嘘のようです……」とお母さんは振り返りました。

スイミング教室での取り組みにも成長のきざし

やがて、スイミング教室でも、体操の時間は走ることはなく、少しずつまねるようになりました。プール内でも、順番を抜かさずまわりの流れに合わせて、参加できるようになり、練習も楽しくなってきたようでした。コーチの指示やアドバイスにも耳を傾けるようになりました。

ただ、プールは好きなはずなのに、いざ行くときになると「行かない」とぐずりました。またあまのじゃくが始まったかと思いましたが、理由を聞くと「お母さんが怒るかと思ってどきどきするのがイヤだ」と言うのです。以前「お母さんに見ていてほしい」と言うので、ガラス越しに熱心に応援し、泳ぐ方向が違ったりすると、身振り手振りで合図を送っていました。それがエスカレートして、おそらく怖い顔をして見張るようになっていたのかもしれません。

「じゃあどうしてほしい?」「がんばるから、泳いでるときは見ないで」。その日は、見ずに待っていると、「ちゃんと言うこと聞いたよ、手伸ばすのも、バタ足も、めっちゃがんばったよー!」と誇らしげに報告しました。もう、信用してもいいのだ、信用してもらってうれしいのだな、とお母さんは確信しました。

まだ、会話は「宇宙人」?

「まだ宇宙人だと思ってしまうのは会話です。確かに、語彙は豊富で、おしゃべりもうまくなりました。が、質問の答えが、真実とはまるで違うことばかりです。たとえば、ほっとでも、『昨日の日曜日はどこか行ったの?』と聞かれると、『おばあちゃんちに行ったよ。まずJRで三宮に行って地下鉄に乗り換えて、新神戸から新幹線のぞみN700系に乗って、名古屋まで行ったよ。それから地下鉄に乗るんだよ……』。行き方はそのとおりで、よく覚えてるなと感心しますが、問題は、昨日どころか何か月も、名古屋の祖母の家には行ってないことでした」と、お母さんは驚きました。

また、保育園からの帰り道に、「今日は保育園で何やったん?」「遠足行ったよ、動物園。ゆうくんと手つないでいったよ」実は、遠足どころか散歩もしていなかったのです。また、「給食、何食べた?」「カレーとバナナ、いっぱいたべたよ」。やはり違うメニューでした。これらもまた、時系列の混乱からくる答えだったかもしれません。

 どこまで本当でどこから作り話? それとも思い違い?

一方、「何歳?」「お名前は?」などの質問に、「50歳」とゼロをつけてみたり、違う子の名前を言ったりするのは、相手の反応を楽しんでいるようで

療育の視点

ASDと時系列の混乱

ASDの子どもの場合、時間の流れが把握できず、過去・現在・未来が混然一体となることがよくあるようです。だから、祖母の家へ行ったのを昨日のことのように感じていたり、または、昨日というのがいつのことか、わかっていないのかもしれません。

カレンダーなどに予定を書いて、終わったら横線やバッテンで消していくようにしたり、日曜日の晩などに週末を振り返って、したことを話すような練習をすることで、ある程度、日にちの概念や時間の経過を理解するようになります。また、カレンダーを見て、今日の予定を確認するのを日課に組み込むことも役立ちます。

した。こんな風に故意に事実と違う話をすることについては、空想の世界で会話を楽しんでいたり、反応を試していたりするのかもしれません。

お母さんはどこまで本当でどこから作り話なのか、または思い違いなのかわからず、困惑することがしばしばありました。クラスメートは、雅彦の言うことを気にしていない様子ですが、この先、まわりから嘘つき呼ばわりされないか心配でした。

ASDの子どもは一般的には嘘がつけないといわれますが、言葉遊びの延長だったり、空想の世界を広げて楽しんでいたりすることもあります。おそらく、改まった場所で、相手が真剣に聞いている場合なら、雅彦は正しく答えるでしょう。ただ、どこまで冗談の作り話が許されるかの判断がつかないこともあり、そこを学ぶのは今後の課題です。

時を選ぶ自制はできても、相手を選ぶ判断はまだ…

会話の特異性はほかにも見られました。
中村徹(なかむらてつ)さんという、高機能ASDのピアニストのリサイタルに行ったことがありました。プログラムが終わると、雅彦は徹さんのところへ駆け寄って行き、「どうして日本はアメリカに負けちゃったの?」と唐突な質問を浴びせたのです。握手を求めてきたとばかり思っていた徹さんは、右手を差し出したまま「えーと、えーと、」と、固まってしまいました。そばからお母さまが、「わからないことは、わからないって言うのよ」と、穏やかな口調でアドバイスされると、徹さんも落ち着いて「はい」とうなずきました。

戦争をテーマにしたテレビドラマを観てから「どうして日本は戦争したのか」「どうして日本はアメリカに負けたのか」と何度も聞くことがありました。お母さんはそのつどそれなりに答えてはいたものの、まだ気になっていて、ほかの人の考えを確かめたいようでした。おそらく、リサイタルの中で、ドイツの話なども出たので、質問してみたくなったのでしょう。聞いていないようで、アンテナを張りめぐらせ、敏感に言葉をキャッチするのです。

ピアニストに対する質問としては、突拍子もないものでしたが、聞きたくてしかたない質問も、最後まで我慢して終わってから聞きに行ったのは、分をわきまえていたといえますが、それを誰に聞けばいいかの判断が、まだできなかったのです。

先生に「大キライ！」、それはお母さんが「大好き！」だから

朝、保育園で迎えてくれる先生に「とっとと出て行け！　大キライ！」と悪態をつくのが、お母さんの悩みでした。

「そんなこと言うもんじゃないよ」と叱っていましたが、あるとき、雅彦が言いました。「先生が近づいてきたらお母さんとバイバイしないといけないから。もっとお母さんといっしょにいたいから」と。つまり、お母さんが大好きだから離れられないのです。

最近、お母さんと手をつないで歩くようになったのですが、それは歩き始めた頃以来のこと。脚力がついてからは、お母さんは手を振り払って走り回る雅彦を追いかけてばかりでした。今、その構図がすっかり変わっていたのです。

「お母さんから先生にバトンタッチなんだよ」で納得

小学校に入学後も、朝、学校でお母さんから離れられません。結局、泣きながら先生に引っ張っていかれる始末でした。登校中も、「なんで学校に行かなきゃいけないの？　どうして大島先生はぼくとお母さんを引き離すの？」と訴えました。「大島先生は雅彦とお母さんを引き離すんじゃないよ、お母さんから大島先生にバトンタッチなんだよ。雅彦を見守る役は、家ではお母さんとお父さん、学校では先生、だからバトンタッチなんだよ」と説明すると、「あー、そういうこと！」と納得。

その日、学校に着くと、出迎えてくれた大島先生とお母さんをタッチさせて、「お母さんバイバーイ」と態度が一変したのには驚かされました。勝手に思い込んでいたことが間違っていたとわかると、こだわりから解放されるのを、改めて実感する瞬間でした。

とはいえ、学年が変わるなどの環境変化で不安定になる時期には、理屈はわかっていても、気持ちがお母さんから離れられないことが繰り返し起きました。そのたびに、お母さんにハグしてもらって気持ちを立て直すこともありましたが、それも徐々に収まっていきました。

雅彦のずれた解釈と不適応行動、それに気づいてやれば、なんと簡単に解決できることか！　と、お母さんはつくづく感じました。理屈を説明すると

すとんと納得できるのは、本当におもしろい ASD の理知的特性です。

 ## 多くの大人と接し社会のルールやマナーを学んでいく

　ある夕刻、お母さんが食事の支度をしていて、左指を切ってしまいました。右手で押さえて痛がっていると、「大丈夫？」と気遣ってくれるのですが、「じゃあ、お箸出して並べてくれる？」と頼むと、「なんで？　右手は痛くないでしょ？　右手でやればいいじゃん」と返し、お母さんを唖然とさせたことがありました。「心の理論」が未発達なるがゆえの言動です。

　親子関係が好転して、お母さんとのコミュニケーションがとりやすくなり、めいっぱい甘えるようになる一方で、お母さんの指示に従いにくくなることも多くなりました。

　しかし、スイミング教室や保育園では、たくさんのコーチや先生が指導し世話をしてくれるので、いろいろと社会のルールやマナーを学ぶ機会が与えられました。雅彦も、集団の中では甘えが通らないとわかると、自分を抑えることを学びつつありました。

 ## クラスの子どもへの説明で理解が進む

　雅彦には障害特性に関係する社会スキルの課題がいくつかありました。

　ぶらんこが好きで、学校でも休み時間になるとよくぶらんこに乗りましたが、ほかの子が待っていても交代することができないのです。

　２年生になると、交流学級の担任の先生は、雅彦の不適応行動について、「悪気はなくてもやってしまうことがあるんだよ」などと、障害特性との関係を、クラスの子どもたちに説明してくれました。たとえば、「雅彦くんは、ぶらんこに乗ると心が落ち着くんだよ」「なかなか代われないときは教えてあげてね」など、雅彦への理解とかかわり方も話してくれました。

　おかげで雅彦がぶらんこに乗っていると「まあくんはこうすると心が落ち着くんだよね」と背中を押してくれたり。雅彦がちゃんと交代できた日はみんなでほめてくれ、迎えに来たお母さんにも「今日はまあくん、ぶらんこ代われたで！」と報告にきてくれました。だめなことをした報告も多かったのですが、それでも、クラスの子どもたちが雅彦に心を寄せ、応援してくれる姿をうれしく感じました。

支援学級での授業はかなり簡単なのですが、雅彦は、答えだけでなくその理由をみんなの前で発表する練習もしています。こうして先生やクラスメートに支えられながら、楽しく学校生活を送っています。

「雅彦は"ギフテッド・チャイルド"」

　ドリルなどの宿題はやればできるので、お母さんは促していましたが、やめることにしました。宿題をあきらめるという意味ではありません。雅彦にとっては書くことがストレスで、書いて答える宿題は想像できないくらい高いハードルであることに気づいたのです。学校で漢字などの練習もするのでそれでよしとし、家では得意を伸ばすことに切り替えたのです。好きな英語のDVDを見たり、漢字や難しい表現をいっしょに辞書で調べたり、絵本を読んだりして、お母さんと無益な衝突をすることもなく、穏やかな時間が過ごせるようになりました。

　お母さんは雅彦がかわいくてしかたない気持ちを次のように話してくれました。

　「こんな大変な時期はいやだ、早く成人してほしい、とずっと思っていたのに、不思議です。今の雅彦が大好きです。今の雅彦のままでいてほしいと思ったりもします。雅彦は文字どおり"ギフテッド・チャイルド"。天からの授かりものだと実感します。彼の親になれてラッキーです。もちろん、社会適応など、これからも学ばなくてはいけない課題もありますが、希望をもってやっていける気がします……」と。

12. 千尋　ファンタジーの世界に遊ぶ

入級時年齢：4歳8月
知的障害：療育手帳B2
家族：両親、弟2人

　言葉が出ないことに不安を感じて、両親が千尋の障害を疑ったのは2歳になったばかりのときです。発達テストを受けたあと、医師から「ASDです。これから先、どう成長するかは誰にもわかりません」と言われて、お母さんは将来への不安に押しつぶされ、泣きながら診療所をあとにしました。私が相談を受けたのは、その後まもない頃でした。

　言葉はまだコミュニケーションの道具になっていない

　「まだ小さいのだから、ゆったり構えて様子を見つつ、可能な支援をしてみましょう」と私は言いました。まもなくちらほら単語が出てきました。「いえ」「あり」「がっこう」「ママ」「ドア」など。やがて五十音も言うようになりました。しかし、ただ言っているだけ、呪文や記号を唱えているだけという感じで、なかなかコミュニケーションにはつながりませんでした。

　言葉が発達する初めは興味のあるもの、「わんわん」や「ブーブー」など、好きなものの名前を大人に伝えるようになるものです。千尋の発語はそういうものとは少し違っていました。お母さんも気がついていたように、単語を言葉遊びとして発音しているだけという感じで、コミュニケーションの道具として発音している気配はありませんでした。しかし、それを否定する必要もありません。いろんな単語の発音をまねて言ってみるのも、言葉を発達させる一つのステップとして評価できるからです。

　「いや」が言えるようになって

　3歳になると、千尋は「いや」が言えるようになりました。両親は拒否の意思表示ができるようになったのを喜びましたが、それもつかの間、何をするにも「いや、いや」を連発して、困らせるようになりました。

　確かに「いや」と言えるのは自我の芽生えでもあり、成長の現れです。子

どもは「いや」と言うのを楽しんでいるように見える時期がありますが、それは誰もが経験する言語発達の通過点でもあります。そういうときは適当に受け流すしかありません。「イヤー！」と叫んでも、本当はわかっていることもよくあるものです。

「わかった、じゃあ、好きにしなさい」と様子を見る、その場を離れてしまう、というのも一つの手です。無理やり力で押さえるのではなく、最終的に本人の気持ちが変わるように支援したいものです。「言うは易くして、行うは難し」ですが、基本は子どもの気持ちに寄り添って、いつかわかってくれるときがくるまでの我慢です。

信号の意味を教えたいけど…

お母さんは千尋の発達が定型でないことに早期に気づいて、あれこれ本を読んだり、講演を聞きに行ったりしました。そして、私の学習会にも参加するようになっていました。「お話を聞いてはじめて納得できる子育てだと感じました」と言って絵カードを作り、千尋とのコミュニケーションを図るようになりました。

「外に出かけたときに信号の意味を教えているのですが、まったく理解してくれません。信号の写真とイラストでカード（表が「あか」「とまる」、裏が「あお」「すすむ」）を作って見せているのですが、まったく効果なしです。何かいい方法はないでしょうか」

ちょっと待ってください！　いきなり信号の写真を見せられても、彼女には何のことかさっぱりわからないに違いありません。赤とは何か、青（緑）とは何か、色についての知識がなければ、話になりません。

信号の意味の前に、色の弁別ができることが先決

信号について学ぶ前に、まずは色の弁別ができることが先決問題でした。積み木、クレヨン、色紙などの属性としての「色」を理解し、同じ色をマッチングして理解できるようにすることが信号を学ぶ前提です。次に、赤と青（緑）の信号の写真を並べて、色の違いに注目させること、そして、最後に、「赤信号では止まる、青信号では進む」を教えなくてはなりません。

そのあとで、実際の信号機と信号機の写真を見比べることになります。こ

れがまた、簡単ではありません。少し離れた高い位置にある信号機に焦点を合わせて見ることが、けっこう難しいのです。「ほら、あれを見て」と信号機を指さしても、子どもはそのお母さんの指を見ていたりします。

　何度も根気よく信号機を見る練習をして、ちゃんと見ることができるようになれば、カードと同じ色のランプがついているかどうかを確認させる……というような手順をふんではじめて信号をとらえることができるのです。

　「信号を理解するのはそんなに難しいことだったんですね。外を歩いていて手を離せば脱走してしまって、すごく危険なので、ついついあせってしまいました」とお母さんは反省し、色の弁別から再び出発したのでした。

すぐに効果が現れなくてもあきらめず

　同じ頃、歯みがきとシャンプーをいやがりました。「一生できずじまいの人はいないから、気長にカードや手順書で教えてください」と伝えました。すると何か月かたって、「歯みがきの手順書を見せても、大好きなし○じろうのDVDを見せてもまったくだめで、手順書を見せるのもやめていたんです。もうこの子は一生歯みがきをしないのかと思うぐらい心配でしたが、最近久々に手順書を見せたらすっと歯みがきをやり始めて、本当にびっくりしました。今はすっかり習慣となって、毎日手順書を見ながらやっています！」と喜びのメールが来ました。

　あきらめずに基本の視覚支援を続けることが、やはり肝要だと感じました。また、見るのをいやがったら、いったん引き上げて、時間をおいてからまた出せば、うまくいくこともあるのを教えてくれる例でした。

書いたものを見せると、効果絶大

　千尋は4歳ですでにひらがなを読めるようになっていました。あるとき、外出先であめを食べようとして、ぽろっと落としてしまい、その場でパニックになってしまいました。何度も「落ちたあめは汚いから食べません。新しいあめ、食べます」と言っても収まらず、2、3分泣き叫んでいました。

　そのときお母さんは、ふと学習会で知った支援法を思い出して、今言ったのと同じことを紙に書いて見せたところ、ぴたっと泣きやみ、新しいあめを食べることができたのです。お母さんはとても驚いたのと同時に、「これは

使える！」と新しい接し方を見つけて喜びました。

　それにしても、千尋はこんなことでつまずいてるのか、としんどさもわかって、複雑な思いでした。

パニックや泣くこともそのまま受け止める

　この頃、何かささいな理由でパニックになると、次から次へと悲しい理由を並べました。たとえば、マスクが欲しくてパニックになると、「耳あてがほしいの〜」「間に合わないの〜」などと並べ立てるのです。

　「悲しいときは、『そうなの、悲しいのね。』と寄り添って『じゃあ、ママが100数える間（または3分間）、泣きなさい。』と受け止めてあげるといいのではないでしょうか」と提案すると、お母さんは、「泣いてもいいと受け入れてかまわないのですね。それをお聞きして気持ちが楽になりました」とほっとした様子でした。

　人は涙を流すと気持ちが軽くなるということもあるものです。悲しみを涙とともに吐き出すことができるのでしょう。また、そういう気持ちを理解してくれる人がいることで、気持ちが慰められるのだと思います。このとき、「泣かないで！大丈夫だから。泣いてもしかたないでしょう！」などとまわりで騒ぎ立てると、火に油を注ぐことになりかねません。静かにそっと見守る心のゆとりも、大切な支援の一つです。

人と同じものを欲しがるときは…

　千尋には友達の持ち物や服装と同じものを持ちたい、着たいという気持ちが強くわき上がることがありました。たとえば、風邪をひいた友達がマスクをしているのを見ると、「私もマスクした〜い！」とぐずることがありました。それなら一度マスクをさせてみて、マスクがどういうものかを知る機会にすればいいのではないでしょうか。

　同時に「わかるストーリー」でマスクは何のためにするのかを伝えると、やたらにマスクをしたがることはなくなるのではないかと思い、提案しました。するとお母さんはさっそく実行に移し、「わかるストーリー」を書きました（→役立ちアイテム**わかるストーリー20**）。

　喉に湿り気と温かさを与えて風邪の症状の悪化を防ぐためだったり、病気

の感染予防だったり、大気汚染から身を守るため、花粉症の人は花粉を防ぐためなど、マスクを利用する目的はほかにもいろいろありますが、まだ4歳の千尋には、全部を教える必要はありませんでした。長さからいってもこれぐらいが限度でした。

　千尋はマスクをファッションとしてとらえ、かっこいいと思っていた節もありました。お母さんの「わかるストーリー」を一所懸命読んでいましたが、すぐには内容を理解できない様子でした。しかし、何度か読むと、その後一度だけ要求して、マスクへの執着は消滅しました。

　やみくもに否定せず、歩み寄って支援をしたことがいい結果を生んだと、お母さんははじめて書いた本格的な「わかるストーリー」に自信を得ることができました。こうして、千尋はお母さんがノートに文字や絵を描くと興味津々でのぞき込み、読もうとするようになりました。視覚優位であるため、ビジュアルな情報には敏感に反応するのです。

> **役立ちアイテム　わかるストーリー 20**
>
> ●マスクはいつするの？
>
> ひとは　かぜを　ひくと　たいてい　マスクを　します。かぜを　ひくと　くちの　なかに　たくさん　ばいきんが　できてしまい　せきや　くしゃみを　したとき　くちの　なかから　とびちるからです。くちの　そとに　ばいきんが　とんでいくと　ほかの　ひとの　くちに　はいって　かぜが　うつってしまいます。だから　かぜを　ひいた　ひとは　ばいきんが　とんでいかないように　マスクを　します。げんきな　ひとは　くちに　ばいきんが　ないので　マスクを　しなくても　だいじょうぶです。マスクを　すると　すこし　いきが　しにくいです。だから　わたしは　かぜを　ひいたときだけ　マスクを　しようと　おもいます。
>
> （イラスト省略）

ファンタジーの世界に入り込んだときには…

　千尋はほっとに来て、靴を履き替えるとき、ふと動作が止まることがよくありました。ドアのガラスに貼ってある花などの絵に見とれて、何かをつぶやき、心を奪われているようでした。家庭でも、朝起きてしばらく布団の中でファンタジーの世界に浸っていることがあり、「リカちゃん、自転車ぐるぐる〜」「ハローキティのかぐや姫、太っちょだね〜」などと夢見心地でしゃべっていることがありました。

　それは、ASDの女の子によく見られることですが、今までに読んでもら

ったメルヘンや、アニメの世界を再現しているのです。しばらく待って、スケジュールカードを何度か見せて、現実世界に呼び戻すと、活動や作業を再開することができるのです。

　ファンタジーへの没頭は、このように、動作を中断して困ることもありますが、それ自体は空想の世界を楽しんだり、そこでのやりとりを通じて、社会スキルを学ぶこともできるのですから、悪いことではないと思っています。ただ、そばに支援者がいて、ときどき現実世界に連れ戻さなければ、集団生活の中でみんなから取り残されたり、授業が頭に入らなくなったりという不都合を生じることもあります。

泣いている子を見て笑う⁉

　千尋は人の気持ちを理解することが困難でした。「心の理論」が形成されていないのです。ほっとでほかの子が泣いている顔を見て笑ったことがありました。お母さんは「家でも、たまに弟が泣いていると弟の顔を見て、泣いている顔がおもしろいようで笑ったりします。幼稚園では、しくしく涙を流して泣いている子を見ると、『なんで泣いてるの？　何が悲しいの？』と聞きに行くので、悲しい様子もわかっていることもあるのですが、大きな声をあげて顔をくしゃくしゃにして泣いている子の場合には、顔を見に行って笑ったりするので気持ちがわからないようです。課題でぜひやっていただけたらうれしいです」と言いました。

　そこでこれについても、「わかるストーリー」を作って、ほっとのセッションで取り組みました（→役立ちアイテム「**わかるストーリー21**」）。

　この「わかるストーリー」を学習

役立ちアイテム　わかるストーリー21

●人が泣いているときはどうするの？

だれでも　おかしいことが　あると　わらいます。でも、かなしいときは　わらわないものです。ほかの　ひとが　ないているときや　かなしそうな　かおを　しているときは「だいじょうぶ？」と　きいてあげるのが　やさしい　ひとの　やりかたです。

だから、わたしは　ないている　ひとを　みても　わらわないように　しようと　おもいます。

すると、大泣きしている子を見ても笑わなくなりました。そしてパターンとしてですが、「大丈夫？」と言うようになりました。

悪気はなく、ふるまい方がわからず誤解される

彼女には悪気は決してなかったのです。ほかの子が泣いているとき、自分はどうふるまうべきかわからなかったのです。このことについて、のちに彼女が笑った理由を話してくれました。「悲しくて泣いているのはわかっていたけど、泣いているときのゆがんだ顔を見たくてのぞきこんだら、おもしろかったから笑ったの」と。彼女が笑ったことについての私たちの解釈は少しずれていましたが、結果的にはこの「わかるストーリー」で問題を解決することができたようです。

本当は素直で優しい子なのですが、こういうことでもASDの子どもたちは誤解されることがあるものです。トニー・アトウッドは、このことについて次のように述べています。

「人が泣いたり笑ったりしているときの極端な顔の表情は大変似ていることがあります。どちらの感情も涙が出ます。アスペルガー症候群の人の困惑はよく理解できますが、ほかの人から誤解されかねません」。

家族への気配りを見せることも

ある日、千尋が冷蔵庫にあるドーナツを見つけて、「ドーナツちょうだい、チョコちょうだい、チョコ、チョコ〜！」と言うので「ドーナツだけ食べよう、チョコはだめ！」とお母さんは制止しましたが、なおも「チョコも〜チョコも〜！」と大声で騒ぎ出しました。二人で格闘するうち、「わたし、お父さんの誕生日のケーキつくるの！」と言ったのです。「最初からそう言ってくれれば、すぐにあげたのに、二人ですごく遠回りをしてしまいました」とお母さんは苦笑しました。

騒ぎが収まると、千尋はドーナツの上にアポロ型のチョコレートをのせて、かわいいケーキを作りました。そして、お父さんが帰宅したとき「ケーキ食べて」と差し出しました。

また、お母さんが風邪をひいてマスクをして千尋と歩いていたとき、お地蔵さんの前を通りかかりました。すると、手を合わせて「お母さんが元気に

なりますように」とお願いしたのです。その姿を見ただけで、お母さんの風邪はどこかへ飛んでいったことでしょう！

まだ、4歳の小さな子どもが、誰から言われるでもなく、家族への優しい気配りを見せることができたのです。

リアルで楽しいごっこ遊びができている⁉

ほっとの遊びの時間に洋介とお医者さんごっこをしたことがあります。千尋がお医者さんになって、「注射をします」と言って洋介に注射をしたとき、ボランティアさんが「注射をされたら、どんな具合？」と聞くと「わーん！」と大泣きのまねをしました。今度は千尋のボランティアさんが、「あれ、洋介くんが泣いていますよ。何て言えばいいですか」と聞くと、千尋は「ごめんなさい」と言って、その後「絆創膏を貼ります」と、注射が終わったあとの処置もちゃんとしました。

なんともほほえましいお医者さんごっこでした。二人のASD児にこんなリアルで楽しいごっこ遊びができるのは驚きでした。

友達との距離のとり方に課題

とはいえ、友達とのかかわりに千尋は課題を抱えていました。大好きな葉月を見ると「は〜づ〜き〜ちゃ〜ん！」と大きな声で呼んだり、腕をつんつんしたり、顔を近づけたり、また、後ろから抱きついたりしました。相手がいやがっていることがわからず、何度も繰り返しました。

幼稚園の先生も「触りません。おはようと言います」「声の大きさは3です」「手を伸ばしても届かないところにいます」などとカードを見せながら、適切なかかわり方を指導する一方、葉月には「やめて」と言うように伝えてくれました。

家でも「わかるストーリー」を書いて説明するなど、友達づきあいのしかたを繰り返し教えましが、葉月を見ると反射的に体が動いてしまい、なかなか改善できませんでした。ただ、頭では理解しているようで、近づこうとするときお母さんが「手の届かない距離よ！」と声をかけると、手を伸ばして「はづきちゃん、かわいいね」「はづきちゃん、おはよう」などと軌道修正しました。そして、夏休みをはさむと、2学期からは葉月につきまとわなく

なって、お母さんはほっと胸をなでおろしました。

えりなちゃん親子と楽しい一日が過ごせた！

　えりなは、音楽会などで千尋がうろうろしないように手をつないでくれる、しっかり者でした。えりなのお母さんは、私の学習会に参加してASDを理解しようとしていました。ある夏休みの一日、千尋を家に招いて、えりなといっしょに遊ぶ機会をつくってくれました。そのとき、えりなのお母さんはスケジュールを作って見せてくれたり、入ってはいけないお姉ちゃんの部屋の前に「はいりません　×」の貼り紙をするなど、視覚支援をして千尋を迎えてくれたのです。

　二人はプールで遊んだり、お姫様ごっこをしたり、ピザを作ったりして、とても楽しいときを過ごしました。親子で千尋を温かく支援してくれることにお母さんは感動し、心から感謝しました。

小学校は支援学級に

　やがて、小学校に入学することになりました。両親は、先生のサポートを受けてまずは学校生活になじんでほしいと考え、支援学級に入るのがいいと、悩んだ末に決めました。すぐに友達もできましたし、幼稚園からいっしょだった友達も多く、思いのほか容易に学校生活になじむことができました。

　記憶力抜群の彼女は、クラス全員の誕生日と机・いすの号数をたちまち記憶しました。そんなことを記憶したからといって、何の利用価値もありませんが、少なくともクラスメートたちの驚きと注目を集めました。

　千尋は向学心旺盛で、授業に一所懸命取り組みました。国語、算数、図工、体育など、どの教科もクラスメートとともに楽しく学び、授業をよく理解し、吸収していきました。先生や両親からほめられることも多く、学業面では自信をもつことができました。

しっかり者のクラスメートに恵まれ

　同じクラスの美佐とは大の仲よしでした。自然に毎朝迎えに来てくれるようになり、帰りもいっしょでした。しっかりしていて、千尋が奇異な発言をしても反応せず流してくれたり、たまにバシッと叱ってくれたりします。ほ

かの女の子に「かわいいね〜」と言って抱きつこうとしたら、千尋を呼び止めて自分の腕を出して抱きつかせてくれます。お母さんは、美佐に千尋の行動が間違っていたら正しいことを教えてほしい、また、言葉かけで理解できないようであれば、紙に書いて教えてほしいと頼みました。すると、大声を出していたら、声の大きさは３にするように伝えたり、ほかの子に何度も「かわいい〜」「かわいい〜！」と言い寄るときは「かわいいは１回だけです」と注意したりしてくれるようになりました。

臨機応変の判断ができず不適切な行動になってしまう…

千尋には常識がなく、また、先生にどうすればいいかを聞くこともできないために、不適切な行動もしばしば見られました。授業が始まって急に教室を飛び出すので、理由を聞くと、教科書を忘れたので家に取りに帰ろうとしたことがわかりました。また、自分の席の横に落ちていたティッシュを、教室から遠く離れた職員室前の落し物置場へ持っていこうとしました。教室で拾ったのだから、担任の先生に渡せばいいのに、臨機応変の判断ができないのです。

家では落ち着いて過ごせるのに、学校へ行くとテンションが上がって、先生の指示が入らなかったり、フラッシュバックで突然泣いたりすることもありました。また、興味がわかないと離席してしまったり、算数の時間に生活の教科書を読んだり図鑑を見ていたりしたこともありました。

支援学級の先生、ボランティア学生に助けられ

幸いにも、交流学級の授業にときどき支援学級の先生やボランティア学生が付き添ってくれて、授業の進行をフォローしてくれたり、板書をノートに写せないとき、書き出しを少ししてくれることで、続きを書くことができたりしました。

先生の説明が長く続くと、耳からの情報を処理することが苦手な千尋は、十分理解できず、気持ちがそれてしまうこともあります。すると、目に入ったものに気をとられて、消しゴムのかすを丸めたり、筆箱をいじったりし始めます。そんなときに、付き添いの先生のちょっとした支援で、注意をよび戻すことができるのです。

交流学級の担任だけで、35人すべてに目配りしながら千尋に注意を向けることは困難です。ほとんどの授業を交流学級で受けている千尋にとって、支援を受ける時間は決して十分とは言えませんが、それでもありがたいことでした。

支援学級在籍を納得できなくなって

　そんな千尋でしたが、2年生になってから、自分が支援学級に在籍するのを納得できなくなりました。「お勉強がみんなとできるのに、どうして私はなかよし学級なの？」とお母さんに涙目で訴えるようになったのです。

　支援学級のクラスメートはそれぞれ知的障害があって、そこではより簡単な教材を使っているのを見て、支援学級はそういう子どもたちのクラスだと思ったようです。自分は違う、交流学級の友達と同じように扱ってほしいという願いが強くわき上がってきたのです。

　勉強はできても、人とのつきあい方がわからなかったり、スケジュールが急に変わると混乱したりするから、支援学級に所属して助けてもらっているということは、千尋には理解できませんでした。ただ、彼女は自分は集中できない、がさがさしてしまう、みんなから動作が遅れてしまうということなどを自覚していました。お母さんから、できないところを指摘され、そういうときはこうすればいいと対応策を教えてもらうことも多いので、苦手なことがたくさんあるのは知っていました。

両親は障害告知を検討

　そんな千尋を見て、両親は障害の告知を検討し始めていました。

　しかし、彼女は自分が友達と違うことを認めたくない、通常学級の友達といつもいっしょに過ごしたいと強く望んでいました。自分はASDかも……？　と薄々思っていても、一方でそれを否定したいと願っているのです。

　2年生になると、「なかよし学級をやめた」と宣言し、支援学級にある自分の名前を全部はぎ取って、すっかり縁を切ったと思い込んでいました。自分はひょっとしたら支援学級に行かなくてはならない特徴をもっているかもしれないけど、絶対行かない、がんばりたいと思い定めているようでした。また、自分のASDっぽいところはがんばれば治る！　と思っている節も見

られました。

　気が散りやすい特徴も自分でよくわかっていて、学校の筆箱やその中身は「シンプルなものにする」と言って、無地のものを使っています。かわいいキャラクターのデザインの鉛筆や消しゴムに強い誘惑を感じつつも、自制しているのです。その代わり、家では好きな鉛筆を使っています。それでもときには、「模様が気になって集中できない」と言って、自ら無地の鉛筆に取り替えて勉強することもあります。

　翌日、学校の先生に言わなければならないことがあると、「忘れたら困るから！」と付箋に書いて連絡帳の表紙に貼っておくこともあります。自分の苦手を自覚して先手を打っておこうとする様子がうかがえました。

特性を自覚できている、告知は必ずしも必要ない？

　自宅の本棚にあったASDの子の漫画を楽しそうに読んで、「これ、千尋ちゃん？」と聞いたり、テレビで発達障害の番組を見て自分のことかと聞いたりすることもあって、自分の特性がASDに共通することをかなり気にしているようでした。しかも、自分がそうであることを否定したい気持ちも伝わってきます。

　本人が何か違うと自覚し、自分のことをよりよく知りたいと思うときが告知のチャンスです。お母さんはそのタイミングをうかがっていますが、もしかしたら、今は告知をする必要はないのかもしれません。彼女はすでに自分の長所も弱さも含めて特性をよく自覚し、困難を乗り切る方法もわかっています。告知したのと同じようなふるまいが、すでに見られるからです。

　4年生になって、毎年のことながら、クラス替えや担任の交代などの変化でしばらく落ち着かない状況もありましたが、引き続き支援学級の先生に、交流学級での様子をそれとなく見守って支援を続けてもらえるため、安心して学習することができています。このように、一人ひとりに合わせた支援を真剣に考えてくれる学校の対応に、両親は感謝しています。

算数・理科が得意で将来はリケジョ！　夢はふくらむ

　学習面では、1年生の頃は集中が続かず、ぼんやりほかのことに気を取られることもしばしばありましたが、学年が進むにつれて集中できる時間も長

くなりました。向上心をもって努力するおかげで、ぐんぐん力を伸ばしています。特に算数と理科が好きで、「将来はリケジョになって不老長寿の薬を発明したいの」と夢を語ります。また、高級マンションの最上階に住みたい、宇宙旅行したい……など、いろいろ希望をふくらませています。以前は「何言ってんの？」とお母さんは笑って否定していましたが、今は「千尋ちゃんならできるよ。お母さんそう思うわ」と励ましの言葉をかけることができるようになりました。大きな夢をもつことが、千尋の努力の原動力になっていると感じているからです。

苦手な漢字練習は先生の前向きコメントで克服

　千尋はどの教科も全力で取り組み、いい成績をとっていましたが、漢字練習の宿題をいやがりました。記憶力のよさに助けられて、漢字を覚えるのは得意でしたが、わかっているのに何度も練習をさせられるのは無意味だと感じているのかもしれません。このため、宿題を仕上げるのに２時間もかかることがよくありました。

　ところが、お母さんに促されながらしぶしぶ宿題をして、百字帳を提出すると、担任の先生は花まるをつけて、「目標30分、字が美しい！　ワンダフル！　漢字の天才！」などと、毎日コメントを書いてくれるようになりました。すると、俄然やる気を出して、10分そこそこでできるようになったのです。

　漢字がスムーズにできるようになると、相乗効果でほかの宿題も早くできるようになりました。その後、逆戻りすることもありましたが、担任の先生のポジティブな対応でやる気を奮い立たせてもらいながら、苦手な宿題もがんばれるようになりました。

支援が疎ましい？　朝の支度は自己責任で

　こんな千尋にも次々に課題が出てきます。

　３年生の終わり頃のことでした。毎朝の仕度に時間がかかるので、お母さんがスケジュールを作って支援しますが、以前のような効果がないのです。「スケジュール見たら？」と声かけると、「あ！」と言って素直に動いていたのに、この頃は、「そんなことわかってるわ、私はゆっくりするタイプな

12.　千尋　ファンタジーの世界に遊ぶ

の、いちいちうるさい！」と反発し、時間を気にするそぶりが見られません。スケジュールも時計もわかっているはずなのに……と思うと、わざとぐずぐずしているようにも見えて、お母さんのいらいらが募ります。

　それなら、一度本人に相談してみたらいいのではないかと私は思いました。「千尋ちゃんは学校のことを一人でちゃんとできると思うから、何も言わないようにするのがいいの？　それとも『早くしないと間に合わないよ』って声をかけてもらうほうがいいか、どっち？」と。不安になって「声をかけてほしい」と答えるかもしれません。本人が望むのなら、声かけを受け入れるはずです。しかし、ほうっておいてもらうことを選ぶのなら、その結果は本人が引き受けることになるのを伝えておけばいいのです。

　担任の先生ともよく連絡をとって、遅刻をしたときは、本人の気持ちを聞いてもらうよう頼んでおくといいでしょう。きっと学校が大好きな千尋は、遅刻したら自分が損をすると思うに違いありません。不謹慎かもしれませんが、一度や二度遅刻をすることがあっても、それほど大問題だとは思いませんでした。お母さんも「一度自主性に任せてみるのもいいかもしれませんね。困った感を味わってもらいたくなりました」と言いました。

　ところが、次の朝はそんな空気を察したかのように、さっさと仕度をして出かけたのです。もうそろそろ自己責任で朝の仕度をする時期にさしかかっているのかもしれません。

　いろいろ課題がある中で、何を重点的に追求するか、優先順位をつけてターゲットを絞ることが重要です。そこで、当面は宿題を早くすませることを重点課題とし、朝の仕度については、さりげなくお母さんが手伝って、せかさず、しかも間に合うように支援することにしました。また、千尋の視線に合わせて時計の位置を下げるなどして、「時間の意識」を促すようにしました。

対人面は無遠慮な物言いが課題に

　「千尋の場合は人づきあいや社会的な常識が問題です。今の状態では自立して仕事ができるようになるなんて想像できません」とお母さんは心配します。将来自立して職業に就くことができるかどうかは、社会スキルや、コミュニケーション・スキルを育てることによってはじめて可能になるのですか

ら、今後はそういう訓練が千尋にとっての大きな課題です。

　対人関係の問題は、以前は人に近づきすぎることでしたが、次第にそのこだわりを卒業していきました。入れ替わりに、思ったことをぽんぽん口に出して言うようになり、ときどきお母さんはひやっとさせられるようになりました。公園で出会った小さい子どもに、「なんで汚い靴履いてるの？　新しいの買ったほうがいいよ」と言ったり、「どうして、まだ小さいのにめがねしてるの？　本読みすぎたの？　字は読めるの？」などと相手の気持ちを考えずにずけずけ言ってしまうのです。「まるきり、『自閉っ子』って具合です！」とお母さんは嘆きます。

　正直と言えば正直ですが、相手の気持ちを考えると、言うべきでないことがあるのを千尋は知らなくてはなりません。悪気はなくても人を傷つけてしまうからです。相手の容姿や持ち物、家族のことなどを悪く言ってはいけないこと、それを避けるためにはそれらに言及すること自体避けたほうがいいのを「わかるストーリー」や一覧表にして伝えなくてはなりません。

　彼女が使う不適切な言葉とそれに代わる適切な言葉を具体的に示して、対照表を作ると、ゲーム感覚で楽しみながら覚えられるかもしれません。

好奇心旺盛、素直で優しい子に

　千尋はまじめに努力して、漢字検定10級満点合格、クロール25m、長縄跳び、鉄棒の逆上がりなど、いろんなことに挑戦し、実力を伸ばしていきました。そのたびに自信を得るとともに、さらに意欲を高めています。マイペースは続いていますが、すっかり授業態度も落ち着いてきました。

　両親は千尋をありのままに受け入れ、好奇心旺盛で、素直な優しい子どもに育っているのをうれしく見守っています。そして今後も彼女の抱える困難と向き合って、臨機応変の支援を続けていきたいと願っています。

13. 純　練習は苦手でも、本番はバッチリ！

入級時年齢：4歳2月
知的障害：療育手帳B2
家族：両親、兄、姉

　純(じゅん)はお茶目な子どもでした。PEP-Rの検査のとき、色の名前を聞いたら、「イエロー」「ブルー」などと、英語で答えたのですが、「黄色はどれ？」などと日本語で話しかけても、正解することができました。なーんだ！　ちゃんと日本語を知ってるのに、得意がって英語でしゃべるんだ！　おわりの会でカウントダウンをするときも、「テン、ナイン、エイト……」と一人だけ英語で唱和します。

英語で答えたりお茶目な仕草で笑わせてくれる

　聞けば、お父さんの仕事の関係で海外にしばらく住んでいたとのことです。そのせいで、英語に慣れ親しんでいるのでしょう。そうはいっても、コミュニケーションに障害のあるASDだから、当然、英語なら流暢(りゅうちょう)にしゃべれるというわけではありません。おそらく、英語の発音の響きが好きなのだろうと推察しました。

　はじめの会で名前を呼ぶと、「はい」と返事をするのですが、手をあげる代わりに片足を上げました。その格好がいかにもかわいくて、思わず笑ってしまいました。大人になってこれをしたら顰蹙(ひんしゅく)ものだと思いつつも、人に迷惑をかけるわけでもなく、集団活動に参加できているのだから、とりあえずよしとしました。しかし、まわりの反応が次第になくなったのでつまらなくなったのか、そのうち、みんなをまねて、手をあげて返事をするようになりました。

よく観察して、できるとなってから参加するスタイル

　あるとき、集団遊びで指導者が前に出て、子どもたち4人でダンスをしました。「できるかな？」の音楽をCDで流して、いろんな動物の動作模倣をするリズム遊びです。純は初めのうち参加せず、後ろのほうでじっと観察を

していましたが、やがて、何回目かで（できると感じると）、完璧にいっしょに踊るようになりました。これが純の学習スタイルでした。

入学後、運動会の練習を渋る

　純は地域の小学校の支援学級に入りました。知的発達に多少の遅れはあるものの、早くからひらがなが読め、数字も読めるなど、ほぼ年齢相応と思われるアカデミックスキルを備えていました。しかし、新しい環境への適応に時間がかかると予想されたので、まずは支援学級でスタートしました。ていねいに支援してもらいながら、学校生活にソフトランディングしてほしいと、両親は望んだのです。純はほかの子とのかかわりをあまり求めず、一人で過ごすのを好むので、ほとんどの時間を支援学級で過ごしていました。

　入学してしばらくすると、運動会の練習が始まりましたが、彼は練習になじまず、参加を渋りました。支援学級の先生はどのようにして参加させればいいかと悩み、私にアドバイスをしてほしいと、お母さんを通じて求めてきました。

運動会は苦手なことのオンパレード

　行事への参加は、純に限らず、ASDの子どもたちにとっては鬼門です。いくつも乗り越えなくてはならないハードルがあります。まず、練習が必ずしも決まった曜日の体育の時間とは限らず、運動場や体育館を使う時間を学年に割り当てますから、クラス別の時間割とはまったく関係なく、練習日程が決められます。雨で運動場が使えないとなるとまた変更になり、運動会の練習のおかげで、この期間はまったくイレギュラーな時間割の連続になります。

　これでは、ASDの子どもたちが落ち着いて過ごせるわけがありません。また、練習の内容も知らされません。そのときになって、かけっこの練習だったり、リズム体操だったり、玉入れの練習だったりします。まったく見通しが立たないのです。さらに、リズム体操などでは、ひととおりやったら終わりかと思うのに、もう1回、もう1回と、何度も繰り返されると、いつ終わるかわかったものではありません。そういうことも、彼には我慢ならないことでした。

また、種目によっては、それをする意味がわからないというものもあります。特にかけっこは、何のために走るのかがわからないから、全力疾走することができません。外出先で気になるもの、たとえば大好きなバスなどが視野に入ると突進していきます。そういうときはとても速くて、親が追いつけないほどなのに、かけっことなると、ふらふらと走るでもなく歩くでもなく、進んでいるだけ……下手をすると、脱線してトラックの外へ走り出してしまうことさえあるのです。そのたびに連れ戻されて、先生がいっしょに腕を抱えてゴールまで走っていくなんてことになれば、本人にとってはおもしろくないことでしょう。

　こんなにいくつも、苦手なことを強要される運動会の練習が、楽しい道理がありません。しかし、それも、回数を重ねるうちに、ある程度見通しがもてるようになって、かなり適応できるようにはなるものです。

支援方法を提案するも、全部に参加できなくてもいいのでは？

　入学まもない純にとって、右も左もわからないカオス状態の中での運動会の練習は、かなり厳しいものがあると思われました。せめて、学校生活に慣れてくる２学期にしてもらえたら、少しは状況も違うのに……と思うのですが、学校としても行事の多い２学期を避けたいということかもしれません。

　何はともあれ、支援学級の担任の先生には、少しでも純が納得して練習に参加できるための支援について、提案をさせてもらおうと思いました。

　まず、ダンスの練習です。純は練習を拒否するとのことでした。いやなことを「いやだ」と拒否できることはそれとして喜ばしいことです。ダンスの練習は、見通しのない中でどこにいればいいかもわからず、不安な気持ちでいるのですから、無理に参加させるより、ダンスをビデオに撮って、それを見て学ぶのがいいのではないかと提案しました。担任の先生は、「では、週末、家に持ち帰って見られるようにしてみます」と言ってくれました。

　かけっこについては、本人がいやがるのなら無理やり参加させず、とりあえず１年生は見学もありではないかと思いましたが、先生は納得しなかったようです。

　運動会本番は９時から３時までの長丁場です。ほかの学年の競技や演技の間も、ずっと席に座って見学できるかどうかも問題でした。でも、いきなり

全部に参加できなくてもいいのではないでしょうか。無理やり参加させようとするより、参加できる範囲で、しんどくなったら教室へ戻って休憩してもいいと思います。だからこその支援学級ではないでしょうか。

見通しをもたせるためプログラムの活用を

　それはさておき、純に運動会のスケジュールを見せて、見通しをもたせることは大切なことでした。プログラムの中で、出場する種目に蛍光ペンでハイライトをつけて、「このとき純くんは出ます」と説明してもらったら、イメージしやすいのではないかと提案しました。保護者用のプログラムは漢字を使ったものなので、純には理解することが難しいかもしれませんが、私は養護学校にいたときから、この種のプログラムでもある程度流れを理解し、見通しをもつことができるのを見てきました。

　ところが先生は即座に、「プログラムはまったく役に立ちません。入学式のときもプログラムを見せたけど、効果がありませんでした」と言いました。しかし、よく聞いてみると、プログラムを前もって渡し、事前に見せていたにもかかわらず、いすに寝転ぶような姿勢で、座ることができていなかったとのことです。驚きました！　脱走することも立ち歩くこともなく、自分の場所に最後までとどまっていたのです。それこそが、プログラムの効果ではないでしょうか。「いすに座って参加する」という指示がなかったのですから、どんな姿勢であってもそこにいればいいと思ったのです。上出来じゃないですか！　そういうことであればなおさら、プログラムを活用してほしいと先生にお願いしました。

スケジュールを時間の幅として理解させるには…

　お母さんは、長年……といっても６、７年ですが、純とつきあってきて、その特性を知り尽くしていました。本人の意思を尊重しながら子育てをしてきたので、いたっておおらかです。可能な範囲で参加すればいいと言っていました。私はお母さんのその考えに同感でした。無理やり運動会に参加させることに、どれほどの意味があるでしょう。１年生はスタート地点です。今年どこまでできて、来年以降どれだけの変化が見られるか。そこを評価すればいいと思いました。２年生以降もまったく変わらなかったらそれはそれで

いいのではないか、とも思います。それだけ集団活動への参加が苦手であることが特性として判明するだけです。一人で静かに過ごすことが何より好きということであれば、それを認めてあげたらいいと思っています。

しかし、担任の先生はそれほど割り切ってはいませんでした。善意ながらなんとかして、純を交流学級の子どもたちと同じように、練習にも本番にも全部参加させたいと強く願っているようでした。

運動会の練習がイレギュラーに割り込んでくるのなら、せめて毎日のスケジュールを示してやってほしいと言いますと、「それはちゃんとやっています」とのことでした。たとえば、2時間目「運動場で運動会の練習」、3時間目「教室で粘土」と伝えてあると、2時間目に運動場へ走り出て、運動場の土をちょんとけってから急いで教室へ戻り、「はい、粘土ちょうだい」と言うのだそうです。確かに順序としては2（番）「運動場」、3（番）「教室で粘土」となっているのです。しかし、2時間目は9:40〜10:25、3時間目は10:45〜11:30とそれぞれ45分間の時間的な幅があるということを時計とともに示していますかと問うと、まだ、時計は読めないのでしていないとのことでした。

療育の視点　時計と文字

　ASDの子どもにとって、時計と文字は条件が許せば、できるだけ早い時期に獲得させたいスキルです。スケジュールを理解し、見通しをもって生活することはとても意味のあることだからです。だから、ほっとではできるだけ優先的な課題として取り組むことを心がけてきました。もちろん、それぞれの発達段階を考慮します。

　具体的に何時何分からどんな活動をするかなど、予定を正確に把握できると安心し、楽に生活することができるのです。認知発達が低い段階であっても、予定がわかることでとても落ち着いて過ごすことができます。あらかじめ渡した携帯用のスケジュールを大事そうに持ち歩く子どもを、私は何人も知っています。

　ただし、厳密な時刻にこだわる子どもで、示された時刻にその活動が始まらないとき、たとえば、「7:30　朝食」となっているのに支度ができていない場合などに、パニックになるようであれば、時刻を示すのは最低限度に抑えたり、または、少しさばをを読んで、遅目の時刻を提示したりするといいかもしれません。

タイマーは本人にとって知りたい情報を伝えるツール

　純は、すでに文字が読めるし、数字も読めて時計も少し理解し始めています。時計をきちんと理解できるようになったら、どんなに見通しがよくなることでしょう。まだ時計がわからない段階では、とりあえず、視覚的にわかりやすいタイムタイマーなどを使って、「ピピッ」と鳴ったら終わりであることを教えたらどうでしょう、とも言いました。すると、「タイマーも使ってみたけど効果がありません。運動場で遊んでいたとき、タイマーが鳴っても彼は遊びを終わらせることができませんでしたから」とのこと。

　どうやら、先生はタイマーを純の行動を規制するために使おうとしていたようでした。タイマーを使うとしたら、タイマーが鳴ったら授業が終わって、休憩時間になることから始めてほしいのです。楽しみな活動の開始時刻を知るという、本人にとって知りたい情報を伝えるツールとして、まずは使ってもらうとよかったのに。同じようにタイマーを使っても、使う目的や、支援者のスタンスによって、その意味が変わってくるのです。支援者は常にASDの子どもの視点で、どんな支援をすれば納得できるか、安心して楽に過ごせるかを、考え続けなくてはと思います。

支援はまず障害特性の理解から

　担任の先生と電話越しに話をしているうち、先生の求めていることが、一問一答式の即効性のある支援策であることが伝わってきて、私は不安を覚えました。ふと、養護学校に転勤当初、ASDの生徒を前に途方に暮れていた私自身の姿と重なりました。

　ASDの子どもへの支援はハウツーではありません。障害特性の理解からスタートしてほしいのです。それは10分や20分の電話で話すことなど到底できないことでした。しかし、そうもいっていられず、とりあえず純にとって納得のできる支援を提案させてもらいましたが、うまくいくかどうかはまったく未知数でした。

運動会当日はがんばった、しっかり学んでいた

　電話があった日から2週間後に運動会は行われました。私は気になったの

で見に行きました。純は担任の先生といっしょに自分の席に落ち着いて座り、他学年の演技を見学していました。マスゲームのときは、多少テンポがずれながらも、みんなといっしょにポンポンを持って踊る姿がかわいくて、くぎづけになりました。かけっこにも出て、途中まで担任の先生といっしょに走りましたが、なんと、先生が手を離すと一人で走ってゴールしたのです。玉入れも、先生に渡された玉をかごに入れようとねらって投げていました。なかなか入りませんでしたけど、何をすべきかをちゃんとわきまえていました。

そして、何よりもお母さんを驚かせ、喜ばせたのは、最初から最後まで自分の席に座っていたことでした。よくあれだけの長時間、がんばったものです。今までの純からは想像もできないことでした。きっと担任の先生にスケジュールの提示をしてもらったのでしょう。

純も、大仕事を成し遂げたのを誇らしく思ったに違いありません。きっとビデオで学んだダンスも、かけっこの意味も、玉入れのしかたもみんな、それまでに練習の様子を観察して、頭の中でシミュレーションしていたのでしょう。練習をいやがったり、うまくできなかったりしても、本番では不思議なくらいちゃんとできる子どもが多いのですが、実はしっかり観察して学んでいるのです。

2年生の運動会では落ち着いていたが…

2年生では、運動会の練習は、初めのうちは参加しなくていいことにしてもらいました。ある程度みんなが上手に踊れるようになって、形ができあがってから参加することにしたのです。こうして、混乱なくスムーズに練習に参加して、純も先生も落ち着いて本番を迎えられるようになりました。自分の席で他学年の演技を静かに見学するのもすっかり定着して、お母さんは安心して運動会を見ることができるようになりました。さらに4年生になると、練習に初めから混乱もなくフル参加できるようになりましたが、それはきっと、今までの運動会の練習の経験から、流れを予測できるようになったからに相違ありません。

担任の先生は優しい人でしたが、ASDについての知識はあまりないようでした。学校の中のいろんな場所の写真を撮って、純に見せながら「運動場に行くよ」とか「トイレに行こう」などと指示するときに使っていました。

それは視覚支援としていいことですが、純自身が必要なときに使えるカードはまったく用意していませんでした。本当はそれを先に作ってほしいのです。指示するためばかりにカードを使うのではなく、本人が使って便利だと思えるカードをまずは作って、カードに親しむところから始めてほしいのです。

課題はうんちの自立。実は誰もが通る道？

　小2の純にとっての課題は、大便をおむつではなくトイレですることでした。ふだんはパンツをはいていますが、便意を催すと自分でおむつにはき替えて、その中にするのです。これは、いつ大便をするかわからないからおむつをはいておくというのとは違います。今排泄（はいせつ）したいからおむつをはくということですから、なんとかなりそうな気がしますが、そこがASDの特性なのでしょうか、どうしてもトイレに座って排泄することができないのです。できない何かがあるのでしょう。便意を感じて便座に座っても出ず、おむつに替えたとたん、どばっと出るのです。きっと本人も、トイレでできたらいいのに……と思っていたことでしょう。

　ほっとの親たちの集いで、純のお母さんがこのことを相談すると、驚いたことに、何人ものお母さんから、「うちの子もなかなかうんちが自立できなかったのよ！」と経験を語ってくれました。どの子も共通して、うんちをするときはおむつやパンツをはいたまま、部屋の隅で中腰になって力んでいたというのです。純もそうです。足を突っ張ってへっぴり腰になるスタイルが、いちばん出やすいのでしょう。便座に座ると、どうやっておなかに力を入れたらいいか、わからないからできないのではないか、というのが一致した推論でした。

　あるお母さんが、「うちの子の場合は、便座に座らせて、両手をしっかり支えてやると、手に力をいれて、うまくできるようになったわよ」と話してくれました。またほかのお母さんは、「大人の便座は高すぎて、足がぶらぶらするから、足を踏ん張れないのかもしれない。だったら、足置きの台を便器のそばに置いてあげたら？」と提案してくれました。純のお母さんは聞いたことをいろいろ試してみたのですが、すぐにはどれも成功しません。でも、仲間のお母さんたちがいっしょに考えてくれる場があるのを心強く思っていました。そして、いつか必ず卒業できるときがくると信じて、気長にそのと

きを待っていましたが、やがてその思いは現実となり、ついにトイレでできる日がやってきました。

それは、年末年始の慌ただしいときでした。お母さんはうっかりおむつを買うのを忘れました。店が閉まっているお正月に、おむつが切れたのです。しかたなく便座に座るとうまく出て、それ以来できるようになったのです。

うさぎ虐待事件が発生！

2年生が終わる頃、お母さんが心配したことがありました。学校で飼っているうさぎを純が池に投げ込む事件があったのです。うさぎは助け上げられるまでに溺れたため、少し弱っていましたが、一命は取りとめました。

 わかるストーリー 22

● うさぎは大事にします

うさぎは　ピョンピョン　とんで
はしることが　できます。
こどもたちと　にわで　あそぶときは
たのしそうです。でも、うさぎは
およぐことが　できません。いけに
なげこまれると　おぼれて
しんでしまいます。また、うさぎは
やわらかくて　よわい　いきものです。ぎゅうっと　きつく　しめつけると
くるしくて　しんでしまいます。
ぼくは　うさぎを　やさしく
かわいがってあげようと　おもいます。
なでたり、だっこしてあげると、
うれしそうです。でも、みているだけでも　うさぎは　うれしいのです。
ぼくは　うさぎを　だいじにします。
（イラスト省略）

先生にも強く注意され、彼は反省しているように見受けられたのですが、本当にわかったかどうか、お母さんは心配でした。池に投げ込むだけではなく、うさぎを抱くときに、強く締めつけるようなこともします。そこで、「うさぎは大事にします」という「わかるストーリー」を書いて、彼に見せました（→役立ちアイテム「**わかるストーリー 22**」）。

「わかるストーリー」を学んだあと、お兄さんが、「うさぎは？」と問いかけました。すると「投げません」と答えることができたので、お母さんはひとまず安堵しました。いろんな人から声をかけられ、確認されて、何度もおさらいをしてもらうことで定着するのを期待しました。実際、動物を虐待する行動は、小さい芽のうちに摘んでおかなくてはと思います。探究心やこだわりの強さから、動物虐待に発展していくこともあり得るので、ちょっとした兆候も見逃さず、一つひとつていねいに対処していくことが、何より求められると思います。

年を追うごとに成長、友達関係も学習面も

　入学以来 2 年を経て、体育と給食の時間を交流学級で過ごせるようになりました。クラスメートたちも純を理解し、仲間として受け入れています。彼自身も、友達関係や学習面でいろいろなことを習得し、成長を続けているのはうれしいことです。体育では縄跳びとドッジボールをしましたが、先生が笛をピーッと鳴らすと、縄跳びをやめて切り替えることができました。ドッジボールはルールがわからず、ボールをもったまま立ち尽くすこともありますが、クラスメートたちが「純くんルール」を決めて、上手に仲間に入れてくれるのを、お母さんはうれしく思っています。

　自分からお母さんにお願いして漢字や計算ドリルを買ってもらい、自発的に勉強する習慣も身につけていきました。最近は、先生が活動の内容を写真に撮って見せてくれると、校外学習などの感想を作文に書くこともできるようになりました。水族園に行ったあとで書いた作文には、イルカショーを見た感想がつづられていました。「イルカがジャンプした。イルカがんばれ、ぼくもがんばる」イルカががんばってジャンプしていたととらえる視点がユニークです。

困ったときの SOS が出せた！

　3 年生になると、国語と算数以外のすべての教科を交流学級で受けることができるようになりました。しかも、授業中は離席したり、大声を出したりすることもなく、静かに自分の席に着いています。

　ある図工の時間のことです。図工教室に入ったとたん、みんなが絵の具セットを持っているのを見て、忘れたことに気がつきました。付き添いの先生に、「カバンがない、どうしよう！」と言いました。そして、学校のを貸してもらうことができました。自分から SOS を先生に出せるようになったのです。お母さんは「こんなことが言えるようになるなんて」と感慨深く話してくれました。

　このように、学校生活になじみ、クラスメートと過ごす経験を積み重ねることで、交流学級で適切に過ごせるようになっているのは、社会性が育っている証左ではないでしょうか。

14. 吉紀 スケジュールは命綱

入級時年齢：5歳9月
知的障害：療育手帳A
家族：両親、姉1人

　ほっとに来たとき、吉紀は、不安そうにお母さんにしがみついて離れませんでした。セッションが終わって自由遊びの時間になると、お母さんはペアレント・カウンセリングのため別室へ行くことになるのですが、姿が見えなくなると泣き、担当のボランティアを困らせました。しかし、ほっとの多くの子どもたちと同様に、場所や活動に慣れて、見通しがたち、ボランティアとの楽しいかかわりにも魅せられて、次第にお母さんから離れることができるようになっていきました。

来年は就学という5歳で入級

　「吉紀が2歳でASDと診断を受け、これからどのように育てていけばいいか、不安ばかりの時期がありました。そんなときに『自閉症学習会』に参加させていただきました。本をたくさん読んでもなかなか障害特性を理解できずにいましたが、先生のお話で、やっと息子を理解することができました。また、得意不得意なことを知ったうえで、具体的かつ子どもが納得できる支援をどのようにすれば息子が生きやすくなるかを教えていただきました。学習会に参加したときから、ずっとほっとに参加できればと考えていました」。
　こんなお母さんからのメールで、ほっとへの入級希望を知らされたのは、吉紀が5歳の春でした。来年は就学というときでしたから、急いで高田先生の診察を受けるよう勧めて、秋からの入級にぎりぎりたどり着くことができたのです。

見ればわかる！　課題にはまる

　彼もやはり、視覚情報の処理が得意な子どもでした。言葉がほとんどない状況から想像されるよりもずっと、視覚的な情報を理解する力をもっていました。

セッションで課題学習に取り組む姿からは、ほれぼれするほどの集中力が感じられました。形状認知に優れ、パズルや仲間集めが得意でしたが、手先の作業にも意欲的に取り組み、できるたびに顔が輝いて、達成感を表していました。ワークシステムをすぐに理解し、左から右への作業の流れに沿って課題を完成させていく姿は、やる気満々の気迫にあふれていました。構造化された課題エリアでの、一人ひとりに合わせた課題は、ほとんど例外なく子どもたちを魅了し、夢中にさせる力をもっていると、つくづく思います。

　子どもが課題に熱中できないとすれば、課題のほうに問題があるときです。その子にとって難しすぎたり、簡単すぎてつまらなかったり、量が多すぎてしんどかったり、不備によりパーツが足りなかったり……必ず何か理由がありました。そういうときは、子どもの発達段階が明確にわかります。次回は課題の難易度を調整して差し替えたり、課題の不備を反省し補ったりしなくてはなりませんでした。

スケジュールがわかっているだけに「予告なし」に怒り

　吉紀はスケジュールもよく理解しました。一つの活動が終わり、トランジションカードを渡されると、スケジュールボードを確認して、次の活動場所へ自立して移動できるようになっていきました。スケジュールがとてもよくわかっていたので、逆に、いつもと違うスケジュールを予告なしに行うと混乱して怒りました。

　ある日のおわりの会のことでした。いつものように、カウントダウンまでやって、本来なら「さようなら」とあいさつすべきときに、司会者が、「今日はこれから、みんなで記念写真を写します」と言ったときです。吉紀は納得しませんでした。スケジュールの変更を予告しなかったのですから、当然のことでした。完全に私たちのミスです。集合写真のために保護者やボランティアといっしょに並んでいる間も、怒って体をくねらせ、不機嫌な顔のまま、カメラに収まったのでした。その写真を見るたびに、吉紀の怒りが伝わってきて心が痛みます。それ以来、ほっとで記念撮影をする日は、必ず予告をすることになりました。吉紀に教えられた教訓です。

ほっとの日は携帯用スケジュールを大事そうに持って

そんな吉紀が、ほっとをどう思っているかを、お母さんに聞きました。

「電車→ほっと→バーガーショップ→電車→家の写真を名刺用クリアポケットに上から順番に入れてスケジュールを作りました。水曜日の朝、ほっとに行くスケジュールを見せるとジャンプして大喜びです♪　毎回、その携帯用スケジュールを大事そうに持ちながら、笑顔で電車に乗ってほっとに向かっています」。まさにスケジュールは命綱ともいえるほど、彼が頼りにしている大切なものでした。

「また、課題の時間も達成感を感じているようで、本当にいい顔してますし、遊びのときも先生と楽しそうに過ごせて、吉紀にとって大満足な時間であるのが、見ていてよくわかります」と、お母さんはうれしそうに語ってくれました。

支援学校に入学

ほっとを卒業した春、吉紀は支援学校に入学しました。入学式は、母子分離で30分ほどの時間をかけて行われました。

式に先立って、お母さんは絵カードを作ってスケジュールを予告しました。また、少しでも参考になればと期待して、姉の入学式のビデオを見せたりもしました。それでも、支援学校の入学式と同じ内容の予告はできず心配しましたが、担任の先生のサポートもあったおかげで、パニックもなく、泣くこともなく、落ち着いて式典に参加することができました。一つの節目を乗り越えたことで、本人もうれしく、自信がついたことでしょう。

スクールバスでの通学に向けても、春休みのうちからバス停に行く練習をしました。お母さんがバス停→スクールバス→学校→スクールバス→家、というスケジュールを作って、バス停へ行くたびにそれを見せていました。すると、何の混乱もなくバスに乗り、学校に楽しんで通えるようになりました。座席もすぐに覚えて一人で座っていました。こうして、驚くほどスムーズに学校生活に適応することができた吉紀を見て、スケジュールの視覚支援がいかに大切なものであるかをお母さんは感じていました。

日中一時支援の利用もスムーズに

　入学後、週1回ぐらい、家の都合で福祉事業所の日中一時支援を利用することになりました。お母さんは、事前に施設と契約をしたときに1時間ほど母子分離して過ごしたことがあっただけなので、少し心配でした。そこで、プレイルームや送迎の車の写真を撮って、スケジュールを作って見せておきました。すると、初日からまったく泣かずに、むしろ笑顔で過ごせたのです。

　このとき、サポートブックをあらかじめ施設に渡して吉紀の特性や支援のしかたを伝えることも、お母さんは忘れませんでした。これにより、最初から指導員さんが本人に合わせた対応をしてくれたことも、スムーズに適応できた理由でした。

やがて放課後等デイサービスを毎日利用

　2年ほどたった頃から、放課後等デイサービスを毎日利用することになりました。放課後も、指導員や友達とのかかわりの中で対人関係を学びながら、楽しく過ごせることを願ってのことです。

　このデイでは、学校まで迎えに来てくれて、施設で過ごしたあと、車で自宅まで送ってくれるのです。最近神戸市内にも放課後デイがたくさんオープンしましたが、このように、送迎サービスをしてくれるデイもあり、障害児をもつ親にとっては、とてもありがたいシステムです。

　ただ、デイによってサービスの内容も指導員の構成も違うので、利用する前に、どこが子どものニーズに合っているかを十分吟味して選ぶことが大切です。散歩やリズム体操、また、大型遊具などを使って体を動かす活動を中心とするデイや、宿題や個別課題に取り組むデイ、またはおもちゃなどを使う室内遊び中心で安全第一の見守りだけというところなど、さまざまです。吉紀の場合は、体遊びを中心として、エネルギーを発散させてくれそうなデイを選びました。

視覚支援は認知力の発達があってこそ

　このようにお母さんの周到な準備と視覚支援が効果を発揮して、彼も安心して新しい環境になじむことができました。

お母さんの視覚支援が功を奏しているのも、一方で、吉紀がカードなどを読み取る力を備えていたからこそでした。カードを読み取る力は初めからあるわけではありません。3次元のものを2次元の平面で、しかも大きさも通常は縮小して表現するのですから、カードに描かれたものと実物とを一致させる認知力の発達が伴わなくては、せっかくのカードも意味をなしません。

　「うちの子はカードは合わないようです。視覚優位ではないのかもしれません」と言われることがありますが、それは、カードがその子の認知発達に見合っていないだけかもしれません。3次元のものを3次元のままで提示しなくては同一物と認知しないのかもしれません。カードの場合はある程度の大きさに拡大しないとわからないのかもしれません。それぞれの子どもの認知発達に合わせたもので視覚支援をすることが必要なのです。

　吉紀の場合は、名刺サイズのカードでもよく理解できたので、視覚支援は楽なほうだったといえるでしょう。それは、彼が早くから通園施設などでカードに触れる機会があったおかげだったと思われます。

「巧遅は拙速に如かず」

　絵カードはいいとわかっていても、第一歩が踏み出せないものです。私も、現役時代にTEACCHの講演会に足しげく通い、そのたびにカードが有効であると学びましたが、はじめてのカードを作るまでに、どれほど時間がかかったでしょうか！　まして、日々子育てと家事に追われる親御さんたちにとって、カードを作ることはどれほど大きな努力を要することでしょう。私はそのハードルを少しでも下げたいと願って、ほっとで使うカードを見本にしてもらったり、使えそうな絵カードをプリントアウトして、渡したりしました。

　見本を見ればなんてことありません。今はデジカメや携帯電話で簡単に写真を撮って、パソコンで加工して写真カードを作ることもできますし、イラストもインターネットから無料でダウンロードできるものが多くて、カード作りはこの10年で飛躍的に楽になりました。以前は考えられなかったほどすてきなカードを、短時間にしかも安価に作ることができるのですから、テクノロジーの進歩にただただ感謝です。

　しかし、実はラミネートしたかっこいいカードでなくてもかまわないので

す。メモ用紙とペンを持ち歩き、その場でささっと書くことで伝わることがたくさんあるのです。いえ、むしろ必要な情報を即座に見られることのほうが重要です。口で言っても伝わらないときはとにかく「描（書）いて見せる」ことです。かっこいいカードを時間をかけて作るより、その場ですぐに間に合わせるほうがずっといいのです。そう、「巧遅は拙速に如かず」です。それをいつも心に留めておくと、子どもとの信頼関係を間違いなく築くことができるのです。

突然の手術、イラスト入りの説明書で乗り切った

　入学して、1か月ほどが順調に過ぎたときでした。耳の奥までビーズ玉を入れてしまって、取り出すことができなくなるハプニングが起きました。総合病院で診てもらうと、全身麻酔の手術によってビーズ玉を取り出さなくてはならないと言われました。どう支援すればいいか、急なことでお母さんもとまどいましたが、担当の看護師さんが、子どもに説明するためのイラスト入りの説明書を見せてくれました。それは着替えて手術室に入るというスケジュールを伝えるものでした。おかげでなんとか手順を理解し、術後の病室での経過観察の時間も乗り切ることができました。

　この経験が、その後夏休みに行うことになった、扁桃腺摘出手術のときにも役立つことになりました。このときは1週間の入院生活を送ることになったのですが、同じ病院の耳鼻科だったので、混乱なく手術室に入り、麻酔を吸入して手術を受けることができました。

入院生活はお母さんのサポートで

　手術のあとも治療や食事制限があったりして、吉紀にとっては窮屈でつらいことが続きました。このときも、お母さんは、担当の医師や看護師さんたちに吉紀の障害特性を理解してもらうためにサポートブックを見てもらったり、個室に入れてもらって過ごしやすい環境を整えたりしました。

　その一方で、吉紀に対しては、入院中の大まかなスケジュールを視覚的に示して見通しを立てられるよう支援しました。また、治療の具体的な内容についても、絵カードで手順を示したおかげで、点滴を必要なものと納得し、はずすようなことはありませんでした。術後の痛みもあったため、ふだんは

いやがる柔らかいおかゆも入院中は食べました。

　自由時間はお気に入りの絵本やDVDを見たり携帯型のゲームをしたり、病室で退屈せずに過ごせる工夫もしました。また、お母さんはずっとそばに付き添って安心させ、肯定的なスタンスで入院生活を支えました。

言語発達は絵や写真のカードとともに

　吉紀の言語発達はカードとともに進みました。音声言語の理解は難しく、言葉かけはほとんど理解しませんでしたが、カードを見るとさっと理解することができました。一方、表出言語はクレーンで要求することもありましたが、それを補う形で、絵や写真のカードが役立ちました。

　ほっとに来ていたときは、スナックタイムにカードでおやつを要求する練習をして、好きなおやつを選んでカードを渡せるようになりました。

　その後、外食をしたとき、食べたいメニューを指さして伝えることができたことに両親はとても驚き、喜びました。それは、レストランという、家やほっととは違う場面で、しかもカードではない「メニュー」という視覚情報に汎化できたということでした。彼のコミュニケーション行動が一歩前進したことを意味していました。

カード2枚での要求ができ、言語表出も少しずつ…

　また、学校でも、先生の写真とトランポリンルームの写真の2枚を担任に渡して、「先生とトランポリンルームに行きたい」と要求するようになりました。さすがは支援学校です。ちゃんとカードで要求ができるように、必要なものがそろっています。

　両親は、言葉が出にくくても、こうして自分の気持ちを伝えられるようになっている吉紀をありのまま受け入れて、成長を見守っています。本人もそのことを誇らしく思っているに違いありません。

　しかも、自分の言葉での言語表出も少しずつ発達しています。ほっとに来ていた頃は、「いやいや」「おわ（り）」「もういっあ（いっかい）」など限られていましたが、小学校入学後はさらに増えて、「トイレ」「ごはん」などを要求の場面で使ったり、エコラリアも出るようになってきて、ゆっくりと、しかし、確かな成長を見せているのです。

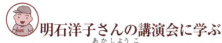
明石洋子さんの講演会に学ぶ

　あるとき、明石洋子さんの講演会がありました。川崎市の、公務員になったASDの息子徹之さんを育てたことで有名な、あの明石さんです。

　そこに吉紀のお母さんも参加して、明石さんに質問をしました。「自分の思いと違うスケジュールだと従おうとしません。行き先が希望どおりじゃないと怒るのですが、どうしたらいいでしょうか」と。吉紀が最近は自我意識が強くなって、お母さんの思うように動いてくれないと悩んでいるようでした。

　すると明石さんは、「私も徹之を訓練や病院に連れていくとき、納得して

 エコラリア

　エコラリア（echolalia）は、他者の発話を繰り返すことで、「反響言語」とか「おうむ返し」ともよばれます。これには、直後に反復する「即時エコラリア」と、時間がたってからの「遅延エコラリア」があります。

　コミュニケーションの成長過程においてエコラリアの果たす役割について、二つの立場があり、一つは、エコラリアは認知と言語の発達の領域とは関係のない病理的な行動であって、こうした発達を妨げるというもので、もう一つは、エコラリアを認知と言語の成長に関連づけて理解しようとします。私たちは、エコラリアをむげに否定せず、言語発達上の一過程であり、定型発達の子どもも通過する段階として、肯定的に受け止めています。

　バリー・プリザントらの研究によれば、即時エコラリアには会話の順番どり（自分が発言する番だからとりあえずやりとりを埋める）、肯定の答え（賛意を示す）、要求（物や他者の行動を要求する）、記憶の維持など7つの機能があり、遅延エコラリアには、抗議、言葉のリハーサル（言語学習の練習など）、行動調整など14もの機能があるとされます。

　エコラリアは本人の意図がどこにあるのかを支援者が推察して受け止める一方で、正しい表現法を視覚的に示したり、意図を確かめるなどしてあげればいいと思います。遅延エコラリアも、静かにすべきところでぶつぶつ独り言を言うのは困りますが、状況が許せば、許容していい場合もあると思います。いずれにせよ、エコラリアのあったほっとの子どもたちは、その後言葉を豊かに発達させています。

くれず、途中で電車を降りて引き返したこともあります。でも、行き先を示ばして納得しない場合は、私の支援が間違っていたんだと思いました。遊びなどの行き先を今日はどこにする？　と聞いて、本人が選ぶほうに行くことにしました。もちろん、保育園や学校は、毎日行くことに決めてありましたが、病院や訓練のショッピングをするのはやめることにしました」と。

　どこまでも本人意思を尊重する、明石さんらしい回答だと、私は大いに納得したのでした。

自分の意思を主張するようになった⁉

　吉紀はスケジュールを見て理解する段階はとっくにクリアしているのだから、次の段階として、自分の意思を無視して行き先を勝手に決めないでほしいと主張するようになったのです。これを成長といわずして何というのでしょう⁉

　たとえば、熱があったり、苦しそうだったりしたら、本人がいやがってもやはり病院に行くことが必要でしょう。そういうときは、なぜ病院に行かなくてはならないかを説明し、病院でどのような治療をしてもらうかなどを伝えて、説得することも必要でしょう。今の吉紀にはそれを理解する力が備わってきていると感じます。

　やみくもにいやがるところへ連れていくのではなく、やはり本人が納得してから行くのを支援したいものです。彼がほっとに来ていた頃、スケジュールのとおりに従っていたのと思い比べて、今は、自立心が育とうとしている彼に、また一つ、高みをめざす姿を見た思いです。

一人でスーパーに行ってしまった！

　2年生の3学期のことでした。お母さんから「問題行動についてご相談」という件名のメールが届きました。

　「最近吉紀の脱走が頻繁で大変困っています。自宅から近所のスーパーに一人で勝手に行き、お店のお菓子を食べてしまうという事件が二度もありました。玄関にも窓にもロック式の鍵をつけていて、一人では勝手に出られないようにしているのですが、家族の出入りでロック式の鍵がかかっていない状態のとき、家族が気づかないうちに一人で外出してしまいました。鍵をか

けていなかった私たちの責任です。スーパーには吉紀の顔写真、特性、私の携帯電話番号を事前に伝えていたので、吉紀に気づいた店員さんがすぐに連絡してくれました。店員さんの理解のおかげで、吉紀の気持ちが乱れることなく、私が迎えに行って無事に帰宅することができました。事故やけががなくて幸いでしたが、このままではいけないし、吉紀に、一人で外出してはいけないということをどのように伝えたらいいのか、悩んでいます。『わかるストーリー』は理解が難しいと思いますが、視覚支援で吉紀に『一人で外出はダメ』をわからせるには、どうすればいいでしょう」と。

問題行動ではなく、自立しようとする姿

即座に返信しました。「吉紀くん、すごーい‼ ちゃんとスーパーへ一人で行けるのですね。そして、自分で欲しいものを手に入れようとしています。自立心が育ってますね！ お母さん、吉紀くんの行動は一見問題行動に見えますが、違います。これは、吉紀くんが自立しようとしている姿です。買い物が一人で適切にできるように、支援してあげましょう！」

お母さんにとっては、無断で外出したこと、無謀にもスーパーマーケット（以下スーパー）まで行ったこと、店のお菓子を勝手に食べたことのすべてが問題行動であり、許しがたいことに見えたのですが、私は彼が一人で自分の要求を満たす行動を起こしたことに、自立への強い意志を感じました。自立して買い物ができるようになる絶好のチャンスでした。

ただし問題点もあるので、その解決をめざす

しかし、一連の行動には、3つの問題が存在しました。
①無断で外出すること、②交通ルールを理解していないこと、③買い物のルールを理解していないこと、です。彼にとっての目標は「自分一人で欲しいお菓子を手に入れて食べる」ということに尽きます。これを実現するために、どんなスキルと支援が必要でしょうか。

①の問題を解決するため、まずは一人で外出しないよう、カードを2枚用意しました（→役立ちアイテム「**絵カード6**」）。このときも、彼はカードを理解したようでした。

「『ひとりででかけません』はB5サイズに拡大し、玄関ドアの吉紀の目線

の位置に貼り付けました。今朝の吉紀の反応は、ちらりとドアを見ましたが、あまり見たくないといった態度でした。しかしその後、『○』の『おかあさんとでかけます』を見せると、表情はリセットされ、ふだんどおりに登校しました」。

学校でも、かねてより、担任が見ていない隙にふらっと教室を出て行き、大騒ぎになることがありました。お母さんが家での取り組みを話し、「ひとりででかけません」のカードを教室の出入口に貼ってもらうようにお願いしたところ、先生の手を引っ張って、「外に行きたい」を表現するようになったのです。なんと、「学校の教室」という、違った場所での汎化もできたのです！

次は、買い物のルールをスモールステップで進めよう

②の安全に道路を歩くための交通ルールの理解は、現在の発達段階に照らして当面は保留することとし、外出はとりあえず誰か大人が同行することにしました。

③の買い物のルールは、「スーパーの商品はお金を払ってはじめて自分のものになること、スーパーで買ったものは、その場で食べず、家に帰ってから食べる」というルールを伝えなくてはなりません。しかし、まだ文字を読んで内容を理解する段階に到達していないことから、買い物の手順をカードで示すことで、ルールも含めてある程度理解できるのではないかと思いました。また、買い物は、初めは大人が付き添って商品を選ぶところから支援し、スモールステップで、一人でできるように段階的に進めることにしました。

買い物の手順を教えるカードを作って

買い物の手順を、順に書き出してみます。

ⅰ）お母さんといっしょにスーパーへ行く。
ⅱ）自分の欲しいものを選ぶ。初めは写真カードを見せて、2つか3つから1つを選ばせる。選んだ写真と同じものをお店で見つけて、かごに入れる。
ⅲ）レジでお金を払う：たとえば500円玉を財布に入れてそれをレジで渡す練習から始める。おつりを受け取って財布に入れる。
ⅳ）お菓子をレジ袋に入れる。
ⅴ）家に帰る。
ⅵ）お菓子を食べる。

　これらの手順を、写真とイラストを使ってカードで示しました。そしてまずは、ⅰ）とⅱ）をお母さんがサポートしながら練習し、徐々に支援をフェードアウトしてⅱ）〜ⅳ）を一人でできるように支援することにしました。

お店の人にも協力をお願いして

　一方で、買い物を一人でするとき、特にレジでお金を払うときなどは、お店の人にあらかじめ協力をお願いしておく必要がありました。お金を払うときもたもたして時間がかかったり、きちんと払わずに通り過ぎたりするときに対処してもらう必要があり、また、話が通じないからといって、声を荒げて話しかけられても困るからです。

　買い物の練習をするには、規模の比較的小さいスーパーかコンビニエンスストアで、レジが込み合わない時間帯を選ぶことも大切なポイントでした。吉紀の場合、いつも行くスーパーは小さくて、あつらえ向きでした。お店には、以前から吉紀のことを話したうえで彼のポスター（名前、顔写真、年齢、簡単な障害特性、母の携帯電話番号を記載）を渡してありました。それをバックヤードに貼って、すべての店員に知ってもらっていたので安心でした。

首尾よくいった！

　数日後、お母さんから報告がありました。

　「印刷した絵カードをラミネートし、順番に名刺ホルダーに入れてスケジュールを作りました。行き先がわかるよう、いちばん上にスーパーのカードを入れました。買物手順のあとの、『うちにかえる』と『たべる』のカード

の間に、自宅の写真カードを入れて、自宅に着いてからおかしを食べることがわかるよう、吉紀に合わせたスケジュールを作ってみました。これを見せると、すぐに理解したようで、出かける準備をいそいそとしました。出かける前に『おかしをえらぶ』カードを見せて、3種類のお菓子カードから選ばせました。どれも好きなお菓子ばかりで、1つだけ選ぶのが大変でしたが、なんとか決まり、学校の買い物実習のときに使っている財布に200円を入れて持たせ、『おかあさんとでかける』カードを見せて、二人で買物に出かけました。

　スーパーに到着すると、すたすたとお菓子の売り場へ向かった吉紀ですが、選んだカード以外のお菓子も欲しくなり、お菓子を2つ手に取りそうになりました。しかし、自分が選んだお菓子のカードを再度見せると、意味を理解して気持ちを切り替えました。レジでの支払いも一人でしました。買ったお菓子をマイバックに自分で入れて、にこにこ顔で帰宅することができました。帰宅後はお菓子を食べて、とても満足そうでした」と。

　はじめての買い物学習を成功裡に終えることができて、お母さんも安堵(あんど)したことでしょう。

自立して買い物ができる日は遠くない

　お菓子の選択にはまだお母さんの介入を必要とするなど、自立して買い物ができるようになるのは少し先になりそうです。「お菓子を1つだけ選ぶ」ということを教えたり、ゆくゆくはお金の概念を理解して、200円で買える範囲のお菓子を選ぶなど、学ぶべき課題は続きますが、スモールステップで学習を進めながら繰り返し経験すれば、自立して買い物ができる日は遠くないと信じます。

　吉紀にカスタマイズした、臨機応変のサポートによって、彼が地域で生き生きと暮らしていけるようにと、生活スキルと自立心を育んでいるお母さんです。ほっとを卒業して約1年がたった頃、お母さんからメールが届きました。

　「ASDと診断を受けて5年がたちました。今は素直に吉紀がいてくれてよかったと思います。吉紀からたくさんのことを学びました。山根先生をはじめ、すてきな方々と出会うことができ、私たち家族は本当に幸せです。これ

からも笑ったり悩んだりしながら、前向きに生きていきたいと思います」と。
恥ずかしくもうれしい言葉でした。私たちこそ、吉紀に出会えてよかった！
彼からたくさん学び、そして感動をもらったのですから。

15. 大輔・伸二　おばあちゃんのグッジョブ！

入級時年齢：大輔5歳0月、伸二4歳0月
知的障害：大輔療育手帳A、伸二療育手帳B2
家族：両親

「自閉症学習会」で、いつもいちばん前の席に座って熱心に受講する年配の女性に、私は気づいていました。大輔と伸二のおばあさんでした。学習会終了後に、はじめて私に話しかけてきたのは、彼女が5回シリーズを3クールも繰り返した頃でした。孫が二人ともASDであること、兄の大輔はひどい睡眠障害で、毎晩、夜中に起き出して騒ぐので、弟の伸二も含めて、家中が睡眠不足になっていることなどを告げられました。

ひどい睡眠障害、集団生活になじめず

サラリーマンのお父さんは翌日の勤務があるため、平日は子どもたちとは別室でなんとか睡眠を確保していましたが、お母さんは眠れない夜を過ごし、肉体的にも精神的にも疲労困憊でした。世の中にこれほど苦しい子育てをしている親がいるでしょうか!?　あまりにも過酷な重荷を背負った家族の窮状に、胸がつぶれる思いでした。

子育ての困難は睡眠障害からくる問題にとどまりませんでした。子どもたちは通園施設に通っていたのですが、特に大輔は、担任の先生が優しく対応してくれるにもかかわらず、集団生活になかなかなじむことができませんでした。登園してからも悲しそうに泣くことが多かったので、お母さんはその姿を見るに忍びず、担任の先生と相談して、年少の間は母子通園をすることにしました。初めは朝だけで早退、次は給食まで、最後はおわりの会までと降園の時間を延ばして、徐々に学園での生活に慣れるようにしました。それは、睡眠を十分とることのできないお母さんにとっては、つらい日課でした。

通園バスに間に合わない、一人で送迎できない

やがてお母さんの付き添いはフェードアウトして、子どもたちだけで過ごせるようになったものの、朝の通園バスを利用することはできませんでした。

というのも、お母さんが朝方やっとまどろむと、二人の子どもの朝の仕度が間に合わず、また、大輔が登園をいやがってぐずると、間に合う時間に家を出ることができず、ということが起こるのです。

　やむなく、電車とバスを乗り継いで学園まで送って行き、家に帰って家事を片づけると、ひと休みする間もなく、通園バスに乗って帰ってくる子どもたちを迎えに行かねばなりません。通園バスの停留所は家から電車を使って30分のところにあり、バス停と家の往復が一苦労でした。

　二人とも歩かせようとしても、座り込んで抱っこやおんぶを要求します。学園で集団活動になじめずつらい思いをしてくるのだからと、そんな甘えも受け入れずにはいられませんでした。着替えや水筒などを入れた荷物も、二人分となるとかなりのかさです。

　お母さん一人で二人を送迎することはとうてい無理なので、近くに住むおばあさんが、毎日送り迎えを手伝っていました。聞き分けのない子どもたちを連れて歩くには、二人ともバギーに乗せるほかありませんでした。

やむにやまれず、おばあちゃんが学習会に参加

　私がこの兄弟に出会ったのは大輔5歳、伸二3歳のときでしたから、二人ともバギーに乗る時期はとうに過ぎていました。子育てに希望を見いだせず、両親も祖母も暗いトンネルの中で立ち往生していたのでした。

　それでもおばあさんは、「自閉症学習会」で学んで視覚支援の重要性を知り、手作りのカードを2枚作りました。大輔の好きな乳酸飲料と、伸二のためのジュースのカードです。クレーンで要求する大輔と伸二に、このカードを見せて渡させようとしました。二人にとってはじめての「マイカード」でした。マグネットで冷蔵庫の扉に貼って使うことにしたのです。おばあさんは学習会のあと、目を輝かせて、そのことを私に報告してくれました。

　しかし、そんなうれしそうなおばあさんの表情とは裏腹に、とても重い現実があるのをつぶさに知ることになりました。「本来なら娘が学習会に参加して学ばなくてはいけないのですが、体調が悪くて参加できないのです」と、おばあさんは恐縮しました。本当に勉強しなくてはならない親ほど、家事育児に翻弄され、疲れ切って学習会に参加するどころではないのです。

　おばあさんといっても私より3、4歳若くて、見た目は元気そうな人でし

たが、持病があって治療中とのことでした。おばあさんが通院する日はお母さんが一人で二人を園へ送らねばならず、タクシーを利用しても車の乗り降りにぐずられると大変でした。通院の日に限らず、もしもおばあさんが体調を崩して長期間手伝いができない事態が生じたら、たちまち困窮するのは火を見るより明らかでした。

帰りは毎日2時間も寄り道

学園からの帰りは通園バスを利用していましたが、下車してから公園などに寄り道して、2時間ほど遊んでから帰宅する毎日でした。昼寝をすると夜がよけいに眠れないのと、昼間太陽光をたっぷり浴びて体を動かして遊ぶとよく眠れるのではないかとの理由からでした。

そして5時頃帰宅したらすぐに入浴。その後夕食をとって6時か7時には布団に倒れ込むようにして眠るのです。そして、夜中に目を覚ますと朝方まで眠らず、大きな音を立てて騒ぎます。お母さんの上に馬乗りになって、たたいたり髪を引っ張ったりして起こしては、相手せよと要求するのです。

しかも、大輔と伸二の睡眠時間がずれて、交互に起き出して騒ぎ、お母さんを眠らせないのです。専門医療機関にかかって、薬を服用していたのですが、なかなか改善のきざしが見えませんでした。

大人一人で二人を連れて歩くためには

一家を今後どう支援するか。課題がありすぎて、何から手をつけたらいいかわからないくらいでした。とりあえず、お母さんとおばあさんの負担を軽減すること、特にお母さんの体調を回復することが、何より喫緊の課題でした。そして、大人一人で二人を連れて歩けるようになるのをめざさなければなりません。

そのためには、まず大輔の自立歩行を促して、バギーを1台減らすことだと思いました。そこで、次のような目標を当面の課題として提案しました。
①大輔はバギーを卒業し、一人で歩くように促す。
②お母さんの休息時間を確保するために、登園にも通園バスを利用する。
③帰りは寄り道をせず、まっすぐ家に帰る。
お母さんもおばあさんも私の提案を了解しました。しかし、どの目標も、

家族のそれまでの習慣や子どもたちの抵抗もあって、急に達成するのは困難と思われました。

大輔のバギー卒業、自立歩行を促す

①の大輔の「自立歩行」には、このときから9か月を要しました。大輔がおんぶを要求したり、バギーに乗りたがったりすると、「がんばって歩こう」といったんは拒否してみるものの、ごねて座り込まれたり、泣かれたりするとすぐに負けて応じてしまうのです。

それでも、好きな場所へ行くときは、バギーで途中まで行って、それ以上進まずにいると、しぶしぶバギーを降りて歩くなど、お母さんたちが意識的に追求することで、少しずつ目標に向かって進みました。しかし、一方で、一人で歩くときに急に車道へ飛び出す危険もあり、事故に遭う心配も出てきました。それなら、「子どもハーネス」を使ったら？　と提案しました。多少抵抗はあっても、車にひかれるよりはずっといいと思いました。

両親は、さっそく通販でサロペットのようなしゃれたデザインのかわいいハーネスを見つけて購入し、まずは大輔に使ってみることにしました。これで、彼が歩くときの安全性はひとまず確保されました。

大輔が歩くようになれば、大人が一人で二人の子どもを連れて出かけることも可能になるでしょう。大輔の自立心を育てるためにも、バギーは1日も早く卒業してほしいと思いました。

子どもハーネス

　ハーネスは体を拘束するひもではなく、命を守る支援ツールです。
　ロッククライミングをするときの命綱は、垂直方向に落下する危険を防止しますが、ハーネスは、水平方向の危険から子どもを守る命綱です。
　ASDの子どもに限らず、ときどき町でハーネスを使っているお子さんを見かけることがありますが、その保護者は本当に子どもを愛している優しい人なのだと思って見ています。

「通園バス利用」「まっすぐ帰宅」に向けて

②のバス通園については、学園の先生たちもバスの利用を以前から勧めていたところでした。お母さんがその気になるとスムーズに実現しました。おばあさんが間に合う時間に迎えに行き、お母さんも早起きしてがんばりました。初めの数日間は、担任の先生が同乗して子どもたちに付き添ってくれたので、二人とも機嫌よくバス登園に切替えることができました。こうして、バスに乗せたあと、お母さんはしばし休息の時間を確保できるようになり、少し楽になりました。

③の「寄り道」は、今までの習慣で、おばあさんが用意した写真カードの中から好きな行き先を選ばせていました。公園行きや、商店街の百円ショップ（百均）での買い物を要求するので、大人はそれに従っていたのです。

確かに、写真カードをしっかり見て、「ここに行きたい」と要求できるのはすばらしいことです。しかし、この寄り道のために2時間もかかって、やっと家にたどり着くのでは、お母さんたちは毎日疲れ果ててしまいます。通園バスを降りてから、家までまっすぐ帰る習慣を、ぜひとも定着させたいと思いました。

お父さんもできる限り子育てに参加

お父さんは、物静かでまじめな人でしたが、ASDの子どもたちをどう育てていいか、まったく困惑していました。泣き騒ぐ子どもたちを扱いあぐねて、それ以上に大きい声でどなったりすることもありました。しかし一方で、睡眠不足のお母さんに代わって、週末の夜は子どもたちの面倒を引き受けて、お母さんと交代してくれる優しい夫でもありました。

おばあさんがいろいろな絵カードや写真カードを作るときは、パソコンを使ってカードをプリントアウトし、ラミネーターで加工するなどの協力も、惜しまずやってくれます。また、休みの日には家族で公園などに出かけて、子どもたちの相手をするなど、お父さんなりに精一杯子育てに参加し、努力をしていました。

睡眠障害は改善するも、伸二は母親にこだわる

　うれしいことに、睡眠障害は、秋の終わる頃、急に改善が見られました。ここ4週間のうち、朝まで眠った夜が平均で7割近くになったと、毎日の睡眠記録をとっていたおばあさんが喜びの報告をしてくれました。その後も7割前後で推移しました。しかし、それ以上の進展はなかなか見られず、一進一退が続いています。とはいえ、毎晩のように眠ってくれなかった頃に比べると、画期的な変化でした。

　ただ、長期間に及ぶ睡眠不足で、慢性的な疲労感に悩まされるお母さんの体調はなかなか元に戻らず、相変わらずの不調が続きました。

　なんとかボランティアさんにレスパイトをお願いできたらと思うのですが、子どもたち、特に伸二は、外出時などにはお母さんを独占しないではいられませんでした。ボランティアさんが、朝やってきて伸二の付き添いをしようとすると、キーキーと奇声をあげ、「バイバイ」と激しく手を振って退けようとしました。

　おばあさんさえも、外出時の付き添いは拒否されました。さまざまな課題を抱える一家の支援を総合的に考えるなかで、伸二のお母さんへのこだわりをなくすことは、特に困難な課題としてなかなか手をつけることができませんでした。

大輔がほっとに入級、おばあちゃんも療育を試みる

　そうこうするうち、年が改まり、やがて春が訪れました。大輔は年長になり、ほっとにやってきました。教室でのセッションにはすぐにひきつけられ、プットインやペグ差しなど、初歩的な課題に大きな瞳を輝かせて取り組みました。また、ボランティアさんとシーツぶらんこをしたり、シーソー、滑り台、さらに、ぬいぐるみにまたがってお馬さんごっこなど、いろんな体遊びを楽しみました。

　ほっとのマークを見せて、「今日はほっとよ」と伝えると、うれしそうに顔を輝かせて、やってきました。

　このときは大輔だけがほっとに入級したので、おばあさんは伸二を学園のバスに乗せてから、大輔の様子を見に、ほっとにかけつけました。そして、

熱心にセッションを参観し、写真を撮ったり私たちに質問をしたりして、療育の考え方や方法を学んでいました。大輔が取り組む課題をまねて作っては、家でも課題を使った療育を試みるようになりました。

ほっとの課題学習から実生活場面に！

　ほっとでは日常生活に必要な動作を学ぶための課題として、洗濯ばさみの開閉、スナップ・ボタンのかけはずし、ペットボトルの開閉など、数多くそろえてあります。彼はどの課題も喜々として取り組み、スキルを身につけていきました。

　大輔が、お気に入りの健康茶を買ってもらったときのことでした。蓋の開け閉めの課題ができるようになっていたのを、おばあさんはふと思い出して、蓋が閉まったままのペットボトルを渡しました。一瞬とまどった大輔でしたが、自分で蓋をねじって開け、一人で飲むことができたのです。おばあさんのグッジョブでした。課題学習で学んだことを実生活の場面で応用することで、自立スキルが定着していくのを目の当たりにして、おばあさんは課題学習の効果を実感しました。

　大輔の出発点は低かったのですが、とても意欲的に学び、さらに家でも積極的に課題学習に取り組んだおかげで、めざましい成長を遂げました。ほめられると誇らしげな笑みを見せるなど、表情にも豊かさが加わりました。体調不良に悩むお母さんにとっても、ほっとに入ってからの大輔の成長は、大きな心の支えとなりました。

環境の変化で改善しつつあったことが逆戻り

　学園のクラス替えで、担任も、クラスメートも、教室も変わったことで、大輔は学園に行くのを渋り、不安定な精神状態に戻ったので、自力歩行での登下園が進まなくなりました。改善の途上にあった睡眠障害も逆戻りしました。ASDの子どもは環境の変化に弱いのです。

　毎朝のように登園をいやがってぐずるのですが、ほっとに来る日だけは違っていました。もう2年も通っている学園の景色の、ちょっとした変化に適応できないのに、ほっとは、2回目にしてすでに大好きな場所になっていました。その違いは何でしょう。

構造化されたわかりやすい空間、スケジュールに従った見通しのある活動、「できる！」「おもしろい！」課題に取り組んで、達成感と自信を得る学習活動、気持ちに寄り添い、楽しい遊びにつきあってくれる大人の存在……そんな環境で子どもは解放感を味わい、居心地のよさを感じるのではないでしょうか。

大輔、ほっとへの往復をはじめてバギーなしで歩く

　ほっとが始まって2か月ほどが過ぎたとき、大輔ははじめて往復ともバギーなしで歩きました。この日、おばあさんからメールが来ました。

　「出かける前、娘は『山根先生に、大輔くんをこの次は歩かせてほっとに連れてきなさいと言われて、エーッ！　と思ったけど、山根先生に言われてできません、いやです、なんて言えないよね』とかなり悲壮な顔をしていました。でも無事達成できて、娘も自信をもてただろうと思います。大輔はルンルン・スキップでほっとに向かったそうです」と。

　私はかねてより、「ほっとが好きなら歩けるはずですよ。バギーはなしにしましょう」とアドバイスしていました。「はい、そうですね」とお母さんは恐縮しながら答えていたのですが、途中でぐずられて間に合わなくなると困るという心配からだったのでしょう、バギーでの登所が何度かありました。そして、ついに歩いてくる日がきたのです。大輔は自力で歩くのを基本にして、バギーなしの外出ができるようになりました。

　とはいえ、それできっぱりなしにできたわけではありません。しばらくは、強い要求に負けておんぶしたり、耐えきれずバギーに乗せたり……と行きつ戻りつがあったあとで、やっと完全に一人で歩けるようになったのです。バギーを卒業するにも時間と覚悟がいるものだと思いました。

発語は増えずコミュニケーションはカードを介して

　大輔の言語表出は、5歳のとき、イカの刺身が好きで「イカ」と要求し、「もうないよ」と言うと、「ない」とリピートしました。みそ汁が欲しいときに「み、み」と言ったり、「いっしょ」なども言えたりすることがありました。そこまで言えるようになったら、言葉が増えてしゃべるようになるのももうすぐかもしれない！　と私たちは期待しました。しかし、その後はあ

まり発語は増えず、コミュニケーションはカードを介してのやりとりです。
　それでも、カードというコミュニケーション手段があるおかげで、その後も大輔は穏やかに過ごすことができています。おばあさんは多くの絵カード

療育の視点　視覚的コミュニケーション

　言葉で気持ちを伝えられたらどんなにいいだろう！　と親たちは願うものです。そしてその気持ちは痛いほどわかります。それでも、障害のためにどうしても言葉が出ない子どももいるのを知っています。そうであれば、ないものねだりをするのではなく、「そのうち言葉が出たらもうけもの」……ぐらいに腹を決めて、代替コミュニケーションを使えるように支援することだと思います。
　カードも PECS のブックなどで量的に豊富な語彙をカバーすることができますが、それでも不自由さを解消できないのであれば、手話やサイン言語も補助的に活用するのがいいと思います。また、最近は各種の VOCA*をスマートホンなどにダウンロードする方法もあります。
　カードを使ったコミュニケーションの留意点がいくつかあります。
　①支援者の都合ばかり先行させないこと。つまり、禁止や指示のためにだけカードを使わないこと。
　このことについて、マイケル・ラター博士は「親が命令形と否定形をあまりに多く使いすぎることが言語発達の抑制と関連する……」といっています。
　否定や禁止ではなく肯定的な内容、していいことを示すようにすることです。また、「だめ」を伝えるときは、「○」とセットで、「こうすればいいよ」を伝えます。
　②代わりに本人からの要求や拒否を表現するために使えるようにすること。その場合、要求したらすぐに応じる、拒否したらすぐにやめる、ということをして、コミュニケーションの効果を実感させてあげることです。
　③カードはせっかく出るはずの言葉を止めるのではないか、との心配は無用。むしろ、言葉を誘発するのを私たちは知っています。
　なんとかしてしゃべらせようと、まわりがせきたて、しゃかりきになるのはやめたほうがいいと思っています。自尊感情が傷つき、本人にとってつらいことですし、まわりの大人にとってもストレスがたまることです。それぞれの子どもに合ったコミュニケーションスキルを伸ばせるように、支援できることを真剣に考えたいものです。
　＊　ヴォカ：音声を出力できるコミュニケーション機器やアプリ

や写真カードを孫たちのために作成し、粘り強くカードを見る力を育ててきました。そのおかげで大輔はさまざまなカードを理解し、自分からも使うことができるようになっていきました。

「バーガーショップ」や「百均」の写真を選んで行き先を要求したり、「ごはん食べる」「寝る」などをカードで伝えることができるようにもなりました。カードの提示がないときは、おばあさんのカバンから探し出して使おうとする姿さえ見られるようになり、今や、カードは大輔にとってサバイバルツールとなっています。

通学をいやがるも、課題学習を取り入れてもらい解決

翌年、大輔は支援学校に入学しました。初めは新しい場所や先生に慣れず、通学をいやがって泣きました。このため、スクールバスを利用することができず、お母さんは学校まで送っていかなくてはなりませんでした。以前、学園に行くのはいやがってぐずるのに、ほっとに来る日はにこにこして足取り軽く通っていたことを考えると、大好きな課題学習がその場所に向かうモチベーションを高めていると思われました。

そこで、個別の課題学習を学校でも取り入れてもらうように頼み、おばあさんが作成した課題を持参して、学校で取り組ませてもらいました。すると、大輔の態度が一変し、笑顔で学校へ向かうようになったのです。大好きな課題学習をさせてもらえることがわかると、俄然、登校する意欲がわいてきたのです。

彼が真剣に課題に取り組む姿を見て、先生方の考えも変化しました。体を使った活動を中心として、体力づくりから始めるという学年の指導方針を一部修正し、１年生から課題学習を取り入れてくれることになったのです。これには、両親もおばあさんも大喜びで、学校に感謝しました。こうして、大輔は順調に学校生活になじむことができたのです。

伸二がほっとに入級、時間をかけてなじんだ

一方、弟の伸二は年中でほっとに入級しました。知的な遅れは軽度でしたが、新しい場所や人になじむのに時間がかかり、ほっとに来ても、はじめの会をするサークルエリアに入るのを泣いて拒否し、担当のボランティアさん

が近づくと「バイバイ！」と手を振りました。このため、お母さんに抱っこされて参加することが、しばらく続きました。遊びの時間にもお母さんにしがみついて離れられませんでした。

　それでも、課題は1つか2つやるうちに黙々と熱中したり、ときには鼻歌を歌いながら取り組んだりするようになりました。手先が器用で、ぬり絵、線なぞり、はさみなどを使う課題は大好きでした。また、ボタン・スナップ、ファスナーの留金などの、手指を使う作業課題も楽々とクリアしていきました。ワークシステムを理解して、キャビネットから順番に課題の入った引き出しを出し入れすることもできました。

　スケジュールは家庭で早くから活用していたおかげで、トランジションカードを渡されると、走ってトランジションエリアへ行って、スケジュールカードを取り、次の活動エリアへ移動することができました。

　7、8回ほっとに通う頃、ようやくお母さんから離れて活動を楽しむようになり、遊びのときも絵本の読み聞かせに興味を示したり、手遊び歌などの動作模倣もして、終始笑顔で過ごすようになりました。こうして、ほっとは伸二にとっても居心地のいい場所になっていき、さまざまな面での学習が進みました。

表出言語が増え、受容言語も伸びてきた伸二

　伸二は4歳頃から少し言葉が出るようになりましたが、大輔と同じように、絵カードや写真を使ったコミュニケーションやスケジュールの提示などに早くから取り組んだおかげで、行き先の要求などコミュニケーション手段としてカードを使えるようになっていきました。

　そして、5歳を過ぎると急速に表出言語が増えて、絵カードを見て動物の名前を言ったり、いろんな言葉をまねて言ったりするようになりました。ある晩、「みんなで〜！　いっしょに〜！　うたを〜！　うたいましょう〜！」と長い文章を、手を広げて両親と大輔に向かって先生のように言って、驚かせました。また、電話が大好きで、電話がかかると飛んできて、出たがります。独り言のように、「もしもし、お父さん、いつ帰ってくるの？」などと、お母さんのまねをして言うこともあります。

　でも、それは相手とのやりとりではなく、まだ一方的なおしゃべりにとど

まっていて、聞かれたことに適切に答えることは難しいことでした。しかし、受容言語も少しずつ伸びて「お風呂に入ろう」など、簡単なことは言葉かけだけで伝わるようになっていきました。

行きたい場所へのこだわり、母親への執着に困る

　4歳の伸二にはじめて会ったときは、障害の程度は軽く、人への関心もあって、環境への適応力はあるように見受けました。

　しかし、それから半年ほどたつ頃から次第に自我が目覚め、強いこだわりを見せるようになりました。行きたい場所の要求や、お母さんへの執着も強く、要求が通らないと、大の字に寝転んで泣きました。あまりに大声で泣き叫ぶので、お母さんはまわりの視線や非難の言葉におびえて、ついつい要求に屈する毎日でした。

　伸二は園バスを降りて帰宅する途中で、その近くにある公園とそれに続く商店街に行くのを日課にしていました。おもちゃ屋や本屋では毎日何かしら目についたものをねだり、お母さんも、ほとほと困っていました。

園バスを降りて帰宅までのスケジュールに一工夫

　そこで、園バスから降りて帰宅するまでのスケジュールを事前に示し、毅然としてスケジュールどおりに行動するよう提案しました。

　ただ、一気に寄り道をなくすのではなく、まずは、園バス→百均→ポテト→電車→おうち→iPodという「公園」を抜いたスケジュールを示したところ、すんなり従って帰宅することができたのです。視覚的に示すことで伝わることをよく表していました。

　このスケジュールのポイントは、好きな活動がいくつか入っているということでした。百円ショップは好きな場所ですし、バーガーショップのポテトも大好きで、それを買ってもらって電車に乗り帰宅する。家に帰るとお気に入りのiPodで遊べる。iPodには、VOICE 4UというVOCAのアプリが入っていて言葉遊びができるという一連の楽しみがあったから、すんなりとスケジュールに従ったというわけです。

　その後、「百均」をなしにし、「ポテト」もなしにして、家にまっすぐ帰ることができるようになっていきました。

歩くようになったらなったで新たな危険が！

やがて伸二も外出時にバギーを使わず歩くようになりましたが、次第に足が速くなり、おばあさんと歩くときに、突然手を振り払って道に飛び出すことがありました。「ああ、だめだ！　伸二は車にはねられて死んでしまう！」とそのとき、おばあさんは、恐怖で青ざめてしまいました。それ以来、危険予知のできない伸二におばあさんが付き添うときは、バギーを使うと決めました。

ところが、伸二は自分では乗らず、押して歩きたがるようになりました。一人で走るととても速くて、足が少し不自由なおばあさんには追いつけませんが、バギーを押すときは伸二の足が少し遅くなるので、なんとかそばを歩いて制御できました。しかし、自分の背丈と同じぐらいの高さのバギーを押すのは別の危険を伴いました。伸二は前が見えないままで押すため、向こうから来る人や車にぶつかりそうになるのです。

道中のわがまま、大騒ぎが母親の悩み

一方、お母さんといっしょに出かけるときは、行き帰りに駅のホームや電車の中でひっくり返って大泣きするようになり、お母さんは自分のほうこそ泣きたい気持ちでした。

出かける前には行き先を示してスケジュールを伝えましたし、道中、彼の気を紛らせるための動物図鑑などの分厚い本、動物のぬいぐるみやお菓子などでいっぱいになったバッグを抱えて歩きました。それでも、行き先が気に入らなくて怒り出し、だっこ、おんぶの要求も頻繁になるばかりです。おんぶされて、自分の思いどおりの方向に進んでいないとわかると、のけぞって暴れたり、首を絞めたりするので、吐き気さえ催すほどでした。そうなると、まっすぐに歩くこともできません。降ろせば、駅のホームや電車の中を走り回りました。

あるときなど、駅の人込みの中で「うるさい！　しつけが悪すぎる！」とどなられ、暴れる伸二を通路に引き倒して口をふさがなくてはならないこともありました。

かくして、お母さんにとって伸二との外出は、大きな苦痛以外の何もので

もなくなったのです。

ルールを一時棚上げ、バギー復活

　やむなく、おばあさんといっしょのとき以外は一人で歩くと決めていたルールを一時棚上げして、お母さんとの外出にもバギーを使うことになりました。バギーに乗せておけば、おとなしくしてくれるのではないかとの願いからでした。

　しかし、おばあさんのときと同様に、自分で押して走り回りたいというスイッチが入ると、猛スピードで走るので、お母さんは必死の思いでブレーキをかけました。ところが、止められると伸二は激怒して手がつけられなくなるのです。

　ただ、このような激しい反応は、お母さんといっしょにいるときに限って顕著でした。おそらくは、ぐずって駄々をこねる伸二にお母さんは日々接して、ついつい妥協し、甘えを受け入れたことが強化子となっていたようでした。

「わかるストーリー」を試そう

　暑い夏の盛りの頃、こんな伸二の行動への対処を相談されました。その数か月前、ほっとのボランティアさんの協力で行った訓練のおかげで、学園からの帰り道は歩いてまっすぐ家に帰れるようになったばかりです。そのときはみんなで喜んだというのに、伸二のこのわがままいっぱいの行動は、どこからくるのでしょう。そして、子どもの成長は一直線に進むものではないのだと思わせられました。

　しかし、よく考えてみると、伸二は、カードの意味もスケジュールも理解したうえで自分の意志を押し通そうとしているのだし、一人で歩くこともできるようになっています。その点で、以前と同じところに戻っているわけではありません。1回転して、次の段階に上っているのは確実でした。つまり、らせん階段を登るような発達をしているのです。

　絵本を読み聞かせるときもしっかり本に注目できるようになり、認知力も伸びています。ひらがなも少しずつ読めるようになっていると聞きました。それなら、「わかるストーリー」を理解できるかもしれない、一度試してみ

たいと、たたき台を作ってみました（→役立ちアイテム「わかるストーリー23」）。

> **役立ちアイテム　わかるストーリー23**
>
> ●電車を待つときの約束
>
> でんしゃに　のるときは、えきに　いきます。でんしゃが　くるのを　ホームで　まちます。まつとき、ホームで　はしると、せんろに　おちる　かもしれません。ころんで　けがを　するかもしれません。はしってくる　でんしゃに　ぶつかるかもしれません。でんしゃを　まつときは　はしらずに、ベンチに　こしかけたり、じっと　たって　まつのが　えきの　きまりです。ぼくは　かしこい　ねんちょうさんです。えきの　きまりを　まもって、あんぜんに　でんしゃを　まつことが　できます。
>
> （イラスト省略）

効果は驚くばかり！　しかも半信半疑ながら継続中

効果は驚くばかりでした。これを読んだその日から、ぴたっと不適応行動が収まったのです。

その日はおばあさんのお迎えでした。「帰りの駅のホームで、電車を待つ間に先生が作ってくださった『わかるストーリー』を伸二に読んで聞かせました。まじめな顔をしてじっと見ていました。現場である駅のホームで見たほうが理解しやすいのではないかと思いましたので、しわくちゃにならないように台紙に貼り付けてこれからもいっしょに繰り返し読んでみたいと思います。『今日は伸ちゃんとてもいい子だったね。駅や電車の中で走らなかったし、大きな声で泣かなかったよね。お利口さんだったねえ』とほめたら、にこっと笑いました。やっぱり自分でもわかっているんだろうなあと思いました」と、喜びのメールが届きました。

さらに1か月ほどたった頃、その効果を再確認させてもらいました。「初めのうちは『今日伸二がおとなしいのは、きっと疲れて元気がなかったからだろう……今日はたまたま、まぐれでおとなしいんだろう……明日はきっとまた大騒ぎするに違いないよねえ……』と娘も私も半信半疑で毎日戦々競々（きょうきょう）としていました。まったく無事というわけではなく、何度か騒ぐこともありましたが、前のような騒動にはならずにすんでいます。うれしいけど、いつ元に戻るか怖いという半信半疑のまま、1週間たち2週間たち……とうとう4週間目に入りました。そこまできても信じられない！　なんで泣き騒がないんだろう？　という恐怖からなかなか抜けられません」と。

おばあさんも「わかるストーリー」で支援

　実は、この「わかるストーリー」に、おばあさんは「バギーに乗って騒ぎません」とつけ加えたのでした。「あっちぃ！」と指さしてバギーに乗った子どもが騒いでいる絵と、それを押して走るおばあさんのイラストを描き加えて見せたところ、伸二はゲラゲラと大笑いをしたあと、これについてもぴたっと行動が収まったのです。これも、おばあさんのグッジョブでした。

　お母さんからも「伸二の癇癪はおかげさまでずいぶん落ち着いてきています。伸二が騒ぎ出すと私もつらくなって、叱ってばかりの悪循環になっていましたが、今はほめることが少しずつ増えてきました。訓練にも落ち着いて行けるようになりました」とあり、私はほっと胸をなでおろしました。「わかるストーリー」の効果に改めて感謝する一方で、心の内を測りかねながらASDの子どもを育てる、親たちの心労を思いました。

　おばあさんは、はじめての「わかるストーリー」（加筆部分）で大成功を収め、これから先いろいろな「わかるストーリー」の活用がとても楽しみになってきたと意気込んでいます。「そう、そう、その調子！」と、私は心からのエールを送りました。

　伸二も支援学校に入学し、兄弟そろってスクールバスで通学することになりました。先に入学した兄の学校は、伸二も行事のたびにお母さんたちと行ったことのある場所です。すでに顔なじみになっていた先生が担任になったこともあって、とてもスムーズに学校になじむことができました。

隣人からのクレームに追い詰められた両親

　悩みは、子どもへの対応だけではありませんでした。夜中に起きて騒ぐ大輔と伸二の騒音に腹を立てて、マンションの階下の住人が天井を棒で突くことが頻繁になっており、これが、両親を追い詰めていました。ほっとのペアレント・カウンセリングのときに、お母さんが涙ながらに打ち明けるのを、どう受け止めてアドバイスすればいいか、とメンターから相談されました。

　一家が引っ越してきたとき、階下の住人にもあいさつに行きました。そのときは、小さい子どもがいることを快く思っていない様子が見てとれ、冷たい印象を受けていました。その後、夜中に騒いで迷惑をかけるのを申し訳な

く思い、謝罪の手紙と商品券をポストに入れたことがありました。そのときはまだ二人の障害のことがわからなかったため、なぜ夜中に騒ぐかを説明することはできませんでした。即座に「お話はわかりましたが受け取れません。謝りに来るのは遠慮してほしい」とそのまま返されたのでした。

　若い夫婦は先方の強い怒りを感じ、恐怖心でいっぱいになったのでした。すぐに遮音カーペットを二重、三重に敷き巡らせ、そのことを手紙でも伝えましたが、それへの返答はなく、ときが過ぎていきました。その後、子どもたちの睡眠状態がさらに悪くなる日が増え、癇癪を頻繁に起こしては大声を上げます。体の成長とともに、床を踏み鳴らす音やドアを開閉する衝撃音も、さらに高まっていきました。そして、おのずと階下から天井を突く音もたび重なっていったのでした。謝らなくては……との思いとともに、謝っても許してもらえないのではないかという不安も強く、足がすくんでしまってどうにもならないというのです。

療育担当者としての覚悟も問われる事態

　そんな抜き差しならない窮状を聞いて、私は自分自身にも覚悟を言い聞かせるような気持ちで、お母さんに次のように伝えました。

　「ほっとの啓発パンフレット（『知ってください　自閉症の子どもたちの支援』という20ページの小冊子。2010年作成）を持ってご夫婦で一度お話をしに行ってください。でも、行きにくいと感じられるのでしたら、まずは、パンフレットを添えて、お手紙をポストに入れるのでもいいと思います。そのほうが、落ち着いてきちんと伝えることができるかもしれませんね。手紙には、子どもが二人ともASDであること、それに伴う睡眠障害があって、夜眠ってくれないこと、また、いくら騒がないように注意をしても、言葉の障害でこちらの言うことをわかってくれないことなどを説明してください。そして、ご迷惑をおかけすることをとても申し訳なく思っていることも……。でも、成長とともに睡眠障害は少しずつ改善すると聞いていることも伝えてください。実際、ほっとの睡眠障害を抱えていたお子さんも、小学校に行くようになると問題なく眠るようになったという例も聞いていますから。そして、もしそれでも納得されないようであれば、ASD療育を担当させてもらっている支援者として、私が伺って説明させていただきますから、どうぞ安

心して」と。最後の部分は特に強調しておきました。

意を決して、隣人への手紙を書く

　両親は意を決して、その夜のうちに手紙を書き、翌日、パンフレットに戸部けいこ著の『光とともに…』の本を添えて、玄関先に置いてきたのです。そのときは留守でしたが、外出先から帰宅してすぐ手紙を読んでくれました。そして、夫妻で訪ねて来てくれました。「事情を知らずに苦情を言ったりして申し訳ありませんでした。大変ですが、どうぞがんばってください」と何度も繰り返されたのです。

　張り詰めていた糸が切れたように、お母さんがうれし涙にくれながら、報告してくれたのはいうまでもありません。人の心の温かさに触れて、どれほど慰められたことでしょう！

　「渡る世間に鬼はなし！」。ほっとのスタッフ一同も、両親の勇気と隣人の優しさに感動が潮のように押し寄せるのを覚えたのでした。近所の人にカミングアウトして理解を求めることの大切さを教えてもらったできごとでした。

解決の糸口はきっとつかめる！

　支援を始めて2年あまり。初めは何から手をつけていいかわからないほど課題が山積していましたが、一つずつ解きほぐすように支援を積み重ねると、二人の子どもたちはそれに応えてくれました。そして、二人の睡眠障害もまだ完全とはいえないまでも、かなり改善されてきました。今、一家はやっとトンネルの先に明かりを見いだしています。

　悩みは次から次へわくように出てくるものですが、今まで積み重ねてきた、二人の子どもたちの特性への理解と支援の数々を振り返ってみれば、きっと解決の糸口をつかむことができると確信します。

付録 「ほっと」のオリジナル教材

木玉ぬき

ゴルフボールのプットイン

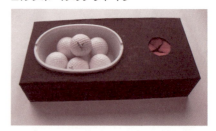

ドミノのプットイン

ストローのプットイン

ビー玉のプットイン

ゴルフティーペグ（単色6本）

ゴルフティーペグ（2色6本）

ゴルフティーペグ（5色25本）

仕分け（2種類）

仕分け（4種類）

ペットボトルのふたしめ

ふたしめ（6色）

スナップ

だんごスナップ

ひもボタン

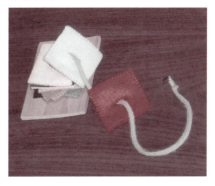

ボタン・スナップ

ホック

S字フック

輪ゴムかけ（直線）

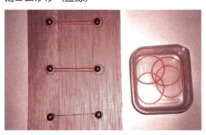

輪ゴムかけ（多角形）

ファスナーの留金課題

輪ゴムかけ（筒）

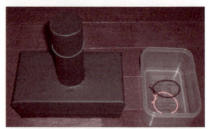

ファスナーの留金課題の手順

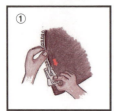
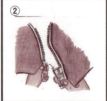

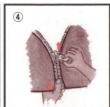

ひも結びの課題

ひも結びの手順

①きいろを みどりの うえに かさねる

②きいろの はしを もって みどりの したを とおす

③みどりの はしを もって きいろの うえに のせる

④みどりの はしを きいろの わっかの うしろから とおす

⑤りょうほうの はしを ひっぱる

量の概念（液体の量）

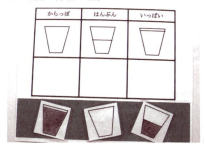

量の概念（固形の量）

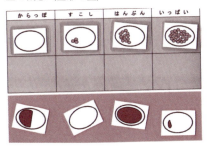

文字合わせ

おわりに

　ある親御さんから、ASDの子どもに手をとられて、きょうだい児に手が回らず、つらい思いをさせているかもしれないという話が出たのをきっかけに、きょうだい会を始めました。

　ASDの兄弟姉妹がいるために親にかまってもらえない、何かと我慢させられる、自分の持ち物を勝手に触られたり壊されたりする、友達から兄弟姉妹のことで心ない非難を浴びせられる、あるいは親亡きあとの世話をしなくてはならないだろうというプレッシャーなどで、ストレスをためることの多いきょうだい児たち。彼ら独特の悩みを誰にも相談できず、苦しんでいることが多いのは、容易に想像できました。親へのメンタルな支援は発達相談、親の会、その他各種講演会などもありますが、きょうだい児への支援はほとんどありません。そのことが、私自身も以前から気になっていたので、小・中学生のきょうだい児を集めて、彼らの悩みを聞くと同時にASDの障害特性などを説明し、兄弟姉妹をよりよく理解してもらおうと思いました。

　毎回、参加するのは5、6人ですが、おそらく彼らの親御さんたちはよく勉強をしてASDのお子さんに適切に接する一方で、きょうだい児への配慮もされているのでしょう。話し合いの中で、「世の中の人たちに、どんなことをしてほしいと思うの？」と聞いたところ、意外な答えが複数の子どもたちから返ってきました。「何もしないでほうっておいてほしい」と。ASDの兄弟姉妹がパニックになったり、風変わりな行動をしたときも、黙ってスルーしてほしいというのです。そこにきょうだい児の思いがすべて込められていると感じました。おそらく、兄弟姉妹が大きな声で叫んだり音を立てたりしたとき、まわりの人から文句を言われた経験があるのでしょう。しかし彼らは兄弟姉妹の特性を肌で理解し、家族として温かい目を注いでいるのです。だからこそ、すべてをありのままに受け入れ、ともに生きていこうとしているのです。そのことに気づかされた私は、きょうだい児の健気さに心打たれる思いでした。

　ASDのあるなしにかかわらず、すべての人が心地よくともに生きていく環境をつくっていくのは、これからの社会と行政に課せられた大きな課題で

す。インクルーシブな共生社会を実現するために、本書がささやかな貢献をすることができれば望外の幸せです。

　この本を出版するにあたり、モデルとなった子どもたちのすべての保護者から快く承諾してもらうことができ、感謝しています。すべて仮名とし、本人の特定ができないように、設定を変えていますが、内容としてはノンフィクションです。

　支援教室「ほっと」が始まって10年が経過するときに、その活動を振り返り、その後の子どもたちの成長を追跡してみました。すると、それぞれが人生の早い時期に障害に気づかれ、療育を受けたことで、すばらしい成長を見せていると確認することができました。ほっとをやってきてよかったと、つくづく思います。そして、ほっとが多くの子どもたちを支援し、親たちを支えてきたことを誇りに思います。

　ほっとの活動を終始支え続けてくださった、神戸大学の高田哲先生、津田英二先生、伊藤篤先生に深く感謝申し上げます。

　ほっとに参加してくださったボランティアさんは、それぞれがとても優しい人たちで、心底子どもたちを愛し、育ててくれました。こんないい人が世の中にいるのかと思うほど、人間として尊敬できる方ばかりでした。そんなボランティアさんたちとともに仕事をすることができて、私自身が生き方を学ばせていただくことになり、とても幸せでした。一人一人のボランティアさんに心からの感謝を捧げたいと思います。

　最後に、本書の出版にあたり力強い励ましと支援をくださった明石洋子さん、原稿を整理し編集して一冊の本に仕上げてくださった本の種出版の小林恵子さん、そして出版にご尽力くださった小林豊治さんに、心からのお礼を申し上げます。

　　　　　　　　　　　　　　　　　　　　　　　　　　　山根ひろ子

［参考文献］

- ゲーリー・メジボフ、ビクトリア・シェア、エリック・ショプラー編著／服巻智子、服巻繁訳『TEACCHとは何か──自閉症スペクトラム障害の人へのトータル・アプローチ』（エンパワメント研究所、2007年）
- ローナ・ウィング著／久保紘章、佐々木正美、清水康夫監訳『自閉症スペクトル──親と専門家のためのガイドブック』（東京書籍、1998年）
- トニー・アトウッド著／冨田真紀、内山登紀夫、鈴木正子訳『ガイドブックアスペルガー症候群──親と専門家のために』（東京書籍、1999年）
- 佐々木正美『自閉症児のためのTEACCHハンドブック』（学研教育出版、2008年）
- 佐々木正美監修／小林信篤編著／佐々木正美ほか著『TEACCHプログラムによる日本の自閉症療育』（学習研究社、2008年）
- 内山登紀夫ほか編『自閉症のトータルケア──TEACCHプログラムの最前線』（ぶどう社、1994年）
- パトリシア・ハウリン著／久保紘章、谷口政隆、鈴木正子監訳『自閉症-成人期にむけての準備──能力の高い自閉症の人を中心に』（ぶどう社、2000年）
- 藤村出、服巻智子、諏訪利明、内山登紀夫、安倍陽子、鈴木信五『自閉症のひとたちへの援助システム──TEACCHを日本でいかすには』（朝日新聞厚生文化事業団、1999年）
- 佐々木正美、内山登紀夫、村松陽子監修『自閉症の人たちを支援するということ──TEACCHプログラム新世紀へ』（朝日新聞厚生文化事業団、2001年）
- 明石洋子『ありのままの子育て──自閉症の息子と共に①』『自立への子育て──自閉症の息子と共に②』『お仕事がんばります──自閉症の息子と共に③』（ぶどう社、2002年・2003年・2005年）
- 明石洋子『発達障害の子の子育て相談① 思いを育てる、自立を助ける』（本の種出版、2017年）
- E.ショプラー編著／田川元康監訳／梅永雄二ほか訳『自閉症への親の支援──TEACCH入門』（黎明書房、2003年）
- ブレンダ・ボイド著／落合みどり訳『アスペルガーの子育て200のヒント』（東京書籍、2015年）
- テンプル・グランディン著／カニングハム久子訳『自閉症の才能開発──自閉症と天才をつなぐ環』（学習研究社、1997年）
- テンプル・グランディン、マーガレット・M.スカリアノ著／カニングハム久子訳『我、自閉症に生まれて』（学習研究社、1994年）
- グニラ・ガーランド著／ニキ・リンコ訳『ずっと「普通」になりたかった。』（花風社、2000年）
- 森口奈緒美『変光星──ある自閉症者の少女期の回想』（遠見書房、2014年）
- 今本繁監修／藤田理恵子、和田恵子編著『自閉症の子どもたちの生活を支える──すぐに役立つ絵カード作成用データ集』CD-ROM付（エンパワメント研究所、2012年）
- ドロップレット・プロジェクト編『視覚シンボルで楽々コミュニケーション── 障害者の暮らしに役立つシンボル1000』CD-ROM付（筒井書房、2010年）
- キャロル・グレイ編著／服巻智子監訳／大阪自閉症研究会編訳『ソーシャル・ストーリー・ブック──書き方と文例』（クリエイツかもがわ、2005年）
- 篠田朋子、納富奈緒子著／服巻智子著・監修『見える会話』（ASDヴィレッジ出版、2010年）
- ジェド・ベイカー著／門眞一郎、禮子・カースルズ訳『写真で教えるソーシャル・スキル・アルバム──自閉症のある子どもに教えるコミュニケーション、遊び、感情表現』（明石書店、2007年）
- トニー・アトウッド著／辻井正次監訳／東海明子訳『ワークブック アトウッド博士の〈感情を見つけにいこう〉① 怒りのコントロール』（明石書店、2008年）
- 吉田友子『自閉症・アスペルガー症候群「自分のこと」のおしえ方──診断説明・告知マニュアル』（学研教育出版、2011年）
- 戸部けいこ『光とともに…──自閉症児を抱えて』①〜⑮（秋田書店、2001年〜2010年）

[著者紹介]

山根ひろ子（やまね　ひろこ）

1944年岡山県生まれ。京都大学法学部卒、神戸大学経営学部にて中学校高等学校教員免許取得。高校の教諭を経て養護学校（知的障害）に勤務し退職。2005年、神戸大学と神戸市が連携する子育て支援プロジェクト「のびやかスペースあーち」でASD児を支援するプログラムを担当、2014年の閉室まで支援教室「ほっと」代表を務める。ASDの子育て相談、講演活動に加え、現在、児童発達支援センター六甲ふくろうの家にて個別療育教室を担当。

かがやけ！ ASDキッズ
支援教室「ほっと」の実践録

2018年4月4日　初版第1刷発行

著　者　山根ひろ子
発行人　小林豊治
発行所　本の種出版

〒140-0013　東京都品川区南大井3-26-5　3F
電話 03-5753-0195　FAX 03-5753-0190
URL http://www.honnotane.com/

本文デザイン　小西　栄
イラスト　支援教室「ほっと」ほか
DTP　アトリエRIK
印刷　モリモト印刷

©Yamane Hiroko　2018
本書の無断複製・複写・転載を禁じます。
落丁・乱丁本はお取り替えします。

ISBN 978-4-907582-17-3
Printed in Japan

発達障害の子の子育て相談シリーズ

A5判・2色刷り・160〜184p

第1期

❶ 思いを育てる、自立を助ける
　著者：明石洋子

❷ 就学の問題、学校とのつきあい方――恐れず言おう、それは「正当な要求」です！
　著者：海津敦子

❸ 学校と家庭で育てる生活スキル
　著者：伊藤久美

❹ こだわり行動――理解と対処と生かし方
　著者：白石雅一

❺ 性と生の支援――性の悩みやとまどいに向き合う
　編者：伊藤修毅　著者："人間と性"教育研究協議会　障害児・者サークル

❻ キャリア支援――進学・就労を見据えた子育て、職業生活のサポート
　著者：梅永雄二

第2期

❼ 片付け、整理整頓の教え方
　著者：白石雅一

以下続々刊行予定